Bauwelt Fundamente 112

Herausgegeben von
Ulrich Conrads und Peter Neitzke

Beirat:
Gerd Albers
Hansmartin Bruckmann
Lucius Burckhardt
Gerhard Fehl
Thomas Sieverts

Ästhetik
der schönen Genügsamkeit
oder
Arts and Crafts
als Lebensform

Programmatische Texte,
erläutert von Gerda Breuer

Die Titelseite dieses Bandes zeigt eine Illustration aus dem utopischen Roman
News from Nowhere von William Morris, gedruckt in den neunziger Jahren
von der von ihm selbst gegründeten Kelmscott Press.
Auf der Rückseite des Umschlags Voyseys Titelzeichnung für das erste Heft
der Zeitschrift *The Studios*, April 1893.

Herausgegeben mit Unterstützung des Bundes Deutscher Architekten BDA

Alle Rechte vorbehalten
© Friedr. Vieweg & Sohn Verlagsgesellschaft GmbH, Braunschweig/Wiesbaden, 1998

Der Verlag Vieweg ist ein Unternehmen der Bertelsmann Fachinformation GmbH.

Das Werk einschließlich aller seiner Teile ist urheberrechtlich geschützt. Jede Verwertung außerhalb der engen Grenzen des Urheberrechtsgesetzes ist ohne Zustimmung des Verlages unzulässig und strafbar. Das gilt insbesondere für Vervielfältigungen, Übersetzungen, Mikroverfilmungen und die Einspeicherung und Verarbeitung in elektronischen Systemen.

http://www.vieweg.de

Gedruckt auf säurefreiem Papier

Umschlagsentwurf: Helmut Lortz
Satz: ITS Text und Satz GmbH, Herford
Druck und Buchbinder: Lengericher Handelsdruckerei, Lengerich
Printed in Germany

ISBN 3-528-06112-X   ISSN 0522-5094

Inhalt

Gerda Breuer
Universalistische Erneuerung im Dienste des Verzichts.
Eine Hinführung zum Kompendium der Texte 9

Chronologie der Arts and Crafts-Bewegung 61

I Die Vorläufer

Augustus Welby Northmore Pugin (1812 – 1852) 67
1. Kontraste: oder ein Vergleich zwischen den edlen Bauten des Mittelalters und denen der heutigen Zeit, 1836 69
2. Die wahren Grundsätze der spitzbogigen oder christlichen Architektur in England, 1843 72
3. Florales Ornament, London 1849 74

John Ruskin (1819 – 1900) 77
1. Die sieben Leuchter der Architektur, 1849 79
2. Die Steine von Venedig: Das Wesen der Gotik, 1853 83
3. Die zwei Pfade: Modernes Handwerk und moderner Entwurf, 1859 87
4. Diesem Letzten, 1860 94

II Die Schlüsselfigur

William Morris (1834 – 1896). 97
1. Eine recht langatmige Skizze meines eher ereignislosen Lebens, 1883 100
2. Die Schönheit des Lebens, 1880 110
3. Die Aussichten der Architektur in der Zivilisation, 1881 . . . 120
4. Wie wir leben und wie wir leben möchten, 1888 122
5. Nachrichten von Nirgendwo oder ein Zeitalter der Ruhe. Einige Kapitel aus einer utopischen Romanze, 1890 123
6. Die Ziele der Kunst, 1894 128
7. Wie ich ein Sozialist wurde, 1894 133
8. Über die Ziele bei der Gründung der Kelmscott Press, 1896. 137

III Die Gildenbewegung

Charles Francis Annesley Voysey (1857 – 1941). 143
1. Vernunft als Grundlage der Kunst, 1906 145
2. Aphorismen. 146
3. Die Eigenschaft der Angemessenheit in Architektur und Inneneinrichtung, 1912 147

William Richard Lethaby (1857 – 1931) 157
1. Architektur als Wagnis, 1910 159
2. Architektur. Eine Einführung in Geschichte und Theorie der Baukunst, 1911 162
3. Kunst und Handwerk, 1913 165
4. Design und Industrie, 1915 166
5. Das Fundament ist Arbeit, 1917 167
6. Architektur und das moderne Leben, 1917 170
7. Ruskin: Niederlage und Sieg, 1919 172
8. Architektur als Form in der Kultur, 1920 173

Charles Robert Ashbee (1863 – 1942) 179
1. Das Handbuch der Guild of Handicraft, 1892 181
2. Von der Notwendigkeit, den Schönheitssinn zu pflegen.
   Einige Aphorismen, 1894 186
3. Handwerk in der wettbewerbsorientierten Industrie.
   1. Kap.: Die Arts and Crafts-Bewegung
   und ihr ethisches Ziel, 1908 187
4. Moderne Silberarbeiten aus England, 1909 193
5. Sollen wir aufhören, Kunst zu lehren?, 1911 199

Mackay Hugh Baillie Scott (1865 – 1945) 205
1. Ein ideales Vorstadthaus, 1894 206
2. Die Verzierung des vorstädtischen Hauses, 1895 212
3. Hermann Muthesius: Das Haus eines Kunstfreundes
   von Baillie Scott, 1902 221

Kurzbiographien 224
Literaturhinweise 229

Cover von „Floriated Ornament", 1849; Illustrationen von Pugin

Universalistische Erneuerung im Dienste des Verzichts.
Eine Hinführung zum Kompendium der Texte

Gerda Breuer

Aktualität?

Ein Quellenbuch über die programmatischen Äußerungen der englischen Arts and Crafts-Protagonisten mit der Behauptung herauszugeben, daß ihre Ideen heute noch Anregung, Impulse, vielleicht auch nur Irritation sein könnten, gilt in Designer- und Architektenkreisen angesichts postmodernen Zeitgeistes als heillos überholt.[1] Den Engländern wird zwar zugestanden, für die architektonische Moderne und das Design bis hin zum Bauhaus wichtige Grundlagen bereitgestellt zu haben, aber gerade diese Moderne – ein im Rückblick angeblich geschlossenes Gebilde, das der postmodernen „Beliebigkeit" monolithisch gegenübersteht – ist spätestens seit den siebziger Jahren in die Geschichte entlassen worden. Sie sei allenfalls noch Gegenstand der Rührung angesichts ihres „utopischen Schwungs"[2], hat eine Stimme aus dem Dunstkreis der neuen Diskussionen bemerkt. Die Heroen der Moderne selbst nannten die Briten noch Gründerväter. Ihre Hagiographie begann schon zu deren Lebzeiten und setzte sich in Deutschland vergleichsweise ungebrochen über den Jugendstil, den Werkbund und das Bauhaus fort.[3] Mit dem Klassiker der modernen Architekturgeschichtsschreibung, Nikolaus Pevsners „Pioneers on Modern Design from Morris to Gropius", erlebte sie (in den späten dreißiger Jahren in England und in den fünfziger Jahren in Deutschland) ihren letzten Höhepunkt. Heute dagegen scheinen die Engländer nurmehr liebenswerte Ahnen vergangener Zeiten zu sein, die allenfalls eine populäre Nostalgiewelle bedienen können. Denn in der Tat mobilisieren monographische Retrospektiven und thematische Synopsen, wie die Pugin-Ausstellung 1994 im Victoria and Albert Museum in London[4], die Arts and Crafts-Schau auf der Mathildenhöhe in Darmstadt 1994/95[5] und die Morris-Retrospektive im Victoria and Albert-Museum 1996[6], erstaunliche Besucherzahlen und außerge-

wöhnliche Presseresonanz. Die Tate Gallery in London und The Birmingham Art Museum haben ihre Präraffaeliten längst aus den Depots geholt und wissen ihre Popularität für den Ruf ihrer Häuser erfolgreich zu vermarkten. Auch Wissenschaftler im universitären Umkreis widmen sich einzelnen Reformern in umfassenden Publikationen.[7]
Die angelsächsische Forschung kennt in ihrer Begeisterung für die Ahnen ihrer Moderne keine Grenzen. Hier scheint es wohl kaum einen Bruch in der Rezeption der frühen Reformer gegeben zu haben. Eine Reise durch Englands Museen und Archive vermittelt noch heute die glanzvolle Fülle dieser Reformbewegung, die sich über mehr als ein halbes Jahrhundert erstreckte. Nicht nur das Victoria and Albert Museum in London, das ja aus den Anfängen der Bewegung hervorging, sondern auch alle großen und viele kleine Museen im ganzen Land erzählen die Geschichte der frühen Kultur der Industrienation England mit Stolz. Und jeder, der Ausstellungen dieses Inhalts in anderen Ländern plant, weiß von den restriktiven Auflagen zu berichten, die mit der Ausleihe von Objekten verbunden sind. Das kommt dem Transport von nationalen Heiligtümern gleich, obwohl es doch einst Gegenstände des täglichen Gebrauchs waren. „Wir wollen qualitätsvolle Produkte zu günstigen Preisen herstellen", hatte Morris in seinen Firmenprospekt von Morris, Marshall, Faulkner & Co. schreiben lassen, die Produkte konnten per Katalog und im Verkaufsladen angefordert werden. Das können einige auch heute noch: die Tapeten, Textilien und Möbel von Pugin, von Morris und Liberty werden immer noch hergestellt. Silberarbeiten von Christopher Dresser, Möbel von Mackintosh werden als „moderne Klassiker" angeboten.[8] Und in Läden und Museumsshops sind vom Einpackpapier bis zum T-Shirt die Geschenkartikel mit Morris-Ornamenten überwuchert.
Nun waren aber diese „modernen Klassiker" alles andere als klassisch. Sie kamen im Orgelton des moralischen Kanzelpredigers daher, verfaßten beißende Gesellschaftskritiken, kultivierten die geistige Libertinage der antiviktorianischen Bohème, waren Exzentriker und Lehrmeister, Missionare und vor allem auch Sozialisten. Im Gastland der deutschen Emigranten Gottfried Semper, Karl Marx und Friedrich Engels, auf dem Nährboden der radikalen Sozialutopien eines Thomas Morus, Francis Bacon und Robert Owen, im Land heftigster sozialer Auswirkungen der Industrialisierung und legendärer schriftstellerischer Reaktionen darauf, waren die Kunsthandwerker in der überwiegenden Zahl überzeugte Sozialreformer.
Die meisten folgten den Leitsätzen von John Ruskin, die er in seinen „Stones of Venice" 1853 unter dem unspektakulären Titel „The Nature of

Gothic" formuliert hatte: Daß der Perfektionismus der Maschinenproduktion der Natur des Menschen widerspreche und folglich nicht Perfektionismus das Ziel der Arbeit sei, sondern der Erhalt der Freude an der Arbeit. Daß die fabrikindustriellen Arbeitsbedingungen, vor allem die Arbeitsteilung, den Bezug zum Arbeitsprodukt zerstöre und statt dessen die Ganzheitlichkeit von Arbeit angestrebt werden müsse. Und so beschreibt Ruskin Beobachtung und Konsequenz: „Ach! Recht verstanden, sind diese Vollkommenheiten Zeichen von Sklaverei in unserem England, tausendmal bitterer und erniedrigender als die des gepeinigten Afrikaners oder des griechischen Heloten ... Wir haben seit kurzem gründlich die große Erfindung der Zivilisation, die Arbeitsteilung, studiert und sehr vervollkommnet. Nur geben wir ihr einen falschen Namen. In Wahrheit wird nicht die Arbeit, sondern der Mensch geteilt: Geteilt in viele Menschensegmente ... Und der große Aufschrei, der sich aus all unseren Industriestädten erhebt, lauter als das Gebläse ihrer Hochöfen, verrät in der Tat nur dieses eine – daß wir dort alles produzieren außer Menschen. Wir bleichen Baumwolle, härten Stahl und raffinieren Zucker und formen Steingut; aber auch nur einen einzigen, lebenden Geist zu erleuchten oder zu formen, spielt in unserer Gewinnberechnung keine Rolle. Und diesem ganzen Übel, zu dem dieser Aufschrei unsere Massen treibt, kann nur auf eine Weise abgeholfen werden: ... durch einen entschlossenen Verzicht auf solche Annehmlichkeiten, solche Schönheit oder solch billige Herstellung, die nur durch die Erniedrigung des Arbeiters erreicht werden können ...".[9] Der Architekt Augustus Welby Northmore Pugin dagegen betrachtete als Ursache des Zerfall seiner eigenen Zeit die zermürbenden Kämpfe der Religionen. Eine auf die konstruktiven Prinzipien einer gotischen Architektur gegründeten Einfachheit und „Wahrheit" waren dann die Heilmittel gegen die luxuriösen Verfallssyndrome. Sie wurden zu Symbolen einer gereinigten englischen Gesellschaft.
Als Remedur empfahlen alle Protagonisten der Erneuerungsbewegung die Kunst. Kunst hatte offensichtlich im 19. Jahrhundert noch eine lebenswichtige Funktion für die Weltgestaltung der Menschen. Entsprechend preschten die Reformer mit Totalitäts-Theoremen ästhetischer und sozialphilosophischer Art vor, die dem Kunsthandwerk und der Architektur antrugen, einen ästhetischen und moralischen Weltentwurf zu konstruieren: Eine Heilung der Welt im Dreischritt. Zuerst empfahlen sie eine „universalistische Ästhetik"[10], die die seit dem Altertum bekannte Spaltung der praktizierten technisch-wissenschaftlichen und damit angewandten Künste (artes mechanicae) und der hohen Künste (artes liberales) aufheben sollte. Dann sollte ein neuer Lebensbezug aller Künste angestrebt werden. Zuletzt

wurden an die ästhetischen Orientierungen in hohem Maße sozialphilosophische Intentionen gekoppelt. Ja, der Kunst wurde in einem solchen Maße die Lösung eines gesellschaftlichen Konfliktes zugedacht, daß die Vertreter der „reinen Lehre", John Ruskin und William Morris, zu rigorosen sozialmoralischen Haltungen neigten: „The art of any country is the exponent of its social and political virtues" – im Bild des Volkskörpers beschwörte Ruskin die Heilung durch Kunst.

Dieses gesellschaftliche Ganze aber – noch als Nation gedacht – sah man durch das Zeitgeschehen in ein Chaos geraten. Betrachtet man die Selbstbeschreibungen des 19. Jahrhunderts, dann bewegen sich die Argumente fast immer vor dem Hintergrund einer Zerrissenheit, die man glaubte feststellen zu müssen. Es besteht heute Einigkeit darin, daß einer der wichtigsten Gründe für diesen Zustand die industrielle Revolution war. Was zunächst als Folge verstreuter technischer und wissenschaftlicher Neuerungen begann, entwickelte sich um die Mitte des 19. Jahrhunderts zu einem Prozeß, der gesellschaftliche und mentale Strukturveränderungen nach sich zog. Der Lebensbezug aller Künste schien davon bedroht. Alle diejenigen, denen es um eine Vereinigung der „höheren", reinen, intellektuellen Künste (Malerei, Plastik) mit den „niederen", dekorativen, angewandten oder technischen Künsten (Kunstgewerbe, Architektur) ging, versuchten deshalb, eine humane Tradition zu reaktivieren, die sie im Mittelalter, in dem der Künstler angeblich noch stolz auf sein Handwerkertum gewesen war, noch gewährleistet sahen. Ungeachtet der überzogenen Idealisierung dieser Geschichtsepoche, war dies der Versuch, im Zugriff auf die Vergangenheit eine Sinnstiftung der Moderne angesichts des Auseinanderdriftens gesellschaftlicher Strukturen zu entwickeln und prognostisch auszukleiden. Die Reformer versprachen ein neues Glück: das vom Wert der Arbeit. Ihr kulturkritischer Affront gegen den rationalistischen Arbeitsbegriff wurde formuliert unter der Maßgabe eines künstlerischen Weltzugriffs. Dies charakterisierte nicht nur die ästhetischen Totalentwürfe der Moderne selbst, sondern bis ins 20. Jahrhundert auch die ganzheitlichen Erklärungsmodelle der „Klassiker" der Architektur- und Designgeschichtsschreibung.

Beide – Ruskin und Morris – setzten in ihrem restaurativen Optimismus auf die Sanierung des „Volkskörpers". War jedoch Ruskins Kritik noch Ausdruck einer reinen Bewußtseinshaltung, versuchte Morris sie vom Kopf auf die Füße zu stellen. Er war der Mann der Praxis. Diese reichte von der Errichtung von Werkstätten für Kunsthandwerk bis zum Partei-Engagement. Hatte er 1885 noch erklärt: „Der Sozialismus ist die einzige Hoffnung für die Kunst", so glaubte er im Alter, unter dem Druck der tagespolitischen

Anforderungen seine Ziele relativieren zu müssen. Doch er formulierte die Rettung aus dem Verhängnis immer noch als Utopie, diesmal als Fiktion eines irdischen Paradieses. Den Ort des Nirgendwo, die Utopie, beschrieb er in seinem Roman „News from Nowhere" (1890/91) vor dem Hintergrund seiner eigenen desaströsen Zeit. Er folgte darin Thomas Morus, dem er nahezu gleichzeitig eine der schönsten Ausgaben seiner Kelmscott Press widmete. Vor dem Zerrspiegel der Realität hatte der englische Philosoph die Vision des vollkommenen Staates „Utopia" entworfen. Im Vorwort stellte Morris den Begründer der literarischen Utopie als ersten Autor vor, der im Sinne sozialistischen Denkens Entwürfe für die Zukunft gestaltete – der Beginn einer Diskussion, die er aufgriff, um sie unter zeitgemäßen Voraussetzungen und seinen eigenen Vorstellungen folgend fortzuentwickeln. Die Arts and Crafts-Bewegung folgte ihm in den meisten Fällen.

Unter diesem Gesichtspunkt scheinen die Ideen von Arts and Crafts durch die Wende nach 1989 in Deutschland ein weiteres Mal als veraltet. Die Zeit der Morgenröten und Zukunftssonnen sei vorbei – so hat 1991 der konservative Kritiker Joachim Fest behauptet und in Bausch und Bogen all jene Philosophien entlarvt, die sich von Marx bis Bloch utopischem Denken verschrieben. Er setzte sie samt und sonders auf die Anklagebank des ideologischen Rattenfängertums.[11] Daß mit dem Ende der Moderne zugleich das Ende der Utopie eingeläutet worden sei – auch dies scheint heute unhinterfragtes Gemeingut.[12] Andere Kritiker wiederum bemühen vor dem Hintergrund der Legitimationskrise der Industriegesellschaft und der In-Fragestellung des Fortschrittsoptimismus die Anfänge der Moderne, um sie als ein „Projekt" zu deklarieren, dessen Grundprinzipien, auch nach einem allseits feststellbaren Kontinuitätsbruch, weiterhin Orientierung seien.[13] Wie nun umgehen mit dieser vermeintlichen Entrücktheit? Wie das angebliche Vermächtnis werten? Sind die Leitziele der Engländer nicht längst als veraltete Ideale im Papierkorb gelandet?

Die Gründerväter – Pevsner und die Folgen

Aber zunächst die Frage: Was faszinierte die Moderne an den Patres? Mußten sie nicht ihre Probleme mit ihren Vätern haben, die zwar im Gewand der zornigen jungen Männer einhergingen, aber zu ihren eigenen Zielen so gar nicht paßten: suchten jene eine Erneuerung aus der Geschichte, so forderten diese die völlige Absage an die Tradition. Die vom Ornament entschlackte Form, die transparente Sichtbarmachung der Konstruktion, Materialechtheit und angemessenen Verarbeitung galten ihnen als zeitgemäß und als wahrhaftig – zumindest vermittelt dieses Bild die auf einen Generalnenner gestimmte „Ideologie der Moderne". Im Leitziel der Funktionsästhetik verdichtete sich das variantenreiche Bild vom Kern, zu dem man nur stoße, indem man ihn von seiner Hülle, sprich: Maskierung, befreie. Mit der Pathosformel der Reinheit des Beginnens verabschiedete sich die Moderne zugleich vom ornamentverseuchten 19. Jahrhundert.

Worin aber sind unter diesem Aspekt nun die Grundlagen zu sehen, die die Engländer artikulierten und die den Nachfolgern im 20. Jahrhundert Vorbild waren?

Es war ein Standardwerk, das in den dreißiger Jahren in England und mit der spät ins Deutsche übertragenen Ausgabe von 1957 die Vorläuferschaft der Arts and Crafts-Bewegung in ein lineares Entwicklungsbild fügte, an dessen Anfang der englische Kunstgewerbe-Reformer William Morris steht und an dessen Ende der Verteidiger technoiden Bauens, Walter Gropius. „Wegbereiter moderner Formgebung von Morris bis Gropius" – so betitelte der deutsche, nach England emigrierte Kunsthistoriker Nikolaus Pevsner seine Publikation, die in vielen Auflagen erschien, und in deren Titel er die „Giganten" namentlich aufführte. Fast eindrucksvoller noch klingt die wesentlich frühere englische Version von 1936: „Pioneers of the Modern Movement" (später auch Modern Design), die jenen die Aura der Avantgardisten verlieh.[14]

„Gropius betrachtete sich als Nachfolger von Ruskin und Morris, von van de Velde und dem Werkbund", heißt es da. „So schließt sich unser Kreis. Die Geschichte der Kunsttheorien zwischen 1890 und dem Ersten Weltkrieg erhärtet die Behauptung, auf die dieses Buch sich stützt, nämlich, daß die Zeitspanne zwischen Morris und Gropius *eine historische Einheit* (Hervorh. durch die Autorin) bedeutet. Morris legte den Grund zu dem ‚Neuen Stil'; durch Gropius wurde sein Charakter endgültig bestimmt."[15] Pevsner schildert diese Entwicklung wie den Hegelschen nicht aufzuhaltenden Zeitgeist, der 1914 zum Durchbruch gelangte – im Wortlaut „erreicht" wurde.[16] Und den Dreischritt beschreibt er wie folgt: „Morris hatte die Bewegung ins Rollen gebracht durch Wiederbelebung des Handwerks als einer Kunst, die der Mühe der Besten wert ist, die Wegbereiter um 1900 hatten einen Schritt weiter getan mit der Entdeckung der unerschlossenen Möglichkeiten der Maschinenkunst. Die Zusammenfassung im Schaffen wie in der Theorie ist das Werk von Walter Gropius (1883–1969). 1909 arbeitete Gropius ein Memorandum über Typisierung und Massenproduktion von Kleinwohnhäusern aus und stellte Richtlinien zur Finanzierung solcher Pläne auf. Ende 1914 begann er seine Pläne zur Neuorganisation der

Weimarer Kunstschule vorzubereiten, zu deren Leiter er durch den Großherzog von Sachsen-Weimar ernannt wurde."[17]
Für Pevsner waren die Anhänger von Morris „Voysey, van de Velde, Mackintosh, Wright, Loos, Behrens, Gropius und die anderen Architekten und Künstler"[18], die er zu einer „Kunstgeschichte der Moderne" zusammenfügte mit so unterschiedlichen künstlerischen Erscheinungsformen wie der Malerei vom Impressionismus über Cézanne, Van Gogh, Hodler, Munch und den Ingenieurleistungen der Brückenbauer und anonymen Fabrikerbauer. Die Ahnherrschaft der englischen Pioniere wird für alle diese Erscheinungsformen reklamiert.
Sicherlich hatte auch Pevsner ein Gespür für die Heterogenität der Vorläuferschaft der Moderne und für deren Zeitgebundenheit. Aber er beschrieb die englische Reformbewegung als historische Spagatposition: mit einem Teil ihres Denkens seien die Gründerväter dem „Historismus" ihrer Zeit verhaftet gewesen, mit dem anderen modern, auf das 20. Jahrhundert hinweisend. Als Vorreiter der Moderne sah Pevsner sie vor allem in ihrem Postulat einer demokratischen Kunst für alle: Er wünsche keine Kunst für wenige, so wenig wie Erziehung für wenige oder Freiheit für wenige, habe Morris gesagt, und er habe jene große Frage gestellt, „die das Schicksal der Kunst in unserem Jahrhundert bestimmen wird: ‚Was haben wir überhaupt mit der Kunst zu schaffen, wenn nicht alle daran teilnehmen können?'" In diesem Sinne sei Morris der wahre Prophet des 20. Jahrhunderts gewesen.[19]
Einfachheit, Ehrlichkeit, die Konzentration auf den Wert der Arbeit, die Erhaltung der Freude beim schöpferischen Prozeß – das sind die Konstituentien des Arbeitsethos von Morris.
Vor allem habe Lehrer und Schüler die universalistische Auffassung von Kunst verbunden, deren Einheit die Architektur gewährleiste. Selbst Walter Gropius, der Verfechter der Funktionalisierung der Kunst für die Bedürfnisse einer industriellen Massengesellschaft, sei hierin seinen Ahnen verpflichtet gewesen: „Im Bauen entdeckt Gropius, wie Ruskin und Morris, eine grundlegende menschliche Tätigkeit, auf welche die anderen Künste zu beziehen sind. Daraus ergibt sich das Ziel, Architektur, Malerei, Design und die industriellen Materialien zur Konstruktion eines totalen Lebensraumes einzusetzen. Gropius wollte daher Klee und andere Vertreter moderner Kunst unter dem Bauhaus-Dach versammeln."[20]
Dreh- und Angelpunkt des Dreischrittes der modernen Entwicklung, wie sie Pevsner von Morris bis Gropius betrachtete, war die Maschine. Am Anfang: völlige Ablehnung, in der Mitte: Akzeptanz unter bestimmten Bedingungen, am Ende: die Ausrichtung des künstlerischen Entwerfens auf die

Grundbedingungen maschineller Produktion. Am Paradigma der Maschine und damit der Industrialisierung wurde der lenkende Motor der kulturellen Strukturveränderungen festgemacht. Morris' vehemente Ablehnung der industriellen Herstellungsmethoden übertrug sich auf seine direkten Nachfolger: Walter Crane, Ch. F. A. Voysey, C. R. Ashbee und viele andere; sie sind Kronzeugen der Ablehnung. Ruskin war als erster gegen die allseits bewunderte Ingenieurleistung des Kristallpalastes und gegen die Bahnhöfe, Symbole der Industriegesellschaft, losgezogen.
Aber es gab auch schon die ersten Zweifler. Auch Ashbee hat sich am Ende seines Lebens dazu bekannt, unter bestimmten Bedingungen und unter Beachtung der Grundprinzipien der Reformbewegung die industrielle Produktion akzeptieren zu können. Der Leitsatz seiner letzten beiden Bücher lautete folglich, daß die „moderne Zivilisation bei der Maschine bleiben wird und kein System zur Förderung oder Finanzierung der Kunsterziehung vernünftig sein kann, das dies nicht erkennt."[21] Lewis F. Day (1845–1910) und John Sedding (1837–91) äußerten sich noch pointierter.
Und tatsächlich konnte in der Nachfolge die Seligsprechung von Morris mit der hymnischen Verklärung der Maschine verknüpft werden. Von Henry van de Velde ist dieses Paradoxon bekannt. Er hat in Morris den Patriarchen der Moderne gesehen und ihm in seinem Vortrag von 1898 ein Denkmal gesetzt.[22] Gleichzeitig stellte er der Lehre von Morris seine Auffassung von der Eigendynamik der Maschine gegenüber. Es war das vitalisierende Element der Maschine, das sich van de Velde für die Kreativität der künstlerischen Arbeit zu eigen machen wollte, denn er blieb der „glühende Individualist", der sich niemals einer Norm unterwarf – so lautete sein Manifest auf der Werkbund-Ausstellung 1914, jenem Jahr des Durchbruchs der Moderne, das Pevsner benannt hatte.[23]
Zum völligen Durchbruch scheint die Akzeptanz der Maschine auch 1914 noch nicht gekommen zu sein – dies zeigt die Kontroverse zwischen Muthesius und van de Velde. Waren dies allgemeine Sprachverwirrungen oder einfach nur „Schwächeanfälle der Moderne", wie es Pevsner gesehen hat? War die Entwicklung hin zur Moderne wirklich nur manchmal durch Krisen erschüttert, aber im Grund nicht aufzuhalten? Oder war sie nicht von vornherein stärker durch Heterogenität denn durch Stringenz gekennzeichnet? Seit langem bemüht sich die Forschung, die Linearität der Entwicklung der Moderne in Frage zu stellen.[24]
Vom heutigen Standpunkt aus ist es deshalb nur plausibel, daß von Pevners Buch behauptet wurde, es sei „eher als bemerkenswert frisch gebliebenes Zeugnis einer engagierten Position zu lesen ... denn als eine umfassende und

gerecht abwägende Darstellung des fraglichen Zeitabschnitts". Es habe „parteiischen Charakter" in der „Durchsetzung der Moderne" wie auch Sigfried Giedions „Raum, Zeit, Architektur" von 1941 – oder zumindest doch diene es der „sympathisierenden Information" über die Moderne, als daß es Maßstäben eines soliden Chronisten und wertenden Historikers genüge.[25] Dies trifft auch für Giedion zu. Sein berühmter erster Satz in „Bauen in Frankreich. Eisen. Eisenbeton" von 1928 lautet: „Der Historiker steht in seiner Zeit, nicht über ihr"[26] und macht deutlich, daß der Autor Teil der Avantgarde als deren propagandistischer Agitator ist und daß er nicht die distanziert-abwägende Beobachterposition des Historikers einnimmt.

Beide Autoren konnten immerhin Architekten und Kunsthistoriker über Dekaden hin begeistern und beeinflussen. Nicht zuletzt die hohen Auflagen ihrer Publikationen zeugen von ihrer immensen Wirkung. Die eingleisige Fokussierung auf die Akzeptanz oder Ablehnung der Maschine als Kriterium von Modernität ist daher eine in die Vergangenheit projizierte Lesart des 20. Jahrhunderts. Die Probleme, die die Arts and Crafts-Künstler mit Wissenschaft und Industrie hatten, auch ihr Verhaftetsein mit historischen Stilformen, wurden als die Schwächen der Anfänge gewertet, als die Moderne angeblich noch in ihren Kinderschuhen steckte. Pevsners lineares Bild der Verlaufsform von Geschichte kam nur zustande, indem er sogenannte zukunftsträchtige Elemente aus der britischen Programmatik herausdestillierte.

Erneuerung aus Geschichte – exemplarisch

Beispiel 1: Pugin

Allein einige der Argumentationslinien um die große Schlüsselattitüde – die Integration von Kunst in das Leben und die Lösung seiner Konflikte – sollen im folgenden am Beispiel von drei Protagonisten der Reformbewegungen skizziert werden, um das Spektrum der Ausrichtungen der Reformen nachvollziehen zu können. Die Verfahren des 19. Jahrhunderts, Gegenwart aus der Vergangenheit zu revitalisieren, lassen sich an der Rezeption der Gotik erkennen. Der radikale Bruch mit der Geschichte, die tabula rasa, die das nachfolgende Jahrhundert favorisierte, stand seinem Vorgänger als Erneuerungsplattform noch nicht zur Verfügung. Das Mittelalter genoß bei den Reformern allgemein eindeutige Präferenz unter den Ge-

schichtsepochen. Verknüpft war die Rezeption jedoch mit äußerst unterschiedlichen sozialphilosophischen Intentionen.
Wurden gotische Stilelemente im 18. Jahrhundert oberflächlich und in phantasievollen Versatzstücken angewandt – Horace Walpoles Privatschloß „Strawberry Hill" ist das bekannteste Architekturbeispiel –, so kam es bei der ernstzunehmenden Gotik-Rezeption im 19. Jahrhundert zu einer Verknüpfung des mittelalterlichen Stils mit Religiosität und folglich mit der Sakral-Architektur. Augustus Welby Northmore Pugin, der Vertreter der Erneuerung einer katholischen Gotik, und John Ruskin, der Streiter für ein vorreformatorisches England im Sinne des Ur-Protestantismus, waren, trotz aller Gemeinsamkeiten, in dieser Hinsicht die beiden Pole der religiösen Erneuerungbewegung ihrer Zeit.
Bei Pugin vermischte sich die Gotikrezeption mit Elementen eines katholischen Enthusiasmus, mit Nationalismus und beißender Gesellschaftskritik. Seine Konversion zum Katholizismus 1834 und seine unmittelbar daran anschließende erste Publikation „Contrasts: or, A Parallel between the Noble Edifices of the Middle Ages, and the Corresponding Buildings of the Present Day; Showing the Present Decay of Taste" von 1836 (in verbesserter Auflage von 1841) sind Ausdruck der Anklage gegen den Verfall der sakralen Kunst seit den „protestantischen Prinzipien". Eine wahrhaft christliche Kunst sei ausschließlich die römisch-katholische; quasi aus ihrem Glauben heraus wachsen die gotischen Bauformen.[27]
Diese Attitüde hatte einen zeitgeschichtlichen Hintergrund: Am Ende der krisengeschüttelten vierziger Jahre brach in England eine Religionskrise aus, die politische Debatten bei weitem übertraf. Das vierte und fünfte Jahrzehnt hatte die Catholic emancipation gezeigt; die Öffentlichkeit sah sich in Gefahr, daß die Kirche von England durch Rom, aber auch durch die innere Formierung der Katholiken irritiert werde. Als dann 1845 John Henry Newman, einer der Köpfe des Oxford Movement und der berühmteste Reformtheologe der anglikanischen Kirche, konvertierte und der Papst die englischen Diözesen neu zu strukturieren begann, sah man eine Katastrophe nationalen Ausmaßes auf sich zukommen. Sie war von einer solchen Tragweite, daß sie 1851 sogar eine Regierung zu Fall brachte.
Vor dem Horizont dieser Glaubenshysterie muß die Erneuerungsbewegung des Gothic Revival betrachtet werden. Fast alle ihre Vertreter gesellten sich dem Lager des Oxford Movements zu. In ihrem Publikationsorgan „The Ecclesiologist" äußerten sie neue Ideen für den Kirchenbau. Die Funktionsästhetik eines ihrer profiliertesten Anhänger, Pugin, erwuchs dann auch aus der neuen Diskussion um die Liturgie des römisch-katholischen Gottes-

dienstes, dessen einzelne Architekturelemente: Kapelle, Sakristei, Taufbecken, Altar in ihren Funktionszusammenhängen auch äußerlich sichtbar sein und nicht versteckt werden sollten. Sie sind gleichermaßen Ausdruck von Wahrhaftigkeit und Bekenntnis. Die berühmten beiden Regeln Pugins, auf die sich die Arts and Crafts-Jünger stützten, müssen vor dem religiösen Zusammenhang der „Gotizisten" betrachtet werden. Pugin hatte in seiner bedeutenden Schrift „The True Principles of Pointed or Christian Architecture", 1841, geäußert: „Dies sind die zwei Hauptregeln für den Entwurf: Erstens sollte ein Bauwerk kein Merkmal aufweisen, das nicht der Nützlichkeit, der Konstruktion oder der Angemessenheit dient; zweitens sollte jeder Schmuck in Einklang mit der Grundkonstruktion des Bauwerks stehen. Die Vernachlässigung dieser beiden Regeln ist der Grund für all die schlechte Architektur der gegenwärtigen Zeit." Diese programmatischen Äußerungen waren Markstein auf dem Wege zur Formulierung der Arts and Crafts-Theorien. Pugin wiederholte seinen schon in „Contrasts" eindringlich erläuterten Appell an Zweckmäßigkeit und Funktionalität in Architektur und Handwerk sowie an die stimmige Korrelation von Entwurf, Konstruktion und Material. Es war dann auch nur noch ein Schritt zur Eliminierung überflüssigen, weil bedeutungs- und funktionslosen Ornaments sowie zur Befürwortung einer materialgerechten Behandlung der Bau- und Handwerkselemente.
All diese Elemente sah er, wie seine Nachfolger, in der gotischen Baukunst verwirklicht. Der Architekt machte die Zweckmäßigkeit zu einem Kern-Postulat seines Kampfes um eine reformierte und ernstzunehmende Neu-Gotik: „Alle wirklich schönen Formen in der Architektur basieren auf Nützlichkeitsprinzipien", hatte er in „The True Principles" geschrieben. Die Grundlagen der Gotik sah er in einer auf strengen Prinzipien und Gesetzmäßigkeiten gründenden Bauform, die in sich ein organisches Ganzes im Verhältnis zu seinen Teilen bildet. Hieraus ergibt sich auch die Verbindung von Funktionsästhetik mit Moral. Das ist nun aber keine Spiritualisierung von Sachlichkeit im Sinne einer maschinengerechten Formsprache, wie wir sie im 20. Jahrhundert finden, weshalb sich Pugins „Funktionalismus" auch nicht als Vorläuferschaft reklamieren läßt.
Die Erneuerung des katholischen Glaubens aus dem Geist einer idealisierten Gotik war vielmehr mit nationalen Gedanken verknüpft – die Ausrichtung der Architektur auf autochthone Eigenheiten und Bedürfnisse Englands. Gegen den zu seiner Zeit beliebten italienischen Villenstil äußerte Pugin in beißendem Ton: „Was hat ein italienisches Haus in England zu suchen ... Gibt es irgendeine Ähnlichkeit zwischen unserem Klima und dem

in Italien? Nicht die geringste ... Und noch ein Einwand gegen die italienische Architektur: Wir sind Engländer, keine Italiener."[28] Den internationalen antikisierenden Stil bezeichnete er als „Bastardgriechentum". Dagegen propagierte er nationale Ausdrucksformen, welche die Gotik, als historischer Stil des Nordens, und regionale englische Architektur gewährleisteten. Von da an war es bis zur Verknüpfung von gotischem Architekturstil mit Gesellschaftsform nicht weit. Entgegen der Gothic-Revival-Attitüden der Frühzeit, bei denen die Form lediglich als adaptierbares Versatzstück fungierte, wurde nun die Gotik Fundament einer geistigen und vor allem sozialen Haltung. Und das gilt nun durchgängig für die gesamte Arts and Crafts-Bewegung.[29] Für Pugin und seine Nachfolger waren Baustil und Gesellschaftsform bzw. -kritik untrennbar miteinander verwoben. Der Architekt transponierte seit den „Contrasts" deshalb auch die Konzeption der Mittelalter-Rezeption von einer romantischen auf eine sozial-ethische Ebene.

Beispiel 2: Ruskin

Trotz vieler Parallelen, vor allem hinsichtlich der Revitalisierung von mittelalterlicher Architektur und ihrer religiös-moralischen Dimensionen, trat Ruskin als Widerstreiter zu Pugin auf.[30] Er betrachtete das Mittelalter als Zeit des Ur-Protestantismus und die Gotik als typische Bauweise des protestantischen Nordens.
Schon allein seine religiöse Herkunft, die Evangelikalen, verhinderte Ruskins Interesse an Kirchenfragen und, daraus folgend, der „Ekklesiologie", die bei den Katholiken die Diskussion über die Ästhetik einer zeitgemäßen Religion aufwarf. Die karge Ausstattung protestantischer Kirchenhäuser, die er während seiner Kindheit und Jugend besuchte und die ja gerade nicht von Glaubensfragen ablenken sollte, hat Ruskin rückblickend in „Praeterita", seiner Autobiographie, eindringlich geschildert. Die wenigen dekorativen Elemente – er beschreibt ein karmesinrotes Samtkissen mit goldenen Schnüren und Quasten – sollen seine genaue Beobachtungsgabe gerade wegen des sonstigen Mangels an sinnlichen Reizen stimuliert haben.[31]
Die Bedeutung der Gotik als Vorbild für zeitgenössische Kunst entwickelt er am eindrucksvollsten in seinem dreibändigen Opus „The Stones of Venice", das er zwischen 1851 und 1853 herausgab.[32] Das Kapitel „The Nature of Gothic" enthält seine Thesen in nuce. Die „Steine von Venedig" versinnbildlichten exemplarisch die Zeitphasen von byzantinischen Einflüssen über den Beginn der Gotik bis zur Entfaltung der Renaissance und

können somit zu Prüfsteinen von guter, sprich: gotischer, und schlechter, sprich: Renaissance-Architektur, werden. Aufstieg und Verfall venezianischer Architektur stehen aus seiner Sicht in einem Kausalitätsverhältnis von Kunst und Moral; sie sind Ausdrucksträger von Individuen und Gesellschaftsformen. Der Kreis zwischen der Vorstellung von der Gotik als einer natürlich gewachsenen Architektur und der Natur als Offenbarung Gottes schließt sich, wie bei Pugin, zur Idee von Kunst mit moralischen Dimensionen. In den „Stones" verband Ruskin darüber hinaus die Gotik-Rezeption mit einer Kritik an der eigenen Zeit. Das Mittelalter wurde dabei zur paradiesischen, konfliktfreien Idealgesellschaft stilisiert.

Das Handwerker-Ideal steht im Zentrum seiner Gotik-Interpretation: Aufgrund der ganzheitlichen Arbeit – die Arbeitsteilung in der maschinellen Produktion seiner Zeit sah er als Hauptübel an für den Verfall der Qualität der Produkte als auch der Arbeit an sich – kann der Handwerker noch Freiheit und Freude an seiner Tätigkeit genießen und Unabhängigkeit im Entwurf dokumentieren. Daß der Künstler keine bloßen Ornamente als alte Form weiterschleppte, ergab sich dann von selbst.

Es ging Ruskin darum aufzuzeigen, daß der Arbeiter seiner Zeit aus dem Zustand einer bloß ausführenden Maschine, eines „animated tool", befreit werden sollte. Auf die Gefahr hin, Fehler und Häßlichkeiten zu produzieren, sollte sich dieser, quasi im trial and error-Verfahren, zu einem selbständig denkenden und handelnden Wesen entwickeln. Es kam Ruskin in erster Linie auf die Verbesserung des Wertes der Arbeit an; die Schönheit der Produkte war dann quasi Folgeerscheinung.

Letztendlich träumte der Reformer, wie später auch Morris, von einer lebendigen Volkskunst, die im Mittelalter noch eine vermeintliche Intaktheit besaß. Mit der Renaissance sei diese Einheit durch die Spaltung der Künste in die sog. hohe Kunst und die sog. niederen Künste zerstört worden. Die Kunst sei artifiziell geworden. Diese Spaltung sei nun erst recht im Industriestaat England fortgetrieben worden und habe durch die Maschinenproduktion bis zu einer Art Versklavung des Menschen geführt. Gutes Handwerk rekonstruiere folglich die Würde des Menschen: „all his majesty".

Es sind daher auch nicht die Konstruktionsregeln (und folglich die Ehrlichkeit eines Bauwerkes, aus denen heraus der Architekt Pugin seine ethischen Implikationen ableitete), die Ruskin im Mittelalter vorzufinden glaubte, sondern die Fähigkeit, die der freie Handwerker in der Arbeit am Ornament, als einer quasi-seismographischen Übertragung seiner Seele, zu entwickeln vermochte.

Beispiel 3: Morris

Als Hommage an Ruskin ist die Tatsache zu deuten, daß Morris später das Kapitel „The Nature of Gothic" aus den „Stones", die für ihn bedeutendste Schrift seines ideellen Mentors, in der preziosen Fassung seiner Kelmscott Press herausgab.[33]
Auch für Morris stellt sich die Gotik als Einheit von Kunst und Leben dar, als Symbol für „freedom of thought and speech". Aus seiner Analyse der mittelalterlichen Arbeitsverhältnisse entwickelte er die gesellschaftlichen Forderungen an seine eigene Zeit. Da schildert er den Handwerker des 14. Jahrhunderts als einen freien Mann, der keinem Meister, sondern nur der Öffentlichkeit gegenüber verpflichtet war. Die freie Selbsteinteilung der Arbeit gab ihm genügend Muße („leisure"), um die Arbeit zum Vergnügen („pleisure") werden zu lassen. In seinem utopischen Roman „News from Nowhere or a Time of Rest" von 1890/91 beschreibt er immer wieder diese beiden Schlüsselbegriffe und reklamiert sie auch für das England der Zukunft.
Morris konzentrierte sich in seiner Analyse der mittelalterlichen Idealwelt vor allem auf die Arbeitsorganisation und die Verteilung von Waren. Wie bei Ruskin war diese Zeit eine Welt ohne Arbeitsteilung, mehr noch: Er unterstellte, daß der Handwerker die Produkte vom Anfang bis zum Ende selbst produzierte und sie auch selbst an den Verbraucher verkaufte. So unterlief der Hersteller den Händler („profit-squeezing middle-man") und gelangte direkt an seinen Kunden. Resultierte bei Ruskin die schlechte Qualität der Arbeit vor allem aus der falschen Arbeitsorganisation der Fabrikindustrie, so war sie bei Morris geprägt durch die geistige Haltung des Industriellen, die er ausschließlich als Profitgier interpretiert. Aus der unethischen Haltung entstand dann zwangsläufig Billigware („sham work"), denn die Arbeit war nicht mehr Ausdruck ihres Wertes, sondern der Gier. Das Kontor („counting house") wurde Ort und Symbol der reinen Wertmaximierung durch Geld, die Werkstatt („workshop") dagegen Vereinigung freier und kreativer Arbeiter und somit zur Alternative. Die ökonomische Struktur des 14. Jahrhunderts machte es deshalb möglich, daß der mittelalterliche Handwerker auch zugleich Künstler war. Morris schildert eine romantische Welt der Freundschaft und des Glücks in der Arbeit und durch die Arbeit, ohne Konkurrenz und Neid, mißachtend, daß seine eigenen Werke zur Kunst für die Reichen verkamen und er seine eigenen Produktionsstätten weitgehend mit ererbtem Kapital finanzierte.

Es war vor allem das Gildensystem des Mittelalters, die Verbundenheit durch gemeinsame Ziele und der Schutz der Freiheit des Handels und des Gewerbes, das die Harmonie der Gesellschaft in seinen Augen gewährleistete. Diese Solidargemeinschaft war dann auch Voraussetzung für echte Volkskunst („popular art"). Infolgedessen wurde diese Form der Arbeitsorganisation, und nicht nur die Ausrichtung auf qualitätsvolle Produkte und eine neue Formsprache, das Leitmotiv bei der Gründung der Künstler- und Arbeitsgemeinschaft der Morris-Firmen.
Das Sinnbild der gotischen Kathedrale als harmonische Gesellschaft mit einer ihr glücklich dienenden Handwerkerschaft nahm hier frühe Formen an und leitete bis weit ins 20. Jahrhundert die Kunstreformer.

Natur und Industrie – Christopher Dresser als Antipode

So wie die Arts and Crafts-Bewegung sich weitgehend aus der Geschichte zu erneuern versuchte, lehnte sie maschinelle und industrielle Fertigungsweisen zwangsläufig ab. Die Vertreter der „reinen Lehre", Ruskin und Morris, gestanden ihr nur da Anwendungsmöglichkeiten zu, wo sie halfen, erniedrigende Arbeit auszumerzen. Die Akzeptanz der Maschine und ihre Anwendung wurde als Thema erst mit der zweiten Generation virulent. Immer aber blieb die Handarbeit die ideale Herstellungsweise.
Dabei hatte es durchaus Massenproduktion auch von hochwertigen Produkten in England gegeben. Die Steinguterzeugnisse der Firma Wedgewood in Staffordshire beispielsweise wurden bereits als Massenware hergestellt. Die Firmen Seddon und Chippendale sind weitere Beispiele. Doch war die Verschmelzung von Kunstgewerbe mit der Industrie im 18. Jahrhundert noch nicht als Problem gesehen worden. Erst im 19. Jahrhundert geriet das Verhältnis zwischen Kunst und Industrie in eine Konkurrenz. Die Sperrigkeit gegenüber der Industrieproduktion ist u.a. durch die Vorstellung von der vitalen Funktion von Kunst zu erklären.[34]
Wenn Ruskin ebenso wie Morris die Bedeutung des mittelalterlichen Ornaments betonte, dann deshalb, weil es die Natur als Vorbild habe. Es trage noch Elemente des Geheimnisvollen und Mystischen in sich. Auf diese Weise könne es dazu beitragen, die Gestaltung eines Objektes zu vitalisieren.
Ein Blick auf die Auffassung von Natur, die den erfolgreichen Designer Christopher Dresser (1834–1904) von den Arts and Crafts-Künstlern unterschied, vermittelt einen Eindruck in die Konsequenzen, die sich – vor al-

lem in Hinblick auf die Akzeptanz der Fabrikindustrie – für sein Kunstgewerbe ergaben.[35]
„Dresser war der erste Ästhet, der sich mit der Industrie zusammentat – und der erste Gestalter, der den Ästhetizismus populär machte. Darin liegt seine Bedeutung." Auf diese Weise hat Stuart Durant den Entwerfer beschrieben und ihn als den „ersten modernen Industriedesigner" bezeichnet.[36] Tatsächlich hat der viktorianische Designer, der im selben Jahr wie William Morris geboren wurde, sein Interesse auf die moderne Fabrikindustrie und die Massenproduktion gerichtet und nicht, wie die Arts and Crafts-Protagonisten und die späteren Handwerkergilden, an eine gesellschaftliche Reform geknüpft, die sich vehement gegen die Industrialisierung stellte. Dresser verband eine große Affinität mit einigen Ideen der Kunsthandwerker; er teilte deren Ausrichtung auf alltägliche Gebrauchsgegenstände und deren Aufwertung der sogenannten „lesser arts", der niederen Künste, deren Sinn für Qualität bei einfachen Formen, sogar deren Betonung des eudämonistischen Charakters von Arbeit. Für Dresser war vor allem der japanische Kunsthandwerker mit seiner Handwerksphilosophie und der Freude an seiner Arbeit das ideale Vorbild. Trotzdem waren Dressers Entwürfe und seine Theorie auf die industrielle Fertigungsweise, das maschinelle System und die Mehrfachproduktion ausgerichtet.
Es unterscheidet ihn noch ein weiteres wesentliches Merkmal von den Arts and Crafts-Vertretern: Entwurf und Ausführung lagen bei ihm nicht in einer Hand. Er unterhielt ein großes Entwurfsbüro mit vielen Angestellten und belieferte um die 60 Firmen im ganzen Land, die dann seine Entwürfe umsetzten. Diese Objekte sind weitgehend mit seinem Namensstempel versehen – was ihn wiederum vom Kaufmann Liberty unterschied, der Künstler anonym für sich produzieren ließ.
In Einklang mit den industriellen Fertigungsmethoden und dem wissenschaftlichen Geist („mind", „knowledge"), entwickelte Dresser seine Grundlagen des Entwerfens. Ruskin und Morris gingen noch von einer Naturauffassung aus im Sinne einer „natürlichen Natürlichkeit", wie sie der Romantik entsprach. Sie waren fasziniert von den Qualitäten des ungezügelten Wachstums, Unregelmäßigkeit und der freien Entfaltung, und sie begriffen Natur als ein letztlich nicht erklärbares, vom menschlichen Willen unabhängiges und verehrungswürdiges Phänomen. Dagegen war Natur für die Anhänger der „wissenschaftlichen Schule" durch Ordnung und Gesetzmäßigkeit gekennzeichnet und deshalb auch ein verstandesmäßig, d.h. wissenschaftlich erfaßbares Terrain – Strukturen, die vor allem durch botanische Studien erfaßt und erhärtet werden können.

Infolgedessen verlor Natur aus wissenschaftlicher Sicht die Rolle des Lehrmeisters von religiösen, moralischen oder sozialen Inhalten. Symbolhafter Ausdruck des neuen Bewußtseins, Natur beherrschen zu können, wurde die Vorliebe für die Geometrisierung vegetabiler Gestalten: die gewachsene Form war nicht mehr Wildwuchs, sondern in ein vom menschlichen Geist erfaßbares Ordnungssystem eingegliedert. Dieser Auffassung schlossen sich auch die Lehrer der „School of Design" in South Kensington, London, an: neben Pugin Owen Jones (1809–1874) und Richard Redgrave (1809–1874), während Ruskin und Morris beispielsweise die Symmetrie geradezu als „unnatürlich" betrachteten.

Beiden Naturauffassungen liegen unterschiedliche Orientierungen zugrunde: der nach Ordnung, Regelhaftigkeit und Logik auf der wissenschaftlichen Seite Pugins und Dressers, nach Freiheit und Ursprünglichkeit auf der vitalistischen und naturalistischen Seite Ruskins und Morris'.

Ab 1860 wandte sich Dresser, der in absentia in Jena den Doktortitel für Botanik aufgrund seiner Buchveröffentlichungen und einer dort eingereichten Abhandlung über Pflanzenmorphologie erhielt, der praktischen Anwendung seines botanischen Grundwissens auf die künstlerische Gestaltung zu. Von den morphologischen Gesetzen der Pflanze leitete er die Geometrisierung der vegetabilen Form als oberste Prämisse des Designs ab – diese finde qua Ordnung („order") im Ornament ihre Anwendung. „Order" wurde somit zum Beweis für die Teilhaftigkeit menschlichen Intellekts am künstlerischen Gestaltungsprozeß: „... order can alone spring from intelligence". Infolgedessen konnte die Imitation natürlicher Formen, die die „Natural School" propagierte, für Dresser keine geistige Kraft besitzen, sie war eben nicht die durch mathematische Gesetzmäßigkeiten, Symmetrie und Geometrie verbesserte und geordnete Natur. Der menschliche Geist erst war für ihn Maßstab aller Dinge.

Daraus resultierte die Vorliebe des Designers, immer neue ingeniöse Formen zu kreieren, um seine über die bloße Abbildung hinausgehende Eigenständigkeit zu betonen. In den phantasievollen Glasarbeiten der „Clutha-Serie" für James Couper & Sons, Glasgow, kam die Erfindungskraft des Künstlers ungehemmt zum Ausdruck. In das flüssige Glas konnte man in Sekundenschnelle die skurilsten Formen blasen. Da die geistige Kraft des Menschen im Zentrum von Dressers Argumentation stand, kam es zur Wahl von Materialien und Formen, die den menschlichen Schöpferwillen im Sinne einer „Unterwerfung" von Natur deutlich machten. Gußeisen, ein Material, das wegen seiner Kälte und Leblosigkeit von den Handwerkergilden rigoros abgelehnt wurde, verwandte Dresser bei seinen Möbelentwürfe

für eine Firma in Coalbrookdale.[37] Tafelsilber – ein mittels Galvanisierungsverfahren hauchdünn mit Silber überzogenes Metall – wählte Dresser, weil es edel erscheinende, doch preiswerte Objekte gewährleistete. Von den Reformerwerkstätten wurde es nicht akzeptiert, weil es Silber nur vortäuschte.
Es klingt wie die Ironie des Schicksals, daß Dresser mit der Wahl dieser Materialien und den neuen Herstellungsverfahren eine Produktkultur schaffen konnte, die den Demokratisierungsanspruch der Arts and Crafts-Künstler weitaus eher einlöste als deren teure Handwerksprodukte. Weder die Handwerkerkultur im Mittelalter unterzogen die Arts and Crafts-Reformer einer Analyse ihrer sozialen Bedingungen, noch reflektierten sie die ökonomischen Konstituentien ihrer eigenen Produktion. Auf fatale Weise hat auch der Unternehmer Arthur Lasenby Liberty sich dem industriellen Wettbewerb in ähnlicher Form und ebenso erfolgreich angepaßt. Mitglieder der Guild of Handicraft, u.a. Einzelkünstler wie Voysey und Crane, wurden ihren Idealen sogar abtrünnig und liefen ins Lager des Kaufhauses Liberty über, für das sie dann anonym produzierten. Liberty wußte sogar seinen Produkten maschinell eine handwerkliche Erscheinungsform zu verleihen, und schlug auf diese Weise Kapital aus der Popularität, derer sich die Handwerksprodukte der Reformgilden zum Ende des Jahrhunderts bereits erfreuten. Der Spielraum technischer Machbarkeit verfügte jedoch bei ihm über kein adäquates ästhetisch-moralisches Modell mehr, sondern wurde beliebig.

Architektur als Remedur – das Ideal der Einfachheit

Wie nun das mittelalterliche Ideal einer nicht-entfremdeten societas ästhetisch-symbolhaft und lebenspraktisch in der Gegenwart transformieren? Quasi als eine Art Vorstufe zur Verwirklichung dieses Ideals galt es, zunächst einen historischen Sündenfall zu beheben: die Spaltung der Künste selbst. Während die bildenden Künste zu den sog. „hohen" Künsten „nobilitiert" worden waren und von den Akademien gelehrt wurden, sprach man den sog. mechanischen Künsten: Architektur und Kunsthandwerk geringere Bedeutung zu; sie waren die „lesser arts". Wie erwähnt, beschwor man im Idealbild der mittelalterlichen Bauhütte jenen Idealzustand der Künste, in denen sie mit der Architektur verbunden waren und von einer freudig dienenden Handwerkerschaft geschaffen wurden.
Die Renaissance dagegen geriet nahezu allen Reformern zum Feindbild.[38] Die Antithese zwischen gotischer und „klassischer" Architektur wurde bei

Pugin entsprechend seiner katholischen Glaubenshaltung zum Gegensatz von christlicher und heidnischer Kunst. Die Kunst der Renaissance leitete infolgedessen eine kulturelle Verfallszeit ein. Deshalb konnten selbst berühmte Architekturleistungen seinem vernichtenden Urteil nicht standhalten, alles wurde zum „heidnischen Tempel", ganze Städte zu Orten der Dekadenz: Versailles, der Louvre, Fontainebleau, der Buckingham Palast, die Städte Brüssel und München ruft er in „Contrasts" zu Zeugen des kulturellen Verfalls auf.

Nach der gleichen Wertung verfuhren nahezu alle Reformer. Auch für Ruskin war die Renaissance eine Zeit sündiger Unmoral. In „Stones of Venice" beschreibt er den Verfall an dem einsetzenden Streben nach Perfektionismus und Vollkommenheit. Denn unter der Perspektive der religiösen Haltung verehrte der Mensch der Renaissance sich selbst in seinem Werk und nicht Gott. Täuschung und Verfälschung einer „Wahrheit" von Konstruktion und Material wurden daher zu moralischen Werten. Infolgedessen waren das Streben nach Autonomie, das in der Renaissance beginnt, die Wissenschaft und das künstlerische Selbstbewußtsein dann auch Blasphemie. Dagegen wurde die Gotik als unprätentiöse, natürlich-einfache und gottnahe Zeit geschildert. Das demütige, schlichte Leben, vor allem von den Präraffaeliten mit ihrer Verehrung für das italienische Trecento, der Zeit vor der Renaissance, künstlerisch ausgekleidet, verteidigte Ruskin deshalb vor der Abwertung durch die viktorianische Öffentlichkeit. Vom Volk abgehobenes elitäres Denken, Intellektualität und Luxus waren ihm die mit der Renaissance verbundenen Gegensatzpaare zum mittelalterlichen Ideal des einfachen und ehrlichen Lebens. Morris, der vor allem an den sozialen Implikationen des gothic revival interessiert war, betonte, daß durch den akademischen Hochmut der Nachfolgeperiode mittelalterliche Traditionen verschwunden seien, insbesondere die kollektive Schöpferkraft des Gildensystems, das auf dem Individualismus des Kunsthandwerk, allgemein seiner Mitglieder, beruhe.

Der Architektur wurde die Führerrolle einer umfassenden Reform des sich in der viktorianischen Überladenheit des Designs und dem Eklektizismus seiner Gebäude spiegelnden Renaissance-Ideals zugesprochen. Damit schlich sich aber in das Postulat der „unity of art" nun auch wieder eine neue Hierarchie der Künste ein. Malerei und Plastik – seit der Renaissance an der Spitze der Künste – erhielten nun eine untergeordnete Stellung, die „Crafts" wurden aufgewertet und ihren Schwestern der „Fine Arts" ebenbürtig gegenübergestellt, d.h. ihrer bloß zweckdienlichen Funktion enthoben. „All great art must be popular" – Ruskins bekannter Spruch, in dem

der Kunstkritiker seiner Bewunderung für „craftmanship" unverhohlen Ausdruck gab, entsprach seinem Demokratie-Verständnis: Kunst müsse verständlich sein, hatte er schon als Leitziel der Präraffaeliten in „Modern Painters" gefordert. Mit seinen nächsten Schriften, vor allem den „Seven Lamps" und den „Stones", wertete er den sozialen Status der Handarbeit erheblich auf. Allerdings erhielt die Architektur („architecture"), im Gegensatz zum Bauwerk („building"), nur dann einen qualitativ höheren Stellenwert, wenn sie auch tatsächlich mit ihren Schwesterkünsten Malerei und Plastik zu einer homogenen Einheit, im Ornament, verschmolz. Dies erklärt, weshalb Ruskin, im Kontrast zu Pugin, wenig an den konstruktiven Elementen gotischer Baukunst interessiert war. Sein Augenmerk galt nicht der Zweckmäßigkeit und Praktikabilität, sondern war auf die äußere Hülle eines Baus gerichtet: Hunderte von Aquarellen und Zeichnungen fertigte Ruskin auf seinen vielen Reisen von den Fassaden oberitalienischer Stadtarchitektur an, nie einen Grundriß. Quasi ein letzter Zeitzeuge der untergehenden Gebäude, setzte er bisweilen die neue Technik der Daguerreotypie ein, denn akribischer Detailrealismus und exakte Wiedergabe der Natur waren für seine Wahrnehmung verbindlich. Im Sinne Blakes („to see a world in a grain of sand") lotete er den Wert des mikroskopischen Blicks zugunsten einer Wahrnehmung des Ganzen, das in jedem Detail stecke, aus. Systematisch hielt er in seinen Grafiken dann die Häuserfassaden und, als pars pro toto, einzelne Elemente der Gebäude fest. Venedig vor allem wurde ihm Tummelfeld seiner Studien.
Architektur wurde auch bei Morris zum Oberbegriff der „Crafts". Allerdings verstand er sie immer in Zusammenhang mit Inneneinrichtung und Gartenkunst. Dem Prozeß des Entstehens selbst kam bei ihm eine große Bedeutung zu: er war kommunikative Gemeinschaftsarbeit. Über die Erfahrungen mit der Künstlergemeinschaft in Oxford, der Morris ebenso wie Edward Burne-Jones und Dante Gabriel Rossetti angehörte, dann vor allem über die Praxis der Er- und Einrichtung eines eigenen Hauses in Gemeinschaftsarbeit entwickelte sich sein Werkstattgedanke, den er in der „firm" unmittelbar anschließend umsetzte. Dabei betrachtete er die Arbeitsgemeinschaft der Künstler nicht als Alternative zur abgehobenen Lehre der Akademien oder die Tätigkeit des Einzelkünstlers gewendet, sondern als Zelle und damit als „Vorschein" einer idealen Gesellschaft.
Mit seinem Privathaus, dem „Red House"[39], setzte er seine Gedanken modellhaft in die Praxis um. 1859 von seinem Freund Philip Webb (1831–1915) für das junge Ehepaar William und Jane Morris entworfen – zunächst sollte auch die Familie von Edward Burne-Jones miteinziehen –, wurde es in

Gemeinschaftsarbeit zwischen den Künstlern, Morris und Burne-Jones sowie ihren Frauen, zwischen Ford Madox Brown, Arthur Hughes, Swinburne, Faulkner und seinen Schwestern entwickelt. Jedes Detail, von der Inneneinrichtung über das Gebäude selbst bis hin zum Garten, entwarfen die Künstler selbst und experimentierten mit der Ausführung der Produkte, da sie auf dem englischen Markt kein qualitätsvolles Kunstgewerbe zu finden glaubten.

Ohne die architekturhistorische Bedeutung von „Red House" überbewerten zu wollen – Muthesius hat allerdings in ihm ein revolutionäres, mit jeglichem traditionellen Stil brechendes Gebäude gesehen, der Beginn des sog. „free style"[40] –, so inkarniert es doch die Prinzipien der Arts and Crafts. Webbs schlichte Backsteinhülle entsprach der Tradition des „cottage"-Stils, wie er fast ausschließlich vor allem für Landhäuser üblich war und vor allem von Pugin empfohlen wurde. Auch bei der mittelalterlichen Architektur hatten er und Morris das Bauernhaus und die Dorfkirche dem städtischen Bürgerhaus und der Kathedrale vorgezogen. Die Ästhetik entsprach den Ruskinschen Regeln der Vielfältigkeit (vor allem durch das Dach), Pugins Ideal der Ortsverbundenheit und Morris' Vorliebe für „simplicity": der Beschränkung auf das Wesentliche, Notwendige, Einfache. „Have nothing in your houses that you do not know to be useful, or believe to be beautiful", diesen Leitsatz seiner späteren Schrift „Die Schönheit des Lebens" schien er in „Red House" vorwegzunehmen. Direkte Vorbilder für Webb waren neben den Werken seines Lehrers Georg Edmund Street deshalb vor allem die ländlichen Pfarrhäuser William Butterfields. Ohne jede Rücksicht auf das Repräsentationsgehabe viktorianischer Bauten, wie Fassadenputz, symmetrische Fassadengliederung und entsprechende Zimmerfluchten, setzte er seine Vorstellung in einen schlichten Backsteinbau um. Jedes Bauglied läßt sich funktional rechtfertigen, die Funktion der einzelnen Räume ist von außen ablesbar. Dieses Ideal hatte er aus seiner Interpretation der Gotik gewonnen und 1889 in einem Vortrag wie folgt beschrieben: „Ein gotisches Gebäude hat Wände, deren es sich nicht schämt; und in diese Wände kann man Fenster schneiden, wo immer man will; und wenn man will, kann man sie dekorieren, um zu zeigen, daß man sich ihrer nicht schämt; die Fenster, die man haben muß, werden zu einer der größten Schönheiten des Hauses, und man muß nicht mehr eine Lektion in Logik erteilen, um nicht im eigenen Haus im Stockfinstern zu sitzen wie bei dem falschen scheinrömischen Stil; das Fenster, sage ich, ist nicht mehr eine Konzession an die menschliche Schwäche, eine häßliche Notwendigkeit (gewöhnlich wahrhaftig häßlich genug), sondern eine Zierde der Baukunst. Was das Dach im Scheinstil anlangt: Ist das Gebäude nicht von gotischer Vernunft durchdrungen, so muß man vorgeben, in einem heißen Land zu leben, das nichts als ein Sonnendach braucht, und daß es in diesen Breiten niemals regnet oder schneit."[41] Klare Sparsamkeit der Mittel, die er sowohl in der vorrenaissancistischen Kunst des Spätmittelalters vorzufinden glaubte als auch in ländlichen cottages, entsprachen seinen ästhetischen Vorlieben wie auch der Vision des „simple life"; denn „Einfachheit des Lebens, selbst des ärmsten, ist nicht Elend, sondern die Grundlage der Verfeinerung".[42] Solche Einfachheit fand er beispielsweise in der Scheune „Great Coxwell Barn" in Gloucestershire vor, die er „unnachahmbar in ihrer Würde, so schön wie eine Kathedrale und dennoch ohne ostentativ gezeigte Baumeisterkunst" wertete. Einfache Dörfer in den Cotswolds entsprachen ebenfalls seinen ästhetischen Idealen.

Der Begriff „simplicity" hat aber deshalb bei Morris eine Doppelbedeutung: Einfachheit ist sowohl Leitziel praktisch-formaler Gestaltung als auch ethischer Lebensführung im Sinne einer Genügsamkeit von Bedürfnissen und Ansprüchen.

Wege zum „Gesamtkunstwerk"

Die Welt im Kleinen – die zweite Generation

Es waren in der Nachfolge vor allem Charles Francis Annesley Voysey (1857–1941) und Mackay Hugh Baillie Scott (1865–1945), die das Ideal der Einfachheit in Form des schlichten Privathauses umsetzten und die englische Version des „Heims" auf dem europäischen Kontinent bekannt machten. Wie Hermann Muthesius betonte, hatte die Architektur der ersten Generation relativ unabhängig zu den Ansprüchen des Innenausbaus existiert. Pugin, der eine Reorganisation des Handwerks auch in einem eigenen Unternehmen organisierte[43], und Webb waren eine Ausnahme gewesen. Die zweite Generation – viele von ihnen waren Schüler von Norman Shaw, dem ungleich berühmteren Zeitgenossen Webbs – wuchs jedoch schon in die Kunstgewerbebewegung hinein und baute deren Ziele aus.
Mit der Gründung der „Century Guild" durch Arthur Heygate Mackmurdo (1851–1942) und Selwyn Image (1849–1930) begann die Gildenbewegung.[44] Eine der wirkungsvollsten Gilden war die „Art Workers Guild" (ab 1884), der William Richard Lethaby, Gerald Horsley, Ernest Newton, E.D. Prior, Mervyn Macartney und ebenfalls Selwyn Image angehörten. Gleichzeitig versammelten sich Walter Crane, John Sedding und Henri Holiday

u.a. unter dem Namen „The Fifteen".⁴⁵ Forum der Arts and Crafts-Reformer wurde „The Arts and Crafts Exhibition Society", in der sie von 1887 an nicht nur ihre Ziele diskutierten, sondern auch ihre Arbeiten präsentierten. Die bedeutendste Gilde war zweifellos Charles Robert Ashbees „Guild of Handicraft" von 1888. Die ein Jahr später gegründete Firma „Kenton & Co." von Ernest Gimson und Sidney und Ernest Barnsley, die zusammen mit Lethaby, Reginald Blomfield und Mervyn Macartney arbeiteten, repräsentiert eine der vielen kleinen Gruppierungen auf dem Lande, hier in den Cotswolds.⁴⁶ Die „Bewegung" war den Morris-Idealen tief verpflichtet. Im Erscheinungsbild favorisierte sie Morris' Vorliebe für Einfachheit, Materialtreue und die Einheit von Handwerk und Kunst. Den Widerspruch zwischen den Inhalten seiner Gesellschaftskritik und seiner Käuferschicht hatte Morris nicht erkannt; sein Handwerk war für ihn eine Frage von Schönheitsideal und Lebenshaltung, von Ehrlichkeit und Einfachheit („honesty and simplicity of life"), die er unabhängig von Gesellschaftsschichten anstrebte: „Einfachheit überall, im Palast wie in der Hütte", darin war der Reformer seinem Vorbild Ruskin gefolgt.⁴⁷ Morris' Einschätzung, daß seine Ideen keine Fortentwicklung erwirken würden, da sie auf Individualismus beruhten, hatte sich nicht bestätigt. „Trotz all des Erfolges, den ich hatte, bin ich mir wohl dessen bewußt, daß die Kunst, die ich mitgeholfen habe zu schaffen, mit dem Tode von uns wenigen, die sich redlich darum bemüht haben, untergeht, daß eine Kunstreform, die auf Individualismus beruht, mit den Einzelpersonen untergehen muß, die sie ins Leben gerufen haben."⁴⁸ Diese Prognose hatte sich nicht eingestellt. Mit Morris' Privathaus sah Hermann Muthesius zugleich den Anfang eines neuen, typisch englischen Bautypus gesetzt, den des „Heims". Er hatte 1902 die Publikation: „Die englische Baukunst der Gegenwart"⁴⁹ herausgegeben, und mit den 1904 veröffentlichten drei Bänden „Das englische Haus" auf die britische Kulturentwicklung aufmerksam gemacht: „Die Geschichte des Hauses ist außerdem zugleich die Geschichte der Kultur, und das moderne englische Haus fesselt unsere Aufmerksamkeit vornehmlich durch den hohen Kulturstand des Wohnens, der sich in ihm ausspricht." Diesen „Kulturstand" machte ihm zufolge vor allem die Bedeutung aus, die man dem Privatwohnhaus, geprägt durch Intimität und Individualität, zusprach, eine Entwicklung, die er „um das Jahr 1860", d.h. etwa zeitgleich mit dem Bau des „Red House", beginnen ließ.⁵⁰
Der größere Landsitz und seine Nebengebäude verkörperten für Muthesius die vollkommenste Form des englischen Hauses. Darüber hinaus widmet er sich dem kleinen Landhaus, dem städtischen und dem Vorstadthaus, das er

folgendermaßen beschrieb: „Alles atmet Einfachheit, Bürgerlichkeit, Ländlichkeit, ja hier und da wird das Bäurische gestreift. Aber ein frischer Hauch der Natürlichkeit weht über das Haus, und ein gesunder Sachlichkeitssinn vermählt sich mit dem sichern Takt für das Schickliche. Hier ist vor allem das praktische, bodenständige und hervorragend anheimelnde Haus zu finden, und statt der gemachten, in schnörkelhaften Künstlichkeiten sich ergehenden Modernität erblickt man hier die rein zweckliche, unaffektierte Gestaltung, die mancher vielleicht schon heute für moderner halten wird als alle phantastischen Auswüchse eines sogenannten modernen Stils."[51]

a) Voysey
Den Bautypus des einfachen Wohnhauses hat wohl der in den fünfziger Jahren des Jahrhunderts geborene Außenseiter Voysey am konsequentesten verwirklicht. Er gehörte weder dem Verbund der Schüler von Edmund Street an wie Morris, Webb und Shaw, noch dem der Shaw-Schüler wie Lethaby, Prior, Newton und Macartney, war aber früh Mitglied der Art Workers Guild. Trotz seiner geradezu konträren politischen Ausrichtung – wie sein Vater, ein Pfarrer und Schulleiter, war er ein konservativer Tory – fühlte sich Voysey in seiner Architektur dem Ideal des Morris'schen Handwerks, besonders des „Red House" verpflichtet. Vor allem aber waren Pugin und Ruskin seine Vorbilder. In mancher Hinsicht setzte er die demokratischen Ziele der Arts and Crafts-Bewegung kompromißloser durch als seine an der viktorianischen oberen Mittelklasse orientierten Vorläufer. In der Architekturgeschichte ist er vor allem mit dem einfachen weißen und wohlgestalteten Einzelhaus bekannt geworden, das sich der Landschaft mit seinen weit ausbreitenden horizontalen Linien anpaßt, einem schlichten, aber doch von künstlerischem Geschmack zeugenden „Haus im Grünen", das aber auch in einem Vorort stehen durfte. Voysey baute bewohnbare Häuser, die Inbegriff des bürgerlichen Heims sein sollten. Wie er selbst formulierte, sollten sie folgende Eigenschaften haben: „Ruhe, Heiterkeit, Einfachheit, Breite, Wärme, Stille im Sturm, Wirtschaftlichkeit im Wohnen, der Charakter des Schützenden, harmonische Einbindung in die Umgebung, keine dunklen Gänge oder Winkel, eine ausgeglichene Temperatur, und ... für die, die darin leben, ein angemessener Rahmen."[52]
Zeitlebens prägte ihn die religiöse Atmosphäre des Pfarrhauses, in dem er aufgewachsen war. Sein Vater war Pfarrer in einem kleinen Dorf in Yorkshire gewesen, ihm wurde aber wegen freiheitlicher Gesinnung – weil er die Lehre von der ewigen Verdammnis leugnete –, d.h. wegen Ketzerei, der Prozeß gemacht: Er wurde aus der Kirche, der Church of England, ausgeschlos-

sen. Er glaubte, wie es sein Sohn darstellte, „an einen guten Gott und nicht an einen bösen".⁵³ Sein sanfter Puritanismus veranlaßte den Sohn, seine an Pugin geschulten Ideale von Zweckmäßigkeit und Konstruktionsgerechtigkeit mit freundlich-heiteren Details zu verbinden und Häuser zu entwerfen, die für die untere Mittelschicht zu erwerben waren.

Wie die Zeitschrift „The Studio" schrieb, baute Voysey so billig wie der spekulative „jerry builder" (Gelegenheits-Bauunternehmer), aber mit mehr Komfort, guter Dekoration und mehr künstlerischer Individualität. Die Eigenheit von Voyseys Häusern lag in dem dicken, weißen Rauhputz („roughcast"), den er fast immer verwandte. Indem Voysey die Beschränkung auf die Wirkungsweise des Materials der Wandbehandlung mit der puritanischen Forderung nach einfacher häuslicher Umgebung und der Verdammung des vulgären spekulativen Bauens verband, schuf er Grundlagen, die weit über die Grenzen seines Landes als moderne Idee des einfachen Wohnhauses wahrgenommen wurden.

Bei der Ausstattung des Inneren, die er selbst übernahm, herrschte ebenfalls eine gewisse freundliche Kargheit vor. Obwohl er selbst für Auftraggeber Tapeten entwarf, waren sie selten in seinen Häusern zu finden. Manchmal war auch das Holz weiß gestrichen. Die Zahl der dekorativen Gegenstände war stark reduziert. Besonders bei den Textil- und Tapetenentwürfen zeigte sich seine Vorstellung von einer hellen, freudvollen, heilen Welt, der Welt eines Kindes bisweilen. Und diese friedvolle Umgebung sollte sich auch im Heim selbst in der Inneneinrichtung widerspiegeln.

Zugleich zeigt sich in der Formgebung der Textilien auch die Loslösung von historischen Vorbildern, denen ja die frühen Arts and Crafts-Vertreter noch verpflichtet gewesen waren – allen voran der Gotik.⁵⁴ In der ersten Nummer der Zeitschrift „The Studio" von 1893, deren Titelcover Voysey gestaltete, äußerte er (genau der Zeitpunkt der ersten Textilentwürfe): „Künstler brauchen nicht ausschließlich der Tradition und Vorbildern verpflichtet oder bis zum Überfluß mit den Schöpfungen fremder Nationen vollgestopft zu sein. Sie sollten ihre gottgegebenen Fähigkeiten benutzen, und wenn sie Ideen haben, die es wert sind, ausgedrückt zu werden, so stehen ihnen die Ausdrucksmittel zur Verfügung. Nicht, daß wir unsere Augen vor allen menschlichen Bemühungen schließen sollten, doch wir sollten uns zur Inspiration und Anleitung direkt an die Natur wenden; dann sind wir auf einmal befreit von den Zwängen des Stils und des Zeitgeschmacks und können in der Gegenwart nach Gesetzen leben und arbeiten, die immer neue Möglichkeiten erschließen."⁵⁵

Einer der größten Anreger in seiner frühen Zeit war sein Freund Arthur Heygate Mackmurdo (1851–1942), wie Voysey Mitglied der Art Workers Guild. Als Schützling Ruskins, mit dem er in Italien gereist war, stand Mackmurdo in der „Society for the Protection of Ancient Buildings" (einer frühen Denkmalpflegeorganisation) mit Morris und Webb in Verbindung. Er gründete 1882 die „Century Guild", und von ihm erhielt Voysey die technischen Vorkenntnisse für seine Tapeten- und Textilentwürfe.
Bei Mackmurdo erkennt man deutlich die Loslösung von historischen Vorbildern, denen Morris anhing, wenn auch in seinen Textilien in weitaus geringerer Form. Mackmurdo war es, der vor allem schon früh die Linienführung des Jugendstils entwickelte, für den die Schlangenlinie oder auch züngelnde Linie stellvertretend steht. Bei Voysey dagegen herrschen eher klare kindliche Formen vor, die in starken farbigen Kontrasten voneinander abgesetzt sind.
Für ihn waren die Regeln der Ruskinschen „Roheit" („savageness") wegweisend. Eng verwandt mit dem Begriff der „Roheit" war, was Ruskin den „Naturalismus" („naturalism") der Gotik nannte. Ruskin glaubte, daß der mittelalterliche Handwerker im Bauwerk nicht nur seinen eigenen Unzulänglichkeiten Ausdruck gab, sondern durch genaue Beobachtung der Natur auch den Unzulänglichkeiten seines Gegenstandes. Anders als ein Handwerker der griechischen Antike, der es niemals ertragen hätte, seine eigene Fehlbarkeit zuzugeben, habe ein gotischer Handwerker den Gegenstand niemals idealisiert. Vielmehr habe er sich zum Beispiel bemüht, das Charakteristische eines Blattwerks so genau, wie es mit den Gesetzen seines Entwurfs und der Natur seines Werkstoffs vereinbar war, wiederzugeben. Diese Gestaltung des Stoffs griff Voysey bei seinen Einrichtungsgegenständen und in seiner Architektur auf.
Zum Ideal der „Roheit" gehörte in Ruskins Verständnis auch der Begriff „Vielfältigkeit" („changefulness"). „Wann immer es für diese Architektur Anlaß gab, sich in Gestaltung oder Zweck zu verändern, dann hat sie sich solchen Veränderungen unterzogen, ohne die geringste Befürchtung, damit etwas von ihrer Einheit oder Größe aufzugeben ... Wenn (mittelalterliche Handwerker Einfg. der Autorin) ein Fenster wollten, dann öffneten sie eins; brauchten sie einen Raum, so fügten sie einen hinzu; war es ein Pfeiler, dann errichteten sie einen; und zwar völlig unbekümmert um irgendwelche anerkannten Regeln der äußeren Erscheinung, denn sie wußten, ... daß solche riskanten Eingriffe in den ursprünglichen Entwurf dessen Symmetrien eher beleben als stören würden ... Jeder nachfolgende Architekt, der die Arbeit an einem großen Bauwerk fortführte, gestaltete die Teile, die er hinzufügte,

auf seine Art, völlig unbekümmert um den Stil seiner Vorgänger."[56] Viele dieser Motive wurden schon von Webb im „Red House" realisiert und jetzt von Voysey fortgeführt, jedoch mit der Grundwirkung einer Harmonie verbunden.

Der Grundriß von Voyseys Häusern basierte fast ausschließlich auf einer langgestreckten, schmalen Anlage. Die erlaubte es, die verschiedenartigen Räume und Funktionen des Hauses in der Fassadengestaltung zu unterscheiden und zum Ausdruck zu bringen. Der Blick auf ein gutes Arts and Crafts-Haus ließ auf diese Weise immer die Lebensgewohnheiten seiner Bewohner erkennen. Nach Voyseys Auffassung war die Horizontale für ein gut gebautes Haus eine wesentliche Dimension: „Die Horizontale dominiert, wenn die Sonne untergeht ... Um also entscheidend dazu beizutragen, daß unsere Häuser als Ort der Ruhe und des Rückzugs dienen können, (muß man) Winkligkeit und verwirrende Vielfalt in Farbgebung, Gestaltung oder Oberflächenstruktur vermeiden und eher die horizontalen denn die vertikalen Linien betonen."[57]

b) Lethaby

William Richard Lethaby (1857–1931), im selben Jahr wie Voysey geboren, war eher durch seine Schriften als durch seine Bauten zum einflußreichsten Architekten der Jahrhundertwende geworden. Mit seinen Lebensdaten überspannte er, ähnlich wie sein Zeitgenosse, weite Teile der beiden Jahrhunderthälften. Aber anders als Voysey, der bis zuletzt kompromißlos seinem Ideal des einfachen Wohnhauses treu blieb, wandelt sich Lethabys theoretische Position erheblich. Anfangs einer der überzeugtesten Apologeten der Ruskinschen Architekturideale, vor allem dessen Forderungen nach Naturalismus, problematisiert er aber am Ende seines Lebens das Handwerksideal.

Trotz seiner Ausbildung in Shaws Büro, dessen Vorliebe für formale, klassizistische Strenge bekannt war[58], hat er sich den genannten Prinzipien Ruskins verschrieben: „Verfolgen wir die künstlerischen Formen der vom Menschen hergestellten Dinge bis zu ihrem Ursprung, so finden wir eine direkte Imitation der Natur"[59], schreibt er in seinem Hauptwerk „Architecture, Mysticism and Myth" von 1892. Wie für Ruskin waren ihm die Architekturdokumente vergangener Hochkulturen Ausdruck einer tyrannischen Sklavenhaltergesellschaft: „... jeder Stein mit dem Blut eines menschlichen Wesens zementiert... eine solche Architektur ist nicht für uns noch für die Zukunft. Wie also wird diese Kunst der Zukunft aussehen? Die Botschaft wird immer noch von Natur und Mensch, Ordnung und Schönheit han-

deln, aber alles wird Sanftheit, Einfachheit und Freiheit, Zuversicht und Licht sein; das andere ist vergangen, und das ist gut so, denn sein Ziel war es, Leben zu zerstören: Das Neue, die Zukunft soll dem Leben helfen und es ausbilden, damit Schönheit wie ein Windhauch in die Seele fließen kann."[60] Nahezu zeitgleich mit Morris utopischem Roman „News from Nowhere" entwickelte er in diesem Buch seine Zukunftsvision.
Anfang der neunziger Jahre orientierte er sich stärker an Morris und Webb. Er arbeitete darüber hinaus für „Morris & Co". Seine Bauten, vor allem die Kirche All Saints in Brockhamton von 1901/2, wurden in ihrer Mischung aus schlichten künstlerischen Symbolelementen und einfacher lokaler Handwerksarbeit zu den berühmtesten Dokumenten der Arts and Crafts-Bewegung. Die Kirche vereinte wiederum die genannten Ruskinschen Prinzipien. Die Handwerker hatten relativ große Freiheit bei der Ausarbeitung von Bauelementen. Bevorzugung regionaler Materialien, Konstruktionsgerechtigkeit und souveräner Umgang mit Raum und Licht waren weitere typische Elemente seiner Arts and Crafts-Architektur. Das Zusammenspiel dieser Elemente zur „unity of art" konnte er als Leiter der School of Arts and Crafts des Londoner County Council propagieren.[61]
Waren die Vertreter der ersten Generation trotz ihrer heftigen Ablehnung der viktorianischen Ornamentfülle dem Ornament in gewandelter, entschlackter Form immer noch verhaftet, so verfocht Lethaby nun eine stärkere Koppelung der Gestaltung an Zweckmäßigkeit und Funktionalität.[62] An Pugin und Redgrave erinnert die Forderung, bei allen Dingen zunächst vom Nützlichen und Angemessenen auszugehen. Mehr und mehr konzentrierte Lethaby seine Aufmerksamkeit dabei auf die Verbindung von Kunst und Wissenschaft. Er forderte ein zeitgemäßes Design – experimentierfreudig und wissenschaftlich orientiert. Damit kam er den Forderungen des Deutschen Werkbundes nahe, die in eine vergleichbare englische Institution, der „Design and Industries Association", gegründet 1915, einflossen. Die in dem Leitsatz der Zweckmäßigkeit angestrebte „unity of art" bedeutet für ihn dann die Aussöhnung zwischen dem Ideal der Wissenschaft als Notwendigkeit („reality of natural necessity and common experience") und dem Ideal, das von der Kunst repräsentiert wird („reality of the philosophers, which is the ideal").[63] Sein Sinn für Praktikabilität und Zeitgemäßheit blieb aber immer noch dem Morris'schen Ideal der „simplicity" verpflichtet: dem schlichten Handwerk, und ist weit entfernt von den radikalen Funktionalismustheoremen des 20. Jahrhunderts, mit denen man ihn gern in Verbindung bringt.[64]

c) Baillie Scott

Trotz des sich zwischen 1900 und 1914 in England durchsetzenden Klassizismus konnte der Arts and Crafts-Architekt Mackay Hugh Baillie Scott auch weiterhin erfolgreich arbeiten. Scotts Popularität konnte sich vor allem durch seine Artikel über ideale Häuser, die er von 1894 an in der Zeitschrift „The Studio" veröffentlichte, in England und auf dem Kontinent behaupten. Infolgedessen erhielt er zahlreiche Aufträge und betrieb ein florierendes Büro.

Baillie Scotts Artikel sind weniger theoretisch ausgerichtet, als sie vielmehr eine ausführliche Beschreibung von Haustypen vornehmen. Der Praktiker konzentrierte sich ganz auf die ästhetische Durchgestaltung des Hauses. Seine Planungsmethode war gekennzeichnet durch einen hallenartigen Wohnraum, der durch Faltschirme von Salon und Speisezimmer abgetrennt war. Diese Wohnhalle ahmte diejenige der großen Landhäuser im Kleinen nach. Die Ästhetik sollte aber auch ganz im Sinne der Arts and Crafts-Manier die einfachen cottages und Bauernhäuser auf dem Land nachzeichnen: „... um einen Eindruck von der Gesamtwirkung zu vermitteln, muß ich Sie zu einem alten Bauernhaus in Cheshire führen, irgendwo auf dem Land, wo die Leute sich noch nicht der einfachen Backsteine und der Tünche schämen."[65] Die Mischung aus aristokratischer Eleganz und rustikalem Regionalstil charakterisierte dann in der Tat auch reale Bauten: beispielsweise das große Landhaus des Bauherren Blackwell bei Bowness in Westmoreland (1898/99).[66] Weißer Rauhputz, mit Steinprofilen umrahmte Fenster, ein Schieferdach mit hohen Giebeln, das Fachwerk ins Innere verlegt, vor allem in der hohen Halle mit Galerie und Kaminecke – dies waren wesentliche Elemente seiner Gestaltung. Die Kombination aus eleganten, dem Mackintosh-Jugendstil vergleichbaren Elementen und behäbiger Regionalarchitektur mit Zügen eines herrschaftlichen Landhauses traf offensichtlich den Zeitgeschmack des oberen Bürgertums und des Adels. Immerhin erging ein Auftrag des Großherzogs von Hessen und bei Rhein für sein Neues Palais in Darmstadt 1897 an Baillie Scott und unabhängig davon an Ashbee. Es wird hier aber deutlich, daß sich die Arts and Crafts-Bewegung zu diesem Zeitpunkt bereits in Gestaltungselementen verselbständigte und zur Manier degenerierte. Trotz einfacher Formen und bei aller Fülle, die auch die frühen Innenräume von Morris kennzeichnete, prägte die Möbel und die Räume eine gewisse „heraldische Steifheit" (P. Davey). Deutlich wird dies auch bei Scotts Wettbewerbsentwurf für das „Haus eines Kunstfreundes", den der Darmstädter Verleger Alexander Koch 1901 ausgeschrieben hatte und den der Engländer Scott gewann. Verglichen mit

Mackintoshs ingeniös-elegantem Vorschlag, der keinen Preis erringen konnte, weil er formelle Bedingungen der Ausschreibung nicht erfüllte, sich nichtsdestotrotz aber großer Anerkennung erfreute, und Leopold Bauers konsequenter Wiener Schlichtheit und Sachlichkeit, wirkt Scotts rustikaler, an den Tudor-Stil angelehnter Entwurf traditionalistisch und steif.
Doch der europäische Kontinent erfreute sich des „englischen Geschmacks", den Scott verkörperte. Er gestaltete Innenräume für den Kronprinzen von Rumänien und viele weitere aristokratische Residenzen in Deutschland und in der Schweiz und arbeitete für die Dresdner Werkstätten für Handwerkskunst.

Siedlungsmodelle – die Welt als Garten

a) Vorläufer

Es liegt nahe, daß die frühen Arts and Crafts-Vertreter im Kontext ihrer Mittelaltersehnsucht und Naturverehrung sich neuen Siedlungsformen öffneten: sowohl in der Praxis als auch in der Fiktion. Der Garten wurde zum Leitmotiv ihrer Hinwendung zu einer natürlichen Lebensweise. Diese Ideen hatten wenig mit dem für England berühmten Ideal des Landschaftsgartens im 18. Jahrhundert zu tun, auch wenn sich in ihnen generell die Liebe zum Vielgestaltigen, Pittoresken äußerte, die in Ruskins Kategorien „savageness", „variety" und „changefulness" ihr Pendant fanden. Die Idee der Gartenarchitektur kam in Siedlungsmodellen, vor allem in den Gartenstädten, zum Tragen, aber auch da, wo Natur in städtebauliche Projekte integriert werden sollte.
Vereinzelt gab es bereits viktorianische Siedlungsmodelle vor Ruskin, Morris, Lethaby und Ashbee. „Blaise Hamlet", eine Ansammlung von nur neun cottages um einen Rasen, die die Architekten John Nash und George Repton 1811 für den Quäker und Bankier John Scandrett Harford entwarfen und die dieser den älteren seiner Mitarbeiter und finanziell benachteiligten Familien zur Verfügung stellte, war eines der frühen Siedlungsmodelle. Ein weiteres Beispiels ist „Holly Village" in Highgate, London, von 1865, die Kleinsiedlung der reichen Baronin Burdett-Coutts, in der sie ihre älteren Dienstleute unterbrachte. Unregelmäßige Anordnung, die ungerade Zahl der Häuser, der ländlich-rustikale „cottage orné"-Stil des einen, das gotische Formenvokabular des anderen dokumentierten die gotisierende Vorliebe fürs Pittoreske.

Bekannter noch sind die großen sozialen Siedlungspläne des utopischen Sozialisten Robert Owen (1771–1858) geworden. Er versuchte, ganz anders als bei einer pittoresken Kleinsiedlung, die sich wandelnden industriellen Bedingungen in die Planung von „New Lanark" in Schottland und später „New Harmony" in Indiana (1825) zu integrieren. Elemente dieser Siedlung sind die Grüngürtelbebauung und Gemeinschaftsgärten und -küchen. Intendiert war auch die Verbindung von Kopf- und Handarbeit in pädagogischen Einrichtungen, wie es Morris gefordert hatte, um Handwerksfertigkeiten zu vermitteln.

Neben Industriesiedlungen, von der Großstadt unabhängige Einheiten, die speziell auf die Arbeiterschaft ausgerichtet waren wie die Gartenvorstadt „Bedford Park" (1875–81) – bekanntestes Beispiel der „garden suburbs", die das Wohnen im Grünen für den Städter gesellschaftsfähig machen wollten –, gingen die Etappen des Siedlungsbaus weiter zu der Schrift von Ebenezer Howard „To-morrow" (ab 1902 „Garden Cities of To-morrow"), die zum bekanntesten Programm und zum Katalysator der Gartenstadt-Idee wurde. Das grundsätzlich Anti-Städtische verband die frühen und die späteren Projekte dieser Alternativ-Programme mit den frühen Siedlungsexperimenten der Arts and Crafts-Vertreter.

Da war vor allem das ambitionierte, doch für Ruskin wohl enttäuschendste Projekt seines Lebens: die Guild of St. George, 1871 gegründet. Gegen die Industrialisierung gerichtet, stand diese „Gilde" im Zeichen der agrarischen Idylle. Manuelle Kultivierung des Landes und das Verbot jeglicher maschineller Hilfsmittel sollten erzieherische Wirkung haben, überhaupt war die pädagogische Ausrichtung mitsamt der anti-intellektuellen Haltung das Hauptcharakteristikum seines Projekts. Seine Ideen entfaltete Ruskin in seiner Beitragsreihe „Fors Clavigera" (1871–1884), eine aus 96 Briefen bestehende, „an die Arbeiter Englands" gerichtete, von Ruskin verfaßte und verlegte Zeitschrift.

Die anti-technologische Haltung eines Lebens auf dem Lande, das zugleich die Sauberkeit von Luft und Wasser und die Gesundheit der Menschen gewährleisten sollte, waren Grundmotive der Siedlungsgemeinschaft. Sie waren jedoch eingebettet in rigide patriarchalische, an feudale Herr-Knecht-Relationen erinnernde, jedoch auch demokratische Regelungsinstitutionen. Hierbei unterstand dem „Master" eine hierarchisch gegliederte Gruppe von Gefolgsleuten. Völlige Subordination unter die Reglementarien der Gilde bzw. des „Masters" waren die Voraussetzung dafür, daß die Hierarchiespitze als Gegenleistung die Verantwortung für das Wohl des Einzelnen übernahm.

Ruskins Ideen zur „Guild" waren mit seinem tiefverwurzelten Glauben an die Überlegenheit der natürlichen, von Gott geschaffenen, über die vom Menschen kreierte Welt verbunden. Dabei waren auch seine Ansichten über Umweltfragen vom Primat der Natur geprägt. Die Trennung von Stadt- und Landleben bedeutete ihm zufolge „modern barbarism"; vielmehr sollte die Stadt als „heart and sanctifying force" eine gewichtige Rolle für die sie umgebende Natur übernehmen. Sie sei Teil der Natur und nicht ihr Antipode. Hierin stimmte er mit den Konzepten der späteren Gartenstädte überein. Infolgedessen gehört sein „Guild"-Experiment zu deren Wegbereitern. Technologie- und Zivilisationsfeindlichkeit sowie die rigiden autokratischen und paternalistischen Elemente überlebten sich aber in den neuen Modellen.

Exkurs: Der Arts and Crafts-Garten

Keineswegs entsprach die Gartengestaltung der Arts and Crafts-Bewegung, die mit dem „Red House" ihren Anfang nahm, den Ruskinschen Prinzipien der „Vielfältigkeit" und „Roheit". Es gehört zu den Paradoxien der Bewegung, daß sie bei ihrer Leidenschaft für unregelmäßige Bauten die Gartenarchitektur einer gewissen Regelmäßigkeit unterwarfen. Bereits Morris hatte 1880 propagiert, den Garten als hortus conclusus zu betrachten. Er solle keinesfalls die Wildheit der Natur imitieren, sondern wie die Hausgärten des Mittelalters und der frühen Renaissance gestaltet sein.
Diese Idee wurde explizit von John Dando Sedding in „Garden Craft Old and New" 1891 aufgegriffen und erörtert.[67] Wie Morris, für den „jeder Garten lediglich idealisierte Natur"[68] war, frönte er keinem falschen Naturalismus. „Die menschliche Imitation der Natur muß anders sein als die Natur", proklamierte Sedding und empfahl, „bei der Gartengestaltung nach künstlerischen Prinzipien die freie Erfindungskraft walten zu lassen".[69] Zu den wichtigsten Vorbildern dieser Gartenkunst wurden für Gartenbauer und Architekten die Anlagen nach den Regeln Francis Bacons (1561–1626) aus dem 17. Jahrhundert: danach sollten Gärten in drei Teile unterteilt sein: eingangs ein Rasen, darauf folgend eine Heide oder ein Sandstück und der Hauptgarten in der Mitte. Außerhalb des formellen Hausbereichs sollte die Natur regieren dürfen, entweder mit (relativ viel) „Hilfe" des Architekten oder in völliger Freiheit. Der sensible Beobachter Hermann Muthesius hat dieses Gartenkonzept treffend beschrieben: „Man erblickt im Garten eine Fortsetzung der Räume des Hauses, gewissermaßen eine Reihe einzelner Außenräume, von denen jeder in sich geschlossen eine gesonderte Bestim-

mung erfüllt. So erweitert der Garten das Haus in die Natur hinein ... Daraus folgt schon, daß sich die regelmäßige Anlage nicht nur einseitig, sondern rings um das Haus erstrecken muß, damit es von allen Seiten auf einer gehörigen Basis ruhend erscheint."[70]
Da Mauer, Hecke (lebende Wände), Terrassen, Blumengärten, Sträucherkultur, Rabatten, gepflasterte Wege, Baum- und Strauchbeschnitt, auch naturalistische Felsengärten[71] Bestandteile dieser Gärten waren, gerieten sie allerdings äußerst kostspielig in der Unterhaltung.

b) Gartenstädte

Die Gartenstadtbewegung wuchs unmittelbar aus der Arts and Crafts-Bewegung heraus. Mit den beiden Protagonisten, den Cousins Barry Parker (1867–1947) und Raymond Unwin (1863–1940), nahm sie um die Jahrhundertwende Form an. Die beiden Sozialisten gingen 1896 eine Partnerschaft als Architekten ein.
Unwin hatte noch Ruskins Vorlesungen in Oxford gehört, war ein Freund des in den achtziger und neunziger Jahren einflußreichen Sozialreformer Edward Carpenter (1844–1929) und lernte auch Morris kennen, für den er als überzeugter Sozialist in der Zeitschrift „Commonweal" schrieb. Während Unwin zunächst als Ingenieur für die Firma Stavely Coal and Iron Company Bergarbeiterwohnungen entwarf, machte sich Parker, nach einer Lehre als Architekturzeichner, Schreiner und Schmied, selbständig und verdiente von 1895 an vierzehn Jahre lang seinen Lebensunterhalt durch Entwürfe von Textilien, Tapeten und Möbeln – ähnlich wie Voysey.
Das philantrophische Modelldorf New Earswick bei York, das der Schokoladenfabrikant Joseph Rowntree ab 1901 für seine Arbeiter bauen ließ, war der erste Auftrag für die beiden Partner. Es hatte ein unmittelbares Vorbild: Das Modelldorf für Seifenarbeiter, das Lord Leverhulmes in Port Sunlight von dem Landschaftsarchitekten Thomas Mawson nach den Regeln der Arts and Crafts-Architektur und -Gärten anlegen ließ. Kostspieliger Straßenbau und häßliche Hinterhöfe sollten vermieden werden, schöne Gärten und Ausblicke die Reihenhäuser angenehm machen. 1902 schrieb Unwin: „Es scheint nicht realisiert zu werden, daß Hunderttausende arbeitender Frauen den größten Teil ihres Lebens nichts Besseres sehen als den abscheulichen Ausblick, den diese Hinterhöfe bieten. Deren armselige Häßlichkeit wird nicht einmal durch ein bißchen Grün gemildert, das vom Frühling spricht, oder von einem gilbenden Blatt, das vom Herbst spricht."[72] Licht und Sonne im Haus waren ebenfalls erstrebenswerte Wohnqualitäten, die

ein durchgehender Wohnraum zwischen Vorder- und Rückseite des Hauses brachte.[73] Die Häuser sollten möglichst in einem Schachbrettmuster angeordnet werden. Auf diese Weise wechselten die Straßenfronten zwischen Haus- und Gartenpaaren.

Ende 1903 gewannen die Partner zusammen mit Lethaby und Ricardo die Planung der ersten Gartenstadt in Letchworth und wurden damit die Hauptinterpreten der neuen Gartenstadtbewegung.

Die Idee der Gartenstädte ging zurück auf Ebenezer Howards Schrift „Tomorrow: A Peaceful Path to Real Reform" von 1898. Die hierin vorgeschlagenen „New Towns" sollten die Attraktivität der Städte mindern helfen, indem sie städtische Annehmlichkeiten mit den Freuden in einer halbländlichen Gemeinde verbanden. Es lassen sich in seiner Vision von Häusern, die in Gärten auf dem Land stehen, leicht die utopischen Ideen von Morris in „News from Nowhere" erkennen, die er noch nicht einmal eine Dekade zuvor geäußert hatte. Doch ebenso waren die Gartenstädte eng mit praktischen Gegebenheiten des späten 19. Jahrhunderts verbunden. So wurde in „Garden Cities of Tomorrow" 1902, dem Nachfolgeband von „Tomorrow: A Peaceful Path to Real Reform", dargelegt, daß ein Ring von Gartenstädten das Anschwellen der großen Metropole abfedern helfen konnte. Durch ein Eisenbahnverkehrsnetz waren sie radial mit ihr und untereinander verbunden. Jede Gartenstadt sollte von einem Gürtel landwirtschaftlicher Flächen umgeben werden, die ausreichten, um die festgelegte Maximalbevölkerung zu ernähren. Es wurde eine relativ geringe Verdichtung angestrebt: auf einem Morgen Fläche nicht mehr als 12 Häuser.[74]

Eine Aktiengesellschaft, die Howards Anhänger gegründet hatten, kaufte dann in Letchworth 1548 Hektar Land, und im Januar 1904 konnten Parker und Unwin damit beginnen, in Anlehnung an Howards Diagramm 525 Hektar für die Stadt zu planen und den Rest als landwirtschaftlichen Gürtel zu gestalten. Zentrale öffentliche Bauten waren in der Stadt von einem Park umgeben und danach von Ringen aus Häusern und Gärten. Die Stadt wurde zunächst umschlossen von einer Eisenbahn und von Fabriken, dann, wie gesagt, von einem Agrargürtel. Im Süden der Stadt waren die Straßen mit breiten Rasenstreifen an den Rändern und mit Bäumen gesäumt. Die Häuser hatten Vor- und Hintergärten. Nördlich der Eisenbahn war die Planung im ganzen ökonomischer.

1905 wurde ein Wettbewerb für billige Wohnhäuser ausgeschrieben, zu dem viele Arts and Crafts-Architekten, darunter Baillie Scott, Beiträge einreichten. Wie bei den Arts and Crafts-Gärten wechselten Regelmäßigkeit und pittoreske Elemente miteinander ab. Auf keinen Fall sollte das Bild ei-

nes alten malerischen Dorfes wiederaufleben, weil man dies als nicht zeitgemäß betrachtete. „Die Bindungen des Feudalismus sind vorbei", meinte Unwin, „und die Demokratie muß erst noch ihre eigenen ausgeprägten Bindungen entwickeln. Wenn diese kommen, werden sie zweifellos ebenso pittoresk sein wie die alten Formen."[75]
Die zweite Gartenstadt entstand 1905, als Unwin zum Planer von Hampstead Garden Suburb ernannt wurde. Die Idee dieses Vororts ging zurück auf Henrietta Barnett, die in den Slums des East End freiwillige Sozialarbeit geleistet hatte. Mit geringen Fahrkosten sollten die Arbeiter die Möglichkeit haben, in London zu arbeiten und gleichzeitig in einer halbländlichen harmonischen Umgebung zu wohnen. Der Ausbau der Untergrundbahn machte die Erschließung des Nordteils von Hampstead Heath möglich, und nach dem Erwerb von einem Stück Heideland konnten Parker und Unwin in Zusammenarbeit mit vielen Arts and Crafts-Architekten ihr zweites, diesmal stringenter geplantes Experiment erproben.
Von Anfang an favorisierten sie Ruskins Vorliebe für mittelalterliches Bauen und arbeiteten von innen nach außen. Die Zahl der Zimmer sollte zugunsten eines großen Wohnraumes verringert werden. „... wenn Ihr großer Raum komfortabel sein soll, muß er Rücksprünge haben," schrieb Parker. „Es liegt ein großer Zauber in einem Raum, der im Grundriß aufgebrochen ist, der jenes leicht mysteriöse Gefühl vermittelt, das entsteht, wenn man von einem Punkt aus nicht den ganzen Raum überblicken kann; wenn es immer noch etwas um die Ecke gibt."[76] Hierin spiegelte sich das Prinzip der „Vielfältigkeit" im Wohnhausbau von Arts and Crafts. Auch Morris' Lehre von der Beschränkung auf nützliche und nur unbedingt notwendige Dinge kam im Ausbau der Häuser zum Tragen. Aus der Verbindung dieser beiden Prinzipien entstanden abwechslungsreiche und dennoch einfach gebaute Wohnräume. Zugleich wurde jene „Ruhe" erzeugt, die das Hauptziel der Architekten Voysey und Baillie Scott war. Insofern verbanden Parker und Unwin bewußt Ziele ihrer Vorgänger.

Utopie als Fiktion: Morris' Roman „News from Nowhere"

Zum Ende des 19. Jahrhunderts spalteten sich die Entwicklungslinien der Arts and Crafts-Bewegung. Die einen widmeten sich der mehr oder weniger künstlerisch-formalen Ausarbeitung der Arts and Crafts-Ästhetik im Hinblick auf ein „ideales" Haus und gaben der genauen Beschreibung von Innenräumen in ihren schriftlichen Zeugnissen breiten Raum, wie Baillie Scott. Nach der Jahrhundertwende flossen diese Gestaltungselemente in

Form konfektionierter Schablonen in Vorort-Siedlungen in der Nachfolge der Gartenstädte ein. Die anderen ließen die Ideale der „reinen Lehre" noch einmal in äußerster Konsequenz und mit interessanten Erweiterungen aufblühen. So war es bei den Gartenstädten und vor allem in Ashbees „Guild of Handicraft". Mehr noch, die Reformideen gerieten aufs neue zu einer Zukunftsvision, wie z. B. in Morris' utopischer Erzählung.

Als „Nachrichten von Nirgendwo", so der Titel von Morris' Roman, betrachtete der Reformer seine Vorstellungen von zukünftigen Wohnformen; er beließ sie bewußt auf der Ebene der Fiktion. Dennoch unterschied sich diese literarische Utopie von den überkommenen Utopien in Hinblick auf ihre Dimension als räumliche Gegenwelt.[77] Zwar ist die Erzählung vom moralischen Wert der Schönheit einer ganzheitlichen Lebensform schnell als Mischung aus kultiviertem Lebensstil eines liberalen Großbürgertums und romanzenhafter Vorstellungswelt zu entlarven, sie hat aber – wie erwähnt – in der Gartenstadtbewegung Elemente einer praktischen Realisierung erfahren.

Der Roman knüpft im Eingangskapitel unmittelbar an Morris' Erfahrungen mit der sozialistischen Partei an und läßt dann seinen Wunschvorstellungen von einer zukünftigen kommunistischen Welt im England des 21. Jahrhunderts freien Lauf. Es ist eine Welt ohne Entfremdung und Profitstreben, ohne Privatbesitz und bürokratische Institutionen und ohne Massenproduktion von Waren. Sie basiert allein auf der Arbeit frei handelnder Individuen und deren kooperativer Vereinbarung. Die nach handwerklichen Fertigungsmethoden hergestellten Güter sind Gemeineigentum. In kleinen selbstverwalteten Einheiten wird gleichzeitig Wert auf die individuelle Freiheit des Einzelnen gelegt.

Der Roman beginnt wie folgt: Der Traum des Protagonisten William Guest leitet ihn von der häßlichen Londoner Vorstadt voll „abgehetzter und unzufriedener Menschen" aufs Land. Durch den muntern 107 Jahre alten Dick Hammond geführt, erleben wir eine Idylle von Muße, Abwechslungsreichtum und geistiger Vitalität, die das Leben von „Nowhere" allgemein prägt. Dieser Zustand sollte herbeigeführt werden, indem man die Grenzen zwischen Stadt- und Landzonen aufhob und damit auch die Vor- und Nachteile, die man beiden Regionen zugedachte, nivelliert. Natürliche Lebensweise, Anreiz der Umgebung werden für beide gleichermaßen Lebensqualitäten, darin eingewoben ein kunstvolles Handwerk, das aufs engste mit dem Volk verbunden ist.

Besonders die Schilderung von London läßt die Vorstellung des Autors von der Veränderung der Stadt deutlich werden: Mit Pferd und Kutsche – wie

Ruskin lehnte Morris das moderne Transportmittel Eisenbahn ab – fährt der Romanheld bei schönem Wetter durch eine Stadt in grünem Gewand mit ländlichen Architektur: liebliche Blumengärten, öffentliche Gebäude in Waldlichtungen, die Themse klar und fischreich, machen London zu einem locus amoenus des Städters im 21. Jahrhundert. Gleitend geht die städtische Bebauung aufs Land über – eine Kette von Gartenlandschaften. Die Idee des Gartens verbindet zugleich Morris' künstlerisches Prinzip des delectare et prodesse: Einfachheit ohne Askese, Arbeit in natürlicher Gemeinschaft Gleichwertiger, Abwechslungsreichtum mit Bescheidung auf das Wesentliche sind seine Elemente. Weder das Land mit agrarischen Zügen entspricht seiner Vorstellungswelt noch die Großstadt, vielmehr zielt er auf eine Durchmischung urbaner Formen mit Natur.

Morris befand sich im eigenen Lande mit seiner Utopie in guter Gesellschaft. Schon Thomas Morus schilderte in „Mundus Novus" die Insel England als Ort der Korruption und politischen Verwahrlosung. Vor dem Hintergrund des Zerrspiegels „Realität" entstand die Vision des vollkommenen Staates Utopia – ein reines Denkbild, zugleich mit Elementen, die der unvollkommenen Wirklichkeit fehlen, als auch mit Merkmalen des Vollkommenen. Die Vorbildfunktion von Morus für Morris läßt sich allein darin erkennen, daß er ihm eine seiner schönsten Kelmscott Ausgaben schenkte. Im Vorwort stellt er den Begründer der literarischen Utopie als einen Menschen vor, der in der Tradition des Sozialismus steht. Schon zu Beginn des Frühkapitalismus habe er auf die Auswirkungen von Arbeitsteilung und Konkurrenz hingewiesen und als Alternative die sozialen Strukturen mittelalterlicher Gilden und Zünfte angeboten. Mit den asketischen Zügen seines Gesellschaftsentwurfs und dem zu geringen Freiraum für die Entfaltung der Individualität konnte Morris jedoch nicht übereinstimmen und sah hierin die historischen Grenzen seines Vorgängers.

Ähnliche Einschränkungen machte Morris bei Robert Owen, dem er in seiner, zusammen mit B. Bax verfaßten Untersuchung: „Socialism: Its Growth and Outcome" 1893 eine Abhandlung widmete. Zwar nahm dieser mit der Musterkolonie von New Lanark den Versuch einer Verwirklichung seiner utopischen Ziele vorweg, entwickelte ein praktisches Gegenmodell zur kapitalistischen Lebenswelt des frühen 19. Jahrhunderts, doch widersprachen Owens rigide moralische Anweisungen und Forderungen an seine Arbeiter den libertären und hedonistischen Neigungen von Morris. Auf dieser Basis ließ sich Morris zufolge keine langfristige politische Entwicklung aufbauen.

Neben der am 18. September 1886 in „The Commonweal" veröffentlichten Erzählung „A King's Lesson", in der er Matthias Corvinus, den König von Ungarn, in einem Experiment die Grundlagen der mittelalterlichen Feudalgesellschaft entlarven läßt, und in „Dream of John Ball", aus dem Jahre 1888 (ab November 1885 als Serie ebenfalls in „The Commonweal" veröffentlicht), in dem eine Person des 19. Jahrhunderts im Traum in das England des 14. Jahrhunderts zurückversetzt wird, ist die bei weitem ausführlichste und intensivste Auseinandersetzung mit einer literarischen Utopie die Rezension von Edward Bellamys „Looking Backward: 2000–1887" von 1889. In seinem populären Roman entwarf der amerikanische Journalist Bellamy eine utopische Gesellschaftsformation, in der menschliche Arbeit und soziales Leben bis ins Detail durchorganisiert, geplant und verwaltet sind. In der Kritik von Morris ist dies die Konzeption einer Gesellschaft, die als große nationale Organisation wirke, für die sich aber niemand direkt verantwortlich fühle. Diese Gesellschaftsvision nehme die zentralistische Form des Staatskommunismus vorweg und degradiere das Individuum zu einem bloßen Funktionsträger innerhalb eines bürokratisch organisierten, lediglich als soziales Sicherheitssystem fungierenden Staates.

Der Vergleich seiner literarischen Fiktionen und die Kritik an Zukunftsvisionen anderer Autoren lassen Morris' Vorstellung von einer zukünftigen „societas" klarere Konturen annehmen: Der Reformer lehnte alles ab, was in Zusammenhang mit Askese und dirigistischer Verpflichtung stand. Das zeigt sich besonders angesichts des Planungs- und Verwaltungskonzepts in Bellamys Roman, einem Staatssozialismus, der die Bewegungsfreiheit und Lebensfreude des Individuums einschränkt. Die „Nachrichten von Nirgendwo" künden eher von den spielerischen Qualitäten des Zusammenlebens, von individueller Eigenverantwortlichkeit und der Möglichkeit von freier Entscheidung.[78]

Das pädagogische Prinzip:
Charles Robert Ashbee und die „Guild of Handicraft" –
Kunst in der ländlichen Kommune

Der Ruskin-Schüler Charles Robert Ashbee hat den Prinzipien der Arts and Crafts-Bewegung in der zweiten Generation wohl die konsequenteste Form gegeben. Von seinen Erfahrungen in der Schüler-Ausbildung im Arbeiterviertel von East-London bis hin zur Künstler-Kommune auf dem Lande in Chipping Campden haben seine Bemühungen das Anliegen, Arts and Crafts als Lebensform zu etablieren, auf den Punkt gebracht. Hinzu

kommt, daß sein Kunsthandwerk auf europäische Werkstätten und amerikanische Architekten, vor allem die Wiener Werkstätte und Frank Lloyd Wright, großen Einfluß hatte.
Die pädagogischen Ursprünge sind in Ashbees Leben früh anzusiedeln. Als junger Mann begann er direkt nach seinem Schulabschluß in Cambridge eine Ausbildung in Toynbee Hall, einer Stiftung der Universität im East End Londons, dem Armenviertel der Metropole. Der Leiter der Schule, G.F. Bodley, war ein Freund Philip Webbs und Förderer der Morris-Firmen. Ashbee, der Sohn eines wohlhabenden Kaufmanns, der aber nach der gescheiterten Ehe des Vaters enterbt wurde, entwickelte sein Sozialengagement in einer Ruskin-Klasse, die von dem Text des Meisters „Fors Clavigera" inspiriert worden war. Er erweiterte das Curriculum der Schule hin zu praktischen Übungen wie Malen, Modellieren und Gipsabguß. Diese Schule erhielt 1888 vom Bildungsminister offiziellen Status. Mit ihren Lehrwerkstätten wurde sie der Grundstock für die „School and Guild of Handicraft."
Ashbee sah in der pädagogischen Grundausbildung den Keim einer Gesellschaftsveränderung, er sah sein Projekt Teil einer Arbeiterbewegung: Prinzip dieser Keimzelle war, „daß sie für die Würde und den Fortschritt der englischen Kunst und des Handwerks eintreten soll; daß sie sich nicht auf der Basis der Meisterschaft im üblichen Sinne entwickeln soll, sondern in kooperativer als industrieller (vermutlich ist der Begriff im Sinne des „induströsen Geistes" des Gewerbefleißes im 18. Jahrhundert verwendet und noch nicht im modernen Sinne der fabrikindustriellen Produktion, Einfügung der Herausgeberin) Partnerschaft und daß das Kunsthandwerk, in der Gilde vereint, das Kind der Mutterkunst Architektur sein soll."[79] Zu seinen Architekturprojekten zählen eine Häuser-Reihe in Cheyne-Walk, London, Stadthäuser in Chelsey, Landhäuser und behutsame Restaurierungen, u.a. von Turners und Carlyles Häusern in Chelsey.
Nach 14jährigem Bestehen hatte sich die Gilde 1902 zum Umzug auf das Land entschieden. Vom schäbigen East End-Viertel zogen 150 Männer, Frauen und Kinder nach Chipping Campden, um dort unter besseren hygienischen Verhältnissen und einer schöneren Umgebung ihrer Tätigkeit als Kunsthandwerker nachzugehen. Die direkte Nähe zur Natur sollte der pädagogischen Ausrichtung der Arbeiterbildung einen frischen Impetus verschaffen: „Repose, margin, leisure, reserve, restraint, and colour in life"[80] wurden nun für Ashbee die unabdingbaren Bedingungen für gute Handarbeit. Breite kulturelle Betätigungen der Gilde sowie die Einrichtung von Vorlesungszirkeln, einer Bibliothek, eines Museums, einer Thea-

terwerkstatt und einer Musikkapelle stützten Ashbees Modell einer auf wirtschaftliche Autonomie basierenden Lebensgemeinschaft. Eine von Profitdenken befreite kooperative Produktion sollte der Lebensgemeinschaft modellhafte Qualität für gesellschaftlichen Wandel verleihen.
Schon in Toynbee Hall hatte er darauf Wert gelegt, daß die Mitglieder der Schule gleitend in die Gilde hineinwuchsen. Sie waren deshalb weitgehend Autodidakten. „Learning by doing" war Ashbee die Garantie für eine kreative, freudvolle Arbeit, im Sinne Ruskins das eigentliche Ziel der menschlichen Tätigkeiten. Gemäß den Prinzipien seines Lehrers war es nicht Perfektionismus, den man in der Arbeit anstrebte, sondern den Wert der Arbeit selbst. Nach dem Vorbild einer mittelalterlichen Gilde arbeiteten die Werkstätten in Kooperation und hatten auch Zugriff auf die Distribution ihrer Ergebnisse. Ashbee lehnte es bei seinen Bauten ebenfalls ab, einen Bauunternehmer zu engagieren, sondern übernahm mit den Gildenmitgliedern die Bauleitung. Man lernte im Umgang mit dem Material, das häufig äußerst kostbar war, und schulte sich an historischen Vorbildern. Dazu war eigens ein kleines Museum mit Vorbildersammlungen eingerichtet worden. Das historische Vorbild war aber nicht Norm, und in der Tat kam die Gilde zu so eigenwilligen Gestaltungslösungen, daß sie andere Werkstätten auf dem Kontinent inspirierte. Daß es in den Werkstätten keine Arbeitsteilung gab, versteht sich von selbst, gleichzeitig wurde aber auch Teamarbeit angestrebt.
„Was ich zeigen möchte, ist dies: diese kunstgewerbliche Bewegung, welche mit dem Ernst der präraffaelitischen Maler ihren Anfang nahm, mit Ruskins prophetischer Begeisterung und Morris' titanischer Energie: sie ist nicht das, was das Publikum glaubt, daß sie sei, oder was es aus ihr machen möchte: ein Treibhaus für Luxus für die Herstellung überflüssiger, nutzloser Spieldinge für die Reichen: Sie ist eine Bewegung, die eben solche Spieldinge ausstoßen will, indem sie das Gute hervorbringt und gleichzeitig die notwendige Kontrolle der Maschinenproduktion und der billigen Arbeit zu ihrer Sache macht... Die Männer dieser Bewegung, die auf die Zerstörung des kommerziellen Systems hinarbeiten, die es diskreditieren, untergraben, umstürzen wollen, nehmen ihre Mission ebenso ernst, halten sie für ebenso heilig, wie ihre Großväter die ihre genommen haben, als sie jenes System ins Leben riefen... Sie wollen die alte Ordnung, die abstirbt, durch etwas ersetzen, was schöner ist, edler und echter; sie wollen die Grenzen des Fabriksystems festlegen, die Maschine kontrollieren und in Arbeit und Leben zur Wirklichkeit zurückkehren."[81]

Die Unaufgeschlossenheit der meisten Dorfbewohner gegenüber dem Experiment der Gilde und ihrem Ideal des „simple life" stellte jedoch ein Hindernis für Ashbees Ambitionen dar und führte neben finanziellen Fehlentscheidungen, Mangel an Absatzmärkten und der Konkurrenz des sich an denselben Geschmack-Standards orientierenden Großunternehmens des Kaufmanns A. L. Liberty letztlich zur Auflösung der Gilde. Die Arts and Crafts-Bewegung hatte sich nun mit den Produktionsbedingungen und Konkurrenzzwängen intensiver auseinanderzusetzen als der nicht produzierende Ruskin und der großbürgerliche, seine eigene Produktion zum Teil selbst finanzierende Morris. Schließlich waren auch Arts and Crafts-Produkte fast nie Unikate, sondern Mehrfach-Produkte, doch ohne daß sie die Aura des Einmaligen, der individuellen Arbeit deswegen verloren hätten. Dieses Charakteristikum durfte durch die Maschine nicht geschmälert werden.

Ausblick

Das Ende der sich über ein halbes Jahrhundert erstreckenden Arts and Crafts-Bewegung ging nicht nur mit der Akzeptanz der Maschinenproduktion oder neuerer Materialien einher. Es wurde auch von Mitgliedern der eigenen Institutionen – u.a. durch eine neue Vorliebe für historische Formen, besonders des Klassizismus – vollzogen. So plädierte der Norman Shaw-Schüler Reginald Blomfield (1856–1942), der als Arts and Crafts-Anhänger begann, beispielsweise dafür, die mechanische Bauweise des 18. Jahrhunderts wiederaufleben zu lassen.[82] Obwohl seit den Anfängen Mitglied der „Art Workers Guild" und der „Arts and Crafts Exhibition Society" und ein Freund Lethabys und Gimsons, lehnte er das „gotische" Ideal des kooperativen Bauens ab. In „Short History of Renaissance Architecture in England" (1897) propagierte er eine hierarchische Entscheidungsstruktur. Als Professor an der einflußreichen Royal Academy lehrte er das klassizistische Ideal der Architektur als „ordonnance". Ein neuer Historismus, auch mit dem Rückgriff auf andere Stilepochen, beherrschte nicht nur die Londoner Architektenszene, sondern ging weit über die Stadtgrenzen hinaus, auch wenn sich einige wenige Vertreter der Arts and Crafts wie Baillie Scott und Lutyens (1869–1944) zunächst weiterhin behaupten konnten.[83]
Es sind jedoch auch bei überzeugten Arts and Crafts-Anhängern Abweichungen vom Stilideal der Gotik zu beobachten. Walter Crane beispielsweise, obwohl mit nahezu allen Fasern seiner Tätigkeit als Kunsthandwerker, Buchillustrator, Schriftsteller und Maler ein Vertreter der Reformbewe-

gung, hat seine Inspiration aus vielen Quellen speisen können: von den Friesen und Giebelfiguren des Parthenon im British Museum über japanische Farbholzschnitte, von der Malerei der Präraffaeliten zu Dürers Holzschnitten, Blakes Illustrationen und Botticellis Malerei reichte das Spektrum der Vorbilder. Ebenfalls brach Mackmurdo schon früh mit der gotischen Formsprache und favorisierte die dynamische Linienführung des späteren Jugendstils. Auch Morris selbst experimentierte, vor allem bei seinen Textilentwürfen, mit außereuropäischen Stilelementen. Im Zentrum seiner Lehre stand ja die individuelle Formlösung, nicht die Norm. Anders als die Vertreter der School of Design publizierte er deshalb auch nie Vorlagewerke. Doch war die Formsprache nur ein Element in einer Vielzahl von Konstituentien eines ganzheitlichen Lebensentwurfs.
Darüber hinaus eroberte sich das Kaufhaus Liberty einen immer einflußreicheren Platz in der Produktion und im Vertrieb von Kunstgewerbe. A.L. Liberty war der Antipode der Bewegung. Mit feinem Gespür für den Geschmack seiner Zeit ließ der Kaufmann Kunstgewerbe mit dem Erscheinungsbild der Arts and Crafts-Ästhetik in großer Stückzahl produzieren und vertrieb sie auf internationalem Markt. Paradoxerweise hatten Morris und D.G. Rossetti ihm geraten, sein eigenes Kaufhaus zu gründen (1875), das dann auch zum beliebten Treffpunkt von Künstlern wie Oscar Wilde und E.W. Godwin wurde. Liberty war anfänglich tatsächlich sowohl mit der Arts and Crafts-Bewegung (er stellte beispielsweise bei der „Arts and Crafts Exhibition-Society" aus) als auch mit dem luxuriösen „Aesthetic Movement"[84] verbunden. Es gelang ihm auch, Entwerfer wie Christopher Dresser, Archibald Knox oder Rex Silver und C.F.A. Voysey für sich arbeiten zu lassen, allerdings ohne deren Signatur auf den Objekten zuzulassen; seine Produkte trugen vielmehr einheitlich den Firmenstempel. Die Liberty-Waren verbürgten auf diese Weise hohe Qualität und sie erreichten, was Morris falsch eingeschätzt hatte: eine „Kunst für alle", für jedermann erschwinglich. Liberty nutzte die Beliebtheit der Arts and Crafts-Ästhetik, die sich zum Ende des Jahrhunderts hin durchgesetzt hatte, ließ allerdings seine Waren als Serie von verschiedenen Firmen produzieren und gab ihnen ein handwerkliches Aussehen. Mit diesem „Etikettenschwindel" dokumentierte er, daß er an den anti-kapitalistischen Prinzipien der Arts and Crafts-Bewegung nicht interessiert war, vielmehr allein die Kommerzialisierung des Kunstgewerbes im Auge hatte – immerhin mit so großem Erfolg, daß der Begriff Liberty-style durch ihn geprägt wurde.[85] Die Arts and Crafts-Bewegung strebte jedoch auf einen ästhetischen Weltentwurf hin, der modellhaft auf Veränderung des Lebens zielte. Die Lösungsvorschläge waren

allerdings noch weit von denen des 20. Jahrhunderts entfernt. Anliegen der vorliegenden Publikation ist es daher, anhand einer exemplarischen Auswahl programmatischer Texte der Protagonisten von Arts and Crafts eine differenzierte, dem 19. Jahrhundert angemessene Form der Darlegung zu treffen. Symptomatisch für die Rezeption ist, daß viele der wichtigsten Quellen bis heute nicht ins Deutsche übersetzt wurden. Die deutsche Rezeption verfährt entweder hoch selektiv (Reduktion auf Einzelmonographien oder einzelne Sparten des Kunstgewerbes) oder pauschalierend. Arts and Crafts allein auf die Rolle des Vorreiters, als eine Art Proto-Moderne, festzulegen, kann dann auch nur zu den schon beschriebenen Widersprüchen führen. Insofern ergänzt und revidiert diese Publikation auch das (längst vergriffene) Buch von Julius Posener in dieser Reihe, das noch – ganz dem Forschungsinteresse seiner Zeit verbunden – nach den „Anfängen des Funktionalismus" fahndete. Eine der größten Sünden bei der Betrachtung der englischen Vorläufer ist aber, daß man sie als „Vorstufe" der Moderne relegiert und auf modernistische Aspekte reduziert hat. Ohne die Sympathie der Vertreter des „neuen Stils" für ihre „Impulsgeber" abwerten zu wollen, wird doch die tatsächliche Komplexität und die Differenz der englischen Reformbewegung durch diese Beurteilung zurückgedrängt.

Diese Differenz besteht einerseits in den Strategien ästhetischer Produktion, die den Reformern in ihrem Jahrhundert zur Verfügung standen. Das 19. Jahrhundert erneuerte sich aus der Erinnerung, aus der Geschichte, der radikale Bruch stand ihm als Vitalisierungsmotor noch nicht zur Verfügung.

So sehr der Blick des 20. Jahrhunderts auf die technischen Leistungen des 19. Jahrhunderts gerichtet war – Glas- und Eisenkonstruktionen, Brückenbau, Erfindungen und Anwendungen von Dampfmaschine, Eisenbahn u.a. –, so sehr existierte diese neue Kraft getrennt von kulturellen Diskursen. Ihre Wertung als kultureller Erneuerungsmotor ist eher dem Blickwinkel des neuen Jahrhunderts und dessen Forschungsinteresse zuzuschreiben. Die großen Obsessionen des 19. Jahrhunderts waren vielmehr Geschichte, Nation und Religion. Die neuen Kräfte Wissenschaft, Technik und Fabrikindustrie wurden nur sehr zögerlich von der Kultur assimiliert. Den Diskussionen, die die Eisenkonstruktionen des Kristallpalastes als Hülle der Weltausstellung 1851 auslöste, kommt daher eine Ausnahmeposition zu. England stellte sich als ökonomische Weltmacht und Industrienation dem Verbund der europäischen Staaten vor. Der Kristallpalast wurde somit zur mythischen Chiffre ihrer Vormachtstellung und mobilisierte bekanntlich sechs Millionen Besucher. Diese Ouvertüre der Weltausstellungen versinnbildlichte zugleich die Wende von der Abschirmung gegen Industriespionage zur Zurschaustellung der nationalen Technologie, vom Protektionismus zum Freihandel, von der punktuellen Entwicklung zur Industrie als allgemeines Prinzip, vom rein praktischen Phänomen zum Objekt nationalen Prestiges. Technik wurde fortan als öffentliches Ereignis, als Teil einer Festkultur betrachtet, die Weltausstellungen als Arena internationalen Wettstreits.

Doch bekanntlich eröffnete die Queen die „Great Exhibition of the Works of Industry of All Nations" mit einem Gottesdienst, und der Anblick des Kristallpalastes störte die englische Aristokratie bei ihrem täglichen Ausritt so sehr, daß er demontiert und von Sydenham in den Hydepark verlegt werden mußte. Die abschätzigen Kommentare Ruskins über das Ingenieurswerk sind Legende.

Die englische Kultur des 19. Jahrhunderts war weitgehend geprägt durch die mangelnde Fähigkeit, die neuen Grundlagen ihres Wandels zu begreifen. Ihr verdankt England die bekanntesten künstlerischen Werke. Mr. Gradgrind, der Protagonist in Charles Dickens Roman „Hard Times" und Vertreter des neuen Zeitgeistes der Technokratie und des Positivismus, gerät zur abschreckenden Karikatur. Die Beschreibungen des rußgeschwärzten Coketowns und seiner Dampfmaschinen – „the melancholy mad elephants" – sind als Topos der negativen Folgen der Industrialisierung in die Geistesgeschichte eingegangen. Keiner wußte genialer die Nöte und Verzweiflungen, die „fallacies of hope", dieses Jahrhunderts in eine malerische Form zu kleiden als Turner. Satan wurde zur Symbolfigur von Erfindungsgeist und hybrider naturwidriger Intelligenz. Bekanntlich schuf das englische 19. Jahrhundert die wohl berühmteste Figur des Homunculus, des willfährigen Sklaven, der sich gegen seinen eigenen Erschaffer und Herrn wendet: Mary Wollstonecraft Shelleys „Frankenstein".

„Ich möchte lächeln, wenn ich an die hoffnungsvolle Zuversicht denke, die heutzutage viele auf die Reichweite der weltlichen Wissenschaften und auf die Energie weltlicher Anstrengungen richten – als ob wir wieder am Anfang aller Tage wären!" Mit diesen resignativen Worten beendete Ruskin 1849 sein erstes architekturtheoretisches Hauptwerk „Seven Lamps of Architecture". Er, der sich weigerte, das moderne Verkehrsmittel Eisenbahn zu benutzen, gegen Bahnhöfe zu Felde zog und es vorzog, mit der Pferdekutsche zu fahren, faßte die Zeitstimmung zusammen: „Es lagert Donner am Horizont, nicht nur der Dämmerschein des Morgens."[86]

Die Komplexität der englischen Reformbewegung besteht anderersetis in den Verästelungen des ganzheitlichen Anspruches dieser Kunst. Gemein-

sam war den Vertretern von Arts and Crafts, daß ihre Kunst universalistische Lösungen für die Weltgestaltung anbieten wollte. Die Verlaufsform dokumentiert aber von den Vorläufern über die Schlüsselfigur bis hin zur eigentlichen „Bewegung", von denen hier nur sehr wenige Beispiele genannt werden, eine Fülle von Angeboten. Dieses Totalitätsdenken griff das 20. Jahrhundert auf. Erst mit der Versöhnungsgeste, die das Kunstgewerbe gegenüber der Industrialisierung bereits aus der späten Arts and Crafts-Bewegung heraus und dann im 20. Jahrhundert in Deutschland vor allem mit dem Deutschen Werkbund und dem Bauhaus ins Spiel brachte, geriet die Kunst unter Zugzwang. Der Gang der Geschichte wurde nun durch die Industrie bestimmt, was zunehmend an der Zurücknahme der Formgebung in der Funktionsästhetik des 20. Jahrhunderts anklang. Folglich mußte dieses Jahrhundert die theoretische Ummantelung abstreifen – was aber, auch mit dem Verweis auf die angeblichen Anfänge in Arts and Crafts, immer wieder unterwandert wurde.
Die Praxis der „unity of art" in der „angewandten Kunst" sollte im 19. Jahrhundert die beziehungslose Spezialisierung der Kunst verhindern helfen. Sie sollte wieder vitale Funktionen innerhalb einer Gesellschaft erhalten. Das Feld sollte nicht einer sie überstülpenden Kraft überlassen werden. Wen wundert die Kritik angesichts der krassen sozialen Auswirkungen der frühkapitalistischen Industrie? Insofern ist die Rückwärtsgewandtheit ihres Historismus auch nicht als Zeitflucht zu betrachten, sondern es war das dem 19. Jahrhundert zur Verfügung stehende Mittel der Revitalisierung. In der oszillierenden Bewegung zwischen Realität und Vision behauptete diese Kunst die auch heute noch gültige Schlüsselattitüde des Einspruchs. Schon Ruskins Lob auf die Gediegenheit zielte auf Besinnung statt blinden Fortschritt und Modernisierung um jeden Preis. Totalitätsanspruch und Verzicht sind daher die beiden Eckpunkte einer Verweigerungshaltung, auf Dingfixierung reduziert zu werden und allein „als Spiegel partieller Bedingungen" (Pfeiffer) zu fungieren – Grundhaltungen, die im Rahmen der Legitimationskrise der Moderne am Ende des 20. Jahrhunderts bei gleichzeitiger Offenlegung der Konstruktionen der Moderne Geltung beanspruchen dürften.

Dank

Die Idee zu diesem Buch entzündete sich an einem Rausch, in den ich angesichts vieler kulinarisch gestalteter Erstausgaben von Arts and Crafts-Autoren in Michael Whiteways Privatarchiv in London geriet. Viele dieser Bücher und natürlich die bibliophilen der Kelmscott Press und vieler anderer Druckereien in England wurden dann Bestandteil der Ausstellung „Arts and Crafts. Von Morris bis Mackintosh. Reformbewegung zwischen Kunstgewerbe und Sozialutopie", die ich 1994/95 für die Mathildenhöhe in Darmstadt organisierte. Bei der Vorbereitung der Ausstellung wurde mir immer deutlicher, wie wichtig eine Herausgabe von programmatischen Schriften der englischen Reformer war. Denn ich war erstaunt, wie sehr Popularität und genauere Kenntnis auseinanderklafften – ganz im Gegensatz zu den Eindrücken, die ich in England gewonnen hatte. Die meisten Schriften lagen nicht in deutscher Fassung vor, schon gar nicht als Kompendium. Diesen Mangel soll die vorliegende Publikation ausgleichen – den Genuß, den der Anblick der Originale erzeugt, kann sie nicht ersetzen.
Ich danke deshalb Michael Whiteway für die ersten Anregungen zu diesem Band. Viel verdanke ich ebenfalls Peter Davey, vor allem der Lektüre seines Buches über Arts and Crafts-Architektur, dem es gelingt, bei großer Sachkenntnis den Charme dieser Bauten einzufangen. Für die sorgfältige Durchsicht der Manuskripte bin ich zuerst Viola Düwert dankbar. Kerstin Plüm und Birgit Mütze gewährten mehrmals Flankenhilfe. Mein Dank gilt nicht zuletzt Ulrich Conrads, dessen Geduld ich wegen meines Berufswechsels kräftig strapazieren mußte.

Anmerkungen

1 vgl. unter der Vielzahl von Veröffentlichungen mit Bezug auf Architektur u.a. Florian Rötzer: Die Telepolis. Urbanität im digitalen Zeitalter, Berlin 1995; mit anderen Schwerpunkten auch Wolfgang Pehnt: Das Ende der Zuversicht. Architektur in diesem Jahrhundert. Ideen, Bauten, Dokumente, Berlin 1983.
2 s. Walter Graßkamp: Das gescheiterte Gesamtkunstwerk. Design zwischen allen Stühlen, in: Kursbuch, Dezember 1991, S. 67–87.
3 vgl. Paul Greenhalgh: Morris after Morris, in: Linda Parry (Hrsg.): William Morris, Katalog des Victoria and Albert Museums, London 1995.
4 A.W.N. Pugin. A Gothic Passion. Katalog des Victoria and Albert Museums, London 1994.
5 Gerda Breuer (Hrsg.): Arts and Crafts. Von Morris bis Mackintosh – Reformbewegung zwischen Kunstgewerbe und Sozialutopie. Katalog des Instituts Mathildenhöhe, Darmstadt 1995.
6 Parry (Hrsg.): a.a.O.
7 Erwähnt seien hier stellvertretend: Fiona MacCarthy, die den bedeutendsten der Reformer in einem fulminanten Opus als Universalgenie feiert: William Morris. A Life for Our Time, London 1994. In Deutschland ist es Wolfgang Kemps Verdienst, über seine umfassende Ruskin-Monographie hinaus die grundlegenden Werke „The seven Lamps of Architecture" in der einzigen deutschen Übersetzung von 1900 und „The Stones of Venice" – einst die „Bibel" der englischen Reformer – als Faksimile von 1903 neu ediert und kommentiert zu haben. Wolfgang Kemp: John Ruskin 1819–1900. Leben und Werk, München/Wien 1983; ders. Hrsg. der Faksimile-Ausgabe: John Ruskin: Die Sieben Leuchter der Baukunst, Dortmund 1994, und John Ruskin: Steine von Venedig, 3 Bde, Dortmund 1994. Alan Crawfords brillante Monographie über Charles Robert Ashbee beleuchtet die Spätphase der Arts and Crafts-Bewegung: Alan Crawford: Charles Robert Ashbee. Architect, Designer und Romantic Socialist, London/New Haven 1985. Peter Davey verschafft dem Leser einen umfassenden Überblick über die Arts and Crafts-Architektur: Peter Davey: Architecture of the Arts and Crafts Movement: The Search for Early Paradise, New York 1980; dt. in der Übersetzung von Antje Pehnt, Stuttgart 1995.
8 Tapeten und Stoffe von Pugin produziert heute die Firma Watts & Co., London; Tapeten nach Morris stellt Sanderson & Co. her. Das Kaufhaus Liberty existiert bis heute. Christopher Dressers Silber produziert Alessi; Mackintosh-Möbel die Firma Cassina.
9 zit. nach Gisela Hönnighausen: Die Präraffaeliten. Dichtung, Malerei, Ästhetik, Rezeption, Stuttgart 1992, S. 72.
10 vgl. Karl Ludwig Pfeiffer: How to do art with things – Kunsthandwerk und universalistische Ästhetik im England des 19. Jahrhunderts, in: Helmut Pfeiffer/Hans Robert Jauß/Françoise Gaillard: Art social und art industriel. Funktionen der Kunst im Zeitalter des Industrialismus, München 1987, S. 58–78.
11 Joachim Fest: Der zerstörte Traum. Vom Ende des utopischen Zeitalters, Berlin 1991.
12 zu diesem Zusammenhang vgl. Richard Saage: Politische Utopien der Neuzeit, Darmstadt 1991, sowie die grundlegende Sammlung von Wilhelm Voßkamp (Hrsg.): Utopieforschung. Interdisziplinäre Studien zur neuzeitlichen Utopie, 3 Bde, Frankfurt am Main 1985.
13 vor allem Jürgen Habermas: Die Moderne – ein unvollendetes Projekt. Philosophisch-politische Aufsätze 1977–1990, Frankfurt am Main 1981.
14 zur Geschichte des Buches vgl. Wolfgang Pehnt im Nachwort zur Neuausgabe des 1957 bei Rowohlt erschienenen Bandes von Pevsner, Köln 1983, S. 240-247.
15 Nikolaus Pevsner: Wegbereiter moderner Formgebung von Morris bis Gropius, Köln 1983, S. 29–30.
16 Da heißt es, der „neue Stil" sei zu diesem Zeitpunkt „erreicht", ebd. S. 29.
17 ebd. S. 29.

18 ebd. S. 30.
19 ebd. S. 13.
20 ebd. S. 29.
21 ebd. S. 16.
22 „Von einem Menschen will ich reden, desgleichen es vorher keinen gab. Er verkörpert eine Rolle in der menschlichen Geschichte, die vor ihm niemand verkörpert hatte, eine so weitreichende, vielfältige, so umstürzende Rolle, daß einem schwindelig wird, wenn man nur an die Summe der Arbeit denkt, die er zu leisten hatte. Ein Mensch, ein einziger Mensch, der ein vollendeter Dichter war, ein vollendeter Kunsthandwerker, der alle Gewerbe der Kunst ausübte, und der darüber hinaus ein glühender, aufrechter und tätiger Sozialist war – William Morris!", zit. nach Hans-Christian Kirsch (Hrsg.): William Morris. Wie wir leben und wie wir leben könnten. Köln 1992, S. 232.
23 Im Wortlaut heißt dieses Zitat: „Der Künstler ist seiner innersten Essenz nach glühender Individualist, freier spontaner Schöpfer, aus freien Stücken wird er niemals einer Disziplin sich unterordnen, die ihm einen Typ, einen Kanon aufzwingt." Vgl. Gerda Breuer: „Der Künstler ist seiner innersten Essenz nach glühender Individualist...", in: Henry van de Velde. Ein Künstler in seiner Zeit. Katalog Karl Ernst Osthaus-Museum Hagen u.a., 1992, S. 206-231.
24 vgl. zu diesem Zusammenhang u.a. Werner Oechslin: Stilhülse und Kern. Otto Wagner, Adolf Loos und der evolutionäre Weg zur modernen Architektur, Zürich/Berlin 1994.
25 Wolfgang Pehnt: Nachwort zu Pevsner, a.a.O., S. 241.
26 zit. nach Stanislaus von Moos: Im Vorzimmer des Machine Age, L'Esprit Nouveau. Le Corbusier und die Industrie. 1920-1925, S. 12-26.
27 vgl. in diesem Zusammenhang vor allem Paul Atterbury/Clive Wainwright (Hrsg.): Pugin. A Gothic Passion, New Haven/London 1994.
28 Pugin: The True Principles of Pointed or Christian Architecture, London 1841.
29 Ausnahmen sind Charles Francis Annesley Voysey und Walter Crane.
30 Die wichtigste deutsche Quelle zu Ruskin ist Wolfgang Kemp: John Ruskin. Leben und Werk. Wien 1983.
31 vgl. auch Wolfgang Kemp: Der Luther der Künste. John Ruskin als Theoretiker und Lehrer des Designs, in: Gerda Breuer (Hrsg.): a.a.O. S. 47-63.
32 auf Deutsch wiederaufgelegt und kommentiert von Wolfgang Kemp: John Ruskin. Steine von Venedig, Dortmund 1994.
33 vgl. unter der umfassenden englischen Literatur zu Morris vor allem J.W. Mackail: The Life of William Morris, 2 Bde, London/New York/Bombay 1899, 2. Aufl. London/New York, 1950, und Fiona MacCarthy: William Morris. A Life for our Time, London 1994. Zur Organisationsstruktur der Morris-Firmen vor allem: Charles Harvey/John Press: William Morris. Design and Enterprise in Victorian Britain, Manchester/New York 1991.
34 Zu den Reibungen zwischen Kunst und Industrie immer noch faszinierend: Francis D. Klingender: Kunst und industrielle Revolution, Frankfurt am Main 1976.
35 vgl. Widar Halén: Christopher Dresser, Oxford 1990, und Stuart Durant: Christopher Dresser, London/Berlin 1993.
36 vgl. auch Stuart Durant: Christopher Dresser und die Arts and Crafts-Bewegung, in: Gerda Breuer (Hrsg.): a.a.O., S. 159.
37 Dies ist bereits bei Ruskin 1849 in „Seven Lamps of Architecture" der Fall.
38 Wie es sich bei der Mittelalter-Rezeption nicht um eine historisch-wissenschaftliche Aufarbeitung einer Geschichtsepoche handelte, so wird auch die Renaissance lediglich unter dem Blickwinkel der Kontrastfolie zur Idealisierung des Mittelalters betrachtet.
39 vgl. Edward Hollamby: Philip Webb. Red House, London 1991; vgl. auch Hermann Muthesius: Das englische Haus, 3 Bde, Berlin 1904-05.
40 Hermann Muthesius: Das englische Haus, 3 Bde, Berlin 1904-5, 2. Aufl. 1908.

41 William Morris: Gothic Architecture, nachgedruckt in: William Morris, London 1974, S. 491, zit. nach Peter Davey, a.a.O., S. 30.
42 „The Prospects of Architecture", Vortrag vor der London Institution, 1881. Nachgedruckt in May Morris, Works of William Morris, XXII, S. 149.
43 vgl. Peter Davey: Zur Architektur der Arts and Crafts-Bewegung, in: Gerda Breuer (Hrsg.): a.a.O., S. 63–76, hier: S. 63.
44 zur Century Guild und Mackmurdo vgl. u.a.: Michael Schumacher: Für die Einheit der Künste – A.H. Mackmurdo und die Century Guild", in: Gerda Breuer (Hrsg.): a.a.O., S. 137–142.
45 zu Walter Crane vgl. vor allem Greg Smith: Walter Crane. Artist, Designer and Socialist, Whitworth Art Gallery, Manchester 1989. Auch Isobel Spencer: Walter Crane, London 1975.
46 vgl. Mary Greensted: Gimson and the Barnsleys, Bath/Avon, 1991.
47 In seinem Aufsatz: „Zwei Pfade: Modernes Handwerk und moderner Entwurf" hat Ruskin diese Gedanken erläutert.
48 Brief an Andreas Scheu, einen österreichischen Flüchtling und sozialistischen Genossen, vom 5. September 1883.
49 erschienen in Leipzig und Berlin.
50 vgl. Muthesius in seiner Ausgabe von 1908, S. I.
51 ebd.
52 vgl. zu Voysey: C.F.A. Voysey. Architect and Designer 1857– 1941, Katalog des Victoria and Albert Museums, London 1978; Stuart Durant: C.F.A. Voysey: Decorative Designs, Royal Institute of British Architects, London 1990; auch Peter Davey: a.a.O.
53 zit. nach Peter Davey: a.a.O., S. 89.
54 zu Morris als Textildesigner vgl. vor allem: Linda Parry: Textiles of the Arts and Crafts Movement, London 1988; dies.: William Morris, Textilkunst, Herford 1987.
55-57 zit. nach Peter Davey: a.a.O., S. 89.
58 Shaw war Kritiker von Morris: für ihn war Morris „nur ein Geschäftsmann, einzig und allein auf Geldverdienen erpicht, und was seinen Sozialismus anging, so war das nur eine Pose. Er fand, statt teure Textilien und Tapeten zu produzieren ..., sollte Morris als Sozialist sich der Herstellung billiger Kommoden und Tapeten zu 10 Penny das Stück widmen." Sir Reginald Blomfield: Richard Norman Shaw, London 1940, S. 12.
59 W.R. Lethaby: Architecture, Mysticism and Myth, 1892 (Reprint London 1974), S. 3.
60 ebd. S. 8.
61 1904 schrieb er hierzu: „Die höchst artifizielle Trennung des gegenwärtigen Systems ist offensichtlich überaus schädlich für den Fortschritt des Bauens, und ich plädiere eindringlich dafür, daß alle, die in irgendeiner qualifizierten Form am Bauen beteiligt sind, in gemeinsamen Schulen zusammenkommen sollten." Lethaby: Architectural Education, in: Architectural Review, Bd. XVI, 1904, S. 161.
62 vgl. The study and Practise of Artistic Crafts: An Address, Birmingham College of Arts and Crafts, London 1901.
63 vgl. Form in civilization, 1922, in: Lethaby: Collected Papers on Art and Labour, London 1938.
64 Obwohl Peter Davey, a.a.O., seine Kritik an Lethaby in seiner Veröffentlichung von 1995 (dt. 1996) abschwächt, wird doch der Wandel in der Haltung des Reformers als Absage an die Arts and Crafts-Ideale gewertet. A. Schlieker, a.a.O., dagegen beharrt auf Lethabys Verbundenheit mit den frühen Handwerksidealen.
65 Muthesius über Haus Blackwell: „Hier bei Baillie Scott ... handelt es sich bei jedem Raum um eine Einzelschöpfung, deren Elemente nicht zufällig vorhanden, sondern aus dem Hauptgedanken abgeleitet sind. Es ist der neue Gedanke des Innenraums als selbständiges Kunstwerk, den Baillie Scott zum ersten Mal verwirklicht." vgl. Hermann Muthesius: Das englische Haus a.a.O., S. 177.

66 William Morris: Hopes and Fears for Art, Making the Best of Things, Vorträge in Birmingham, London und Nottingham, 1878–1881, London 1882, S. 128.
67 London 1891.
68 s. Anm. 69, S. 29.
69 John Dando Sedding: Garden Craft Old and New, London 1891, S. 125.
70 Hermann Muthesius: Das englische Haus, a.a.O., Berlin 1910, Bd. II., S. 85–86.
71 empfohlen von Gertrud Jeckyll (1843–1932), die zusammen mit dem Architekten Lutyens arbeitete und zu einer der einflußreichsten Gartentheoretikerinnen der Arts and Crafts-Bewegung wurde.
72 Raymond Unwin: Cottage Plans and Common Sense, Fabian Tract Nr. 109, London 1902, S. 4.
73 s. Raymond Unwin/Barry Parker: Cottages near a Town, Schrift des RIBA, worin der durchgehende Wohnraum vorgestellt ist, der auf der Northern Art Worker's Guild in Manchester präsentiert wurde.
74 vgl. Raymond Unwin: Nothing Gained by Overcrowding! or How the Garden City Type of Development May Benefit both Owner and Occupier, London 1912.
75 Raymond Unwin: Co-operation in Building, in: Barry Parker/Raymond Unwin: The Art of Building a Home, London 1901, S. 95.
76 Barry Parker: The Smaller Middle Class House, Vortrag 1895 vor Architekten gehalten, nachgedruckt in: The Art of Building a Home, S. 3.
77 vgl. zur literarischen Utopie als räumliche Gegenwelt vor allem R. Koselleck: Die Verzeitlichung der Utopie, in Wilhelm Voßkamp: Utopieforschung. Interdisziplinäre Studien zur neuzeitlichen Utopie, Bd. 3, Stuttgart 1982, S. 2.
78 vgl. Gerda Breuer: Auf der Suche nach dem verlorenen Paradies. Gesellschaftsreform durch Schönheit, in: Gerda Breuer (Hrsg.): a.a.O., S. 100-101.
79 vgl. Ashbee: Transactions of the Guild and School of Handicraft, Bd. I, 1890, S. 19.
80 vgl. Ashbee: Craftmanship in Competitive Industry, Campden, Gloucestershire, 1908, S. 9.
81 ebd.
82 s. vor allem: A History of Architecture in England, 1500-1800, London 1897.
83 Lutyens wurde in den späten Jahren, ab 1906, zu einem überzeugten Klassizisten.
84 vgl. zum Aesthetic Movement vor allem Robin Spencer: The Aesthetic Movement, London 1972; Elizabeth Aslin: The Aesthetic Movement. Prelude to Art Nouveau, London 1979. Unter dem Blickwinkel eines generellen Historismus behandeln beide Richtungen Charlotte Gere und Michael Whiteway: 19th Century Design from Pugin to Mackintosh, London 1993.
85 Die italienische Bezeichnung für Jugendstil lautet „stile liberty".
86 zit. nach Kemp: a.a.O., S. 397.

Eichentisch mit gehämmerten Eisengriffen, um 1840. Privatbesitz London

Chintz-Druck in den Werkstätten von Morris & Co in Merton Abbey.
Zeichnung von Edmund Hort New für Mackails „Life of William Morris", 1899

Chronologie der Arts and Crafts-Bewegung

1836
A.W.N. Pugin, Vertreter einer ernstzunehmenden Neugotik, veröffentlicht „Kontraste oder eine Parallele zwischen den anspructsvollen Gebäuden des Mittelalters und entsprechenden Bauwerken der heutigen Zeit, die unseren heutigen Geschmacksverfall zeigen". Er entwirft das Idealbild einer katholischen Gotik

1840
Charles Barry baut zusammen mit Pugin die Houses of Parliament in London, das erste öffentliche Gebäude im neugotischen Stil

1841
Pugin veröffentlicht „Die wahren Grundsätze der spitzbogigen oder christlichen Architektur"

1848
Gründung der Bruderschaft der Präraffaeliten, einer Malergruppe, die sich am italienischen Trecento orientiert

1851
Erste Weltausstellung im Kristallpalast, erbaut von Joseph Paxton in London – eine technologische Glanzleistung, die aber wegen der Ausstellung des schlechten viktorianischen Kunstgewerbes eine lebhafte Diskussion auslöst.
John Ruskin veröffentlicht den 1. Band „Die Steine von Venedig"

1853
2. Band der „Steine von Venedig" mit dem berühmten Kapitel „Das Wesen der Gotik" erscheint – von den Arts and Crafts-Künstlern später als Offenbarung betrachtet

1859
Philip Webb baut das „Red House" für Jane und William Morris. Aus den Erfahrungen mit der Einrichtung des Hauses in Gemeinschaftsarbeit geht die erste Werkstatt hervor

1861
Gründung der Firma „Morris, Marshall, Faulkner & Co., Fine Art Workmen in Painting, Carving, Furniture and Metals". Die Werkstatt der Kunsthandwerker stellt ein Gegenmodell zur fabrikindustriellen Massenproduktion dar

1862
Erster öffentlicher Achtungserfolg der „Firma" auf der „London International Exhibition of Art and Industry"
Der Designer Christopher Dressser veröffentlicht: „Die Kunst des dekorativen Designs"

1871
Morris mietet zusammen mit Dante Gabriel Rossetti Kelmscott Manor in Oxfordshire

1875
Neugründung der Werkstätten unter dem Namen „Morris & Co."
Gründung der Firma Liberty & Co., die in einem Kaufhaus Kunstgewerbe mit rein kommerziellen Zielen vertreibt

1876
Christopher Dresser besucht Japan und wird entscheidend von japanischem Kunsthandwerk angeregt

1877
Schmähschrift Ruskins gegen den Maler des Ästhetizismus, J.A. McNeill Whistler

1882
Arthur Heygate Mackmurdo und Selwyn Image gründen die Century Guild

1884
Es entsteht die Art Worker's Guild von William Richard Lethaby, Gerald Horsley, Ernest Newton, E. S. Prior, Mervyn Macartney und Selwyn Image

1888
Charles Robert Ashbee entwickelt aus einem Unterricht mit Arbeiterju-

gendlichen im Londoner East End die „School and Guild of Handicraft" und propagiert ein kommunistisches Lebens- und Arbeitsmodell.

1890
Der utopische Roman „News from Nowhere" von Morris erscheint. Ernest Gimson und die Brüder Barnsley gründen Kenton & Co. und produzieren in den Cotswolds schlichte, solide Möbel und Häuser im regionalen Stil

1891
Morris gründet die Kelmscott Press, eine Druckerpresse für bibliophile Bücher

1904
Hermann Muthesius, Attaché an der deutschen Botschaft in Großbritannien, veröffentlicht das dreibändige Werk: „Das englische Haus", das vier Jahre später eine Neuauflage erfährt

I
Die Vorläufer

Augustus Welby Northmore Pugin. Foto nach einer Daguerreotypie von 1840

Augustus Welby Northmore Pugin (1812 – 1852)

Nach der Modebewegung einer phantasievollen Gotik-Rezeption seit dem Ende des 18. Jahrhunderts wurde der Architekt A.W.N. Pugin zum Verfechter der konstruktiven Prinzipien des Mittelalters. Mit den berühmten beiden Regeln der „True Principles" von 1843 wiederholte er auf sachlicherer Ebene den bereits in seiner polemischen Schmähschrift „Contrasts" (1836) eindringlich erläuterten Appell an Zweckmäßigkeit und Funktionalität in der Architektur und im Handwerk sowie an das stimmige Zusammenspiel von Entwurf, Konstruktion und Material. Er sah die Grundlagen der Gotik in einer auf strengen Prinzipien und Gesetzmäßigkeit gründenden Bauform, die in sich ein organisches Ganzes im Verhältnis zu ihren Teilen bildet.
Zugleich war ihm die Gotik Ausdruck einer noch im Volk verankerten Gläubigkeit, die er ausspielte gegen die Rezeption der heidnisch-klassischen Architektur seiner Zeit. Der 1834 zum Katholizismus Konvertierte verknüpfte die Erneuerung des katholischen Glaubens aus dem Geist einer idealisierten Gotik mit sozialen und nationalen Gedanken. Damit transponierte er die Mittelalter-Rezeption von einer romantischen auf eine sozial-ethische Ebene. Das katholische England, glaubte er, wäre ein glückliches (Merry England) gewesen, zumindest was die untersten Schichten anbetraf.
In der dreiseitigen Präambel zu seinem Spätwerk „Floriated Ornament" von 1849 beschrieb Pugin am Beispiel seiner 31 Musterentwürfe in äußerst komprimierter Form seine Gedanken zur Ornamentbehandlung. Sein Vorbild, das gotische Ornament, ist ein Derivat natürlicher Formen, die dann im künstlerischen Gestaltungsprozeß abstrahiert und einer Ordnung unterworfen werden. Dahinter stand die Vorstellung von der Gotik als „gewachsener Architektur" und die Prämisse, daß Gott als „natura

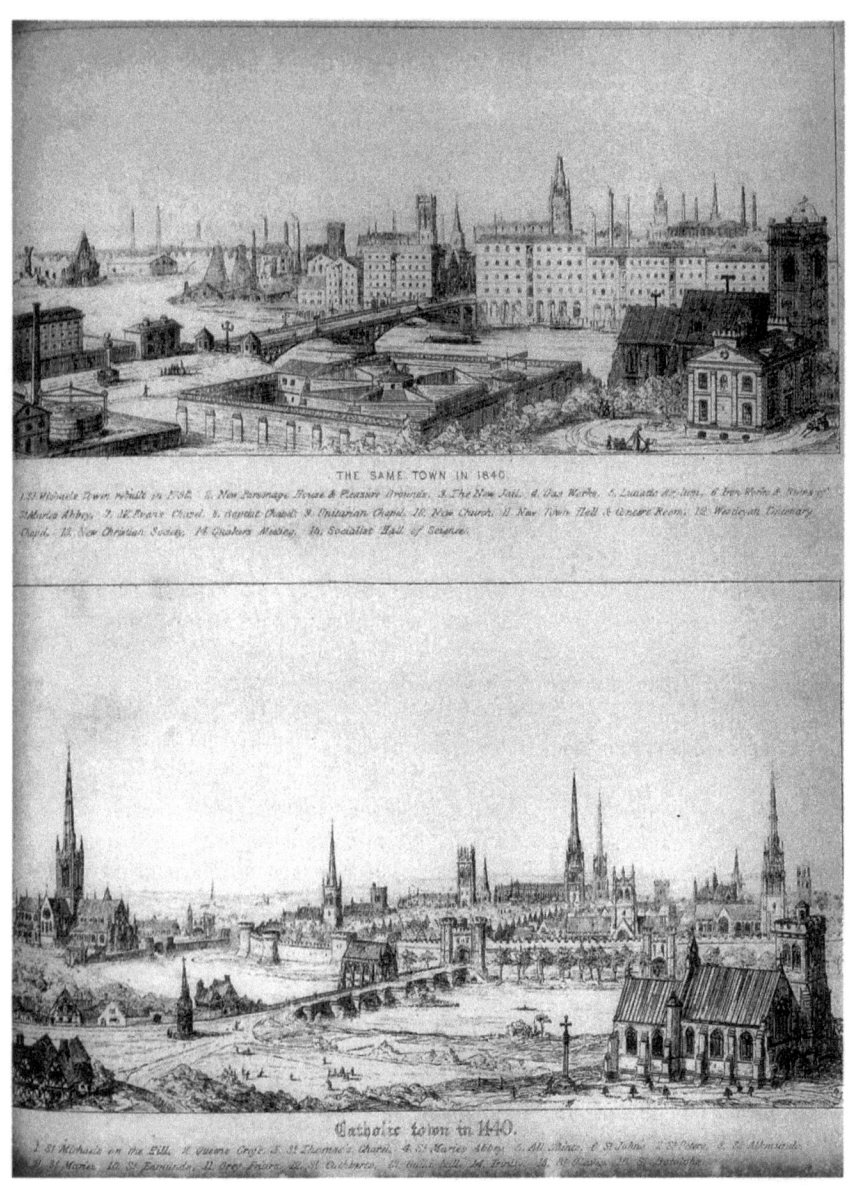

Illustration aus Pugins „Contrasts": Vergleich einer „katholischen Stadt" von 1440 mit ihrem Verfallszustand im Jahr 1840

naturans" die Pflanze mit höchster Perfektion geschaffen habe. Im Nachvollzug der natürlichen Formen vollzog der Künstler deshalb einen religiösen Akt, die Natur war sein Lehrmeister. Die Metamorphose der Pflanzenform sollte im Mittelalter bereits eine Stilisierung im Ornament erfahren haben, an der sich der Künstler orientieren könnte; den Zeitgenossen empfahl er darüber hinaus botanische Lehrwerke. Flächenhaftigkeit und klare Farben charakterisierten seine Musterentwürfe, er wandte sich damit gegen die Drei-Dimensionalität des zeitgenössischen Ornaments, das als unregelmäßig und verworren zu verwerfen wäre – ein Glaubenssatz, der zum Standard-Repertoire der Argumentation aller Arts and Crafts-Künstler von Eastlake über Morris bis zu Crane und Voysey gehören sollte. Gleichzeitig aber war Pugin in seiner Ornamentbehandlung, vor allem der stilisierenden Repräsentation, den Vertretern der School of Design: Owen Jones, Richard Redgrave und später vor allem Christopher Dresser und seinem unmittelbaren Nachfolger Charles Locke Eastlake näher als der „naturalistischen" Schule der Arts and Crafts-Künstler.

1. Kontraste: oder ein Vergleich zwischen den edlen Bauten des Mittelalters und denen der heutigen Zeit

Der wahre Ursprung der Prinzipien sowohl des wiederbelebten Heidentums wie des Protestantismus läßt sich auf den verfallenen Zustand des Glaubens im Europa des 15. Jahrhunderts zurückführen, welcher die Menschen dazu brachte, die Prinzipien und die Architektur gering zu schätzen und schließlich aufzugeben, die ihren Ursprung im selbstverleugnenden katholischen Prinzip hatten, und stattdessen die üppigen Stile des heidnischen Altertums zu bewundern und aufzunehmen. Die Religion mußte sich fürwahr in einem höchst kranken Zustand befunden haben, damit diese beiden Ungeheuer, das wiederbelebte Heidentum und der Protestantismus, überhaupt jemals festen Halt fassen, um nicht zu sagen die christliche Welt überrennen konnten.

Frontispiz zur letzten Buchveröffentlichung Pugins: „An Apology for the Revival of Christian Architecture in England"

(...)

Kap. 1. Über die Gefühle, wodurch die großen Bauwerke
des Mittelalters hervorgebracht wurden.

Beim Vergleich der architektonischen Werke der letzten drei Jahrhunderte mit denen des Mittelalters muß jedem aufmerksamen Betrachter die wunderbare Überlegenheit letzterer ins Auge fallen; was den Geist naturgemäß darauf führt, die Ursachen zu überdenken, die diese gewaltige Veränderung herbeiführten, und bestrebt zu sein, dem Verfall des architektonischen Geschmacks von der Epoche des ersten Niedergangs bis zum heutigen Tage nachzuspüren... Leicht wird zugegeben werden, daß die eigentliche Probe auf architektonische Schönheit in der Angemessenheit des Entwurfs für den intendierten Zweck liegt und daß der Stil eines Bauwerks dergestalt mit seinem Nutzen übereinkommen sollte, daß der Betrachter sofort den Zweck erkennen kann, um dessentwillen es errichtet wurde.
(...)
Kann denn unterstellt werden, daß ausgerechnet das Christentum mit seinen erhabenen Wahrheiten und wunderbaren Mysterien in dieser Hinsicht mangelhaft sein sollte und für seine Gotteshäuser keine symbolische Architektur besäße, die seine Lehren verkörpert und seine Kinder unterrichtet? Gewißlich nicht, und es verhält sich auch tatsächlich nicht so: aus dem Christentum erhob sich eine so glorreiche, so erhabene, so vollkommene Architektur, daß alle Hervorbringungen des heidnischen Altertums, verglichen mit ihr, auf das gleiche Niveau mit den falschen und verderbten Glaubenssystemen herniedersinken, aus denen sie entstanden. Die spitzbogige oder christliche Architektur besitzt viel größere Ansprüche auf unsere Bewunderung als bloß durch ihre Schönheit oder ihr hohes Alter: die erstere kann für Ansichtssache gehalten werden; das letztere ist, an und für sich, noch kein Beweis für herausragenden Wert, doch nur in ihr finden wir die Verkörperung des christlichen Glaubens und eine Darstellung seiner Gebräuche.
(...)
Würde nicht fast jedes Gebäude, das in den letzten Jahrhunderten errichtet wurde, diese Tatsache bestätigen, erschiene es kaum glaublich, daß, nachdem das Christentum die Hervorbringungen des Heidentums mit seinen falschen Lehren vollständig über den Haufen geworfen und durch seinen heiligen und veredelnden Einfluß einen neuen erhabenen Kunststil erzeugt hatte (der in jeder Hinsicht dem Glauben und der Lehre angemessen war),

die Bekenner dieses Glaubens in späteren Zeiten diese glorreiche Leistung ihrer Religion aufgeben würden, um zu den verderbten Ideen heidnischer Sinnlichkeit zurückzukehren, welche ihre Vorfahren im Glauben so siegreich unterdrückt hatten, und um, entsetzliche Entweihung, die heiligsten Mysterien des Christentums in ein Werkzeug zur Wiederbelebung dieser verderbten Ideen zu verwandeln. Aber jede beliebige Kirche, von St. Peter in Rom an, ist ein gültiges Beispiel für die Abkehr von den reinen christlichen Ideen und von der reinen christlichen Architektur... Diese Sucht nach dem Heidentum entwickelte sich bei allen Arten von Gebäuden, die ab dem 15. Jahrhundert errichtet wurden – bei Palästen, bei Herrensitzen, bei Privathäusern, bei öffentlichen Bauten, bei Grabdenkmälern; sie reichte hinab bis zu den Möbeln und dem häuslichen Tafelzierat, und ich könnte zeigen ..., daß sie sogar bis in den Sprachgebrauch hineindrang und sich in den modernen Sitten und der modernen Regierungsform ablesen läßt.
(...)
Es trifft völlig zu, daß sich die wahre Vollendung der Kunst nur im Katholizismus findet, doch muß hierbei hinreichend zwischen dem Katholizismus in seinem eigenen ehrwürdigen Gewand und einem, der sich in die modernen Äußerlichkeiten heidnischer Verderbtheit verkleidet, unterschieden werden.

Augustus Welby Northmore Pugin: Contrasts: or A Parallel between the Noble Edifices of the Middle Ages, and Similar Buildings of the Present Day, 1836, (S. 1-33). Übersetzt von Axel Haase.

2. Die wahren Grundsätze der spitzbogigen oder christlichen Architektur in England

Thema des vorliegenden Beitrages ist es, die wahren Grundlagen der spitzbogigen oder christlichen Architektur zu untersuchen und darzustellen, so daß Sie – nach deren Kenntnis – deren Großartigkeit nachvollziehen können. Die zwei Hauptregeln des Entwurfs lauten: Erstens sollte ein Bauwerk kein Merkmal aufweisen, das nicht der Nützlichkeit („convenience"), der Konstruktion („construction") und der Angemessenheit („propriety") dient; zweitens sollte jedes Ornament in Einklang mit der Grundkonstruktion des Bauwerks stehen. Die Vernachlässigung dieser beiden Regeln ist der Grund für all die schlechte Architektur der gegenwärtigen Zeit. Architekturformen wurden ständig auf Gebäude appliziert, mit denen sie keine

Pugins Privathaus „The Grange" und seine Privatkirche „St. Augustine's in Ramsgate.
Aquarell von 1849

Verbindung hatten, lediglich zugunsten eines Effektes; und Schmuck wurde in Wirklichkeit konstruiert, statt die Konstruktion selbst zu begleiten, der sie als Zeichen guten Geschmacks immer untergeordnet sein sollte. Bei guter Architektur sollte das kleinste Detail eine Bedeutung haben oder einem Zweck dienen. Und was den Putz betrifft, wenn er zu irgend einem anderen Zweck als der Wandbekleidung benutzt wird, dann ist er eine rein moderne Täuschung ..."

Augustus Welby Northmore Pugin: The True Principles of Pointed or Christian Architecture in England, London 1843. Übersetzt von Gerda Breuer.

3. Florales Ornament

Je genauer ich die Werke der mittelalterlichen Künstler, sei es der Glasmalerei, der dekorativen Plastik oder der Metallkunst, untersuchte, desto überzeugter wurde ich davon, daß sie natürlichen Formen folgten. (...) Es ist daher absurd, von „gotischem" Blattwerk zu sprechen. Das Blattwerk ist „natürlich", es ist die „Bearbeitung" und „Anordnung", die den Stil definieren. Die antiken und die modernen Künstler unterscheiden sich in ihrer Bearbeitung der Natur für dekorative Zwecke: Die ersteren ordneten die Blätter und Blumen, aus denen ihr Entwurf komponiert wurde, in geometrische Formen und Figuren, wobei sie vorsichtig die Stiele und Teilstücke so arrangierten, daß sie den Raum, den sie bereichern sollten, „ausfüllten", und sie wurden so abgebildet, daß nicht die Beschaffenheit des speziellen Charakteristikums oder des Objekts, das sie verzieren sollten, zerstört wurde durch die bloße Imitation von Rundlichkeit oder Schatten. Eine Täfelung zum Beispiel, die schon allein durch ihre Konstruktion flach ist, wäre von Blättern und Blumen verziert, die so in die Länge gezogen und ausgebreitet sind, daß sie ihre geometrischen Formen auf einer flachen Oberfläche zeigten. Dagegen würde ein moderner Maler versuchen, die fiktive Idee eines Reliefs widerzuspiegeln, als ob „Sträuße" von Blumen aufgelegt wären. Durch Schatten und Perspektive würde eine Darstellung mit scheinbarer Tiefe und vorspringenden Teilen entstehen, die nach der architektonischen Beschaffenheit als Ebene behandelt werden müßte; und anstatt daß eine wohldefinierte, klare und schöne Verzierung, die sich zu der Konstruktion des Teils harmonisch verhält, hervorgebracht wird, wird ein unregelmäßiger und verwirrender Effekt erzeugt, der im Widerspruch zu dem Hauptentwurf steht.

Das vorliegende Werk wurde zur Verbreitung dieser Prinzipien geschrieben und zur Beseitigung des Vorwurfs ausschließlich sklavischer Imitation, der so oft denjenigen gemacht wird, die entsprechend der alten Art arbeiten. Die „Natur" versorgte die mittelalterlichen Künstler mit ihren Formen und Ideen; die gleiche unerschöpfliche Quelle steht auch uns offen: und wenn wir zur „Quelle" zurückgehen, werden wir eine Vielfalt wunderschöner Entwürfe, die im gleichen Geist behandelt werden wie die alten, hervorbringen, aber in neuer Form. Wir haben den Vorteil vieler wichtiger botanischer Entdeckungen, die unseren Vorfahren unbekannt waren, und es ist bestimmt in Übereinstimmung mit den wahren Prinzipien der Kunst, für die Komposition neuer Entwürfe von allem Schönen Gebrauch zu machen. Ich glaube daher, daß dieses Werk vielleicht das Mittel sein kann, um Entwerfer zurück zu den ursprünglichen Prinzipien zu führen, und ebenso wie man beim wiederholten Abmalen Gefahr läuft, den Geist des Originals zu verlieren, so führt in der Dekorationskunst die ständige Wiederholung alter Muster ohne Bezugnahme auf die natürliche Urform, aus der sie zusammengestellt worden war, zu abgegriffenen Formen und geistlosen Entwürfen und zu guter Letzt zu einer bloßen Karikatur eines schönen Originals. Es ist unmöglich, die Werke Gottes zu verbessern; und die natürlichen Umrisse von Blättern, Blumen usw. sind wohl perfekter und schöner als jede menschliche Erfindung.

Augustus Welby Northmore Pugin: Floriated Ornament designed by A. Welby Pugin, London 1849 (Reprint Somerset 1994), unpaginierte Einleitung. Übersetzt von Angelika Krestas/Viola Düwert.

John Ruskin, 1873. Foto von Frank Mesdow Sutcliffe

John Ruskin (1819 – 1900)

Neben Pugin war John Ruskin der bedeutendste
Architekturtheoretiker und -kritiker des 19. Jahrhunderts. Er lehnte
jedoch seinen Zeitgenossen vor allem wegen seines fanatischen
Katholizismus' ab und propagierte eine am Idealbild des Ur-
Protestantismus orientierte Erneuerung; er übernahm aber Pugins
Wertschätzung der Gotik.
Ruskin hat sich einen Namen als Kunstkritiker vor allem durch sein
fünfbändiges Hauptwerk „Modern Painters" (I. 1843; II. 1846; III.
und IV. 1856; V. 1860) gemacht, in dem er sich mit den
verschiedenen Kunstepochen und -stilen auseinandersetzte. Bekannt
geworden ist dieses Werk insbesondere durch die Verteidigung der
Präraffaeliten und der Landschaftsmalerei, vor allem der Turners.
Hier, wie auch später in „The Two Paths" von 1859, eindrucksvoll
beschrieben, entwickelte er Kriterien der Einschätzung von Gegenwart
und Vergangenheit, die für seine späteren architekturtheoretischen
Schriften maßgebend wurden. Seiner eigenen Zeit, dem „trüben" und
„finsteren" Industriezeitalter, stellte er ein idealisiertes farbenprächtiges
Mittelalter gegenüber. Die Vernachlässigung der Wahrheit sei die
Ursache für den Verfall des Schönheitssinns, ein Makel vor allem der
Renaissance-Kunst, welche Schönheit auf Kosten der Wahrheit
angestrebt habe. Hinwendung zur Natur, Rückgriff auf vergangene
Zeiten und zugleich eine neue naturwissenschaftliche
Wahrnehmungsfähigkeit wiesen Wege aus dem Dilemma seiner Zeit.
Mit „The Seven Lamps of Architecture" von 1849, eine
Veröffentlichung, die der Architektur und ihren gesellschaftlichen
Voraussetzungen gewidmet ist, und mit dem dreibändigen Opus „The
Stones of Venice" von 1851–53, das die gotische Baukunst Venedigs
als Vorbild für die Gegenwart empfiehlt, trat er auch als
Architekturtheoretiker hervor. Beide Schriften wurden die eigentlichen
Schlüsselwerke der nachfolgenden Arts and Crafts-Bewegung.

Ruskin entfaltete in „Seven Lamps" in sieben Kapiteln seine
Ansprüche an Architektur. Im zweiten Kapitel, „Lamp of Truth", wird
die Nähe zur Natur und wie bei Pugin die Funktionalität
beschworen: die Wahrhaftigkeit der verwendeten Materialien und der
Konstruktion. In „Lamp of Life" erläutert er einen Schlüsselsatz
seiner Theorie: daß nämlich Architektur Ausdruck lebendiger,
menschlicher Arbeit sein soll. Sie dürfte nicht der Perfektion und
Schönheit geopfert werden, sondern die natürliche Lebenskraft des
Menschen sei Kern des Schaffens und ließe so auch durch
Menschenhand verursachte Unregelmäßigkeiten und
Unvollkommenheiten zu. Die Würde des Menschenwerks würde auch
im Respekt vor dem Alter des Bauwerks dokumentiert. In „Lamp of
Memory" ist sie Teil der ästhetischen Wirkung, es dürfe nicht durch
falsche denkmalpflegerische Mittel in den Alterungs- und
Verfallsprozeß eingegriffen werden. In „Lamp of Obedience" verficht
Ruskin die Orientierung an einem verbindlichen Formenkanon.
Dieser wäre die Gotik, die zugleich Schlüssel für eine intakte, am
Ideal des Handwerkers („craftsman") orientierte Gesellschaft wäre.
Die moralischen Elemente der Gotik wurden in den „Stones of
Venice" ausführlicher behandelt. Vor allem in dem berühmten Kapitel
des zweiten Bandes mit dem unspektakulären Titel „The Nature of
Gothic" entwickelte Ruskin sechs charakteristische Eigenschaften des
mittelalterlichen Baustils, die allesamt von weitreichender Bedeutung
für die ästhetischen Kriterien der Arts and Crafts-Bewegung werden
sollten.
Da ist zunächst die wohl wichtigste Kategorie: Roheit („savageness").
Das Unregelmäßige und Unperfekte der Handarbeit wurde für ihn
zum Ausdruck einer ursprünglichen Vitalität des Menschen, dem er
den Vorrang vor seinem Produkt gibt. Es folgt das Merkmal
Vielfältigkeit („changefulness" oder „variety"), dem Pittoresken des
18. Jahrhundert nahe und gegen die Glätte und Regelhaftigkeit der
Renaissance, aber auch der modernen Maschinenproduktion gerichtet.
Das dritte Element heißt Naturalismus („naturalism" bzw.
„truthfullness"), die naturgetreue Wiedergabe. Das Groteske
(„grotesqueness"), das Strenge („rigidity"), zu finden in der
energievollen Kraft gotischer Konstruktionsweisen, und „redundance"
bzw. „generosity", d.h. Reichtum des Ornaments, sind die letzten
beiden Kategorien.

Die Wertung der Ornamentik ist gebunden an die Emanzipationsstufen des Handwerkers, die für Ruskin aus einem Prozeß hervorgehen, in dem der Arbeiter zunächst mit seinen Unzulänglichkeiten und Emotionen kämpft, sich dann aber, im Ringen um Qualität, zu seiner ganzen Größe („the whole majesty of him") entwickelt.
Ruskin verband seine Vorstellungen von der Rekonstituierung der Würde des Menschen mit seiner Kritik an der maschinellen Produktionsweise seiner Zeit, vor allem der Arbeitsteilung, die nicht eigentlich den Produktionsgang spalte, sondern den Menschen selbst. Es liegt nahe, daß mit dieser Kritik an den gesellschaftlichen Fabrikationsformen auch die Forderung nach Änderung gesellschaftlicher Strukturen verbunden war. Um eine lebendige Volkskunst möglich zu machen, formulierte er Leitsätze und antizipierte programmatische Ziele, die später von Morris in fast sämtlichen Vorlesungen und Schriften aufgegriffen und in die Tat umgesetzt wurden.

1. Die sieben Leuchter der Architektur

Der Leuchter der Wahrheit

In der Baukunst ist nun eine noch verächtlichere Verletzung der Wahrheit möglich, eine unwürdige Vorspiegelung falscher Tatsachen in Bezug auf Material, Masse und Wert der Arbeit ... Baukünstlerischer Betrug kann unter drei Gesichtspunkten betrachtet werden: I. Durch Vorspiegelung falscher Konstruktion, d.h. durch unechte Stützen, wie ein Hängezierrat der späteren gotischen Bedachungen. II. Durch Bemalen von Oberflächen, um andere Materialien vorzustellen als die, woraus jene bestehen (wie im Marmorieren des Holzes); oder die täuschende Darstellung plastischen Ornaments auf denselben. III. Durch Verwendung von gegossenen oder mit Maschinen erzeugten Ornamenten. – Im allgemeinen kann man behaupten:

Architektur wird edel in dem Maße sein, wie alle falschen Ausdrucksmittel vermieden werden.
(...)
... nach meiner Meinung hat nichts die Verkümmerung unseres Volks-Empfindens für Schönheit mehr verschuldet, als der fortgesetzte Gebrauch gußeiserner Ornamente. Die gewöhnliche Eisenbearbeitung im Mittelalter war so einfach wie wirkungsvoll; sie bestand aus Abblätterungen, die aus dem Eisenblech herausgeschnitten und vom Handwerker nach Belieben gebogen wurden. Keine Ornamente sind dagegen so kalt und plump, so roh und ungeeignet für feinere Linien und Schatten wie die aus Gußeisen.

Der Leuchter des Lebens

Ich brauche hier nicht mehr zu wiederholen als die, wie ich glaube, allgemein zugegebene Tatsache, daß in sonstigen Beziehungen (wie in Hinsicht auf Stoff, Gebrauch oder äußere Gestalt) ähnliche Dinge edel oder unedel sind im Verhältnis zur Fülle des Lebens, dessen sie sich entweder selbst erfreuen oder von dessen Wirkung sie Zeugnis geben, wie beispielsweise Sanddünen Schönheit offenbaren, indem sie das Siegel der Meereswellen an sich tragen, der flache Strand durch die im Sande zurückgelassenen Rillen der rückrollenden Brandung. Dies trifft besonders zu bei allen Gegenständen, welche das Zeichen der höchsten Ordnung schöpferischen Lebens an der Stirne tragen: des Menschengeistes. Sie werden edel oder unedel je nach dem Maß von hingebender Kraft dieses Geistes, das in ihnen zu fühlbarem oder sichtbarem Ausdruck kommt.
Ich habe zu Anfang dieser Abhandlung gesagt, daß Handarbeit stets von Maschinenarbeit unterschieden werden kann, gleichzeitig bemerkend, daß Menschen sich in Maschinen vewandeln und ihre Arbeit bis zum Niveau der Maschine herabwürdigen können. Solange aber Menschen als Menschen arbeiten und mit Herz und Seele ihr Äußerstes hingeben, solange zählt es nicht, daß sie möglicherweise ungeschickt arbeiten, es wird an dem, was sie behandelt haben ein gewisses Etwas sein, das nicht bezahlt werden kann: man wird erkennen, daß einige Stellen mehr Freude gemacht haben als andere – daß ein Innehalten, ein Überlegen, ein Sorgen und Sehnen dabei war; und dann werden auch vernachlässigte Stellen kommen, und feste und flotte und flüchtige; dort wird der Meißel hart, hier leichter und da wieder viel schüchterner eingeschlagen haben; und wenn des Menschen Geist mit seinem Herzen zugleich bei der Arbeit war, so werden alle Hammerschläge an der richtigen Stelle sitzen. Eins wird das andere verstärken und

herausbringen. Der Gesamteindruck wird im Vergleich zum gleichen Gegenstand, der von der Maschine oder einer leblosen Hand geschnitten ist, etwa dem einer Dichtung ähnlich sein, die tief empfunden und gut gelesen wird, anstatt daß dieselben Verse heruntergeleiert werden. Es gibt viele, die den Unterschied nicht bemerken, aber für die, welche die Dichtung lieben, ist er alles; lieber sie gar nicht hören, als schlecht vorgetragen. Ebenso ist für die, welche die Architektur lieben, Leben und Betonung der Hand alles. Lieber kein Ornament als ein schlecht geschnittenes, d.h. ein tot-geschnittenes. Ich kann es nicht oft genug wiederholen: nicht das grobe, nicht das schwere, nicht das stumpfe Schnitzen muß notwendigerweise schlecht sein; aber das „kalte" Schnitzen – der Schein von gleicher Mühe und Mühelosigkeit überall – die glatte, verteilte Ruhe herzloser Peinlichkeit, die Regelmäßigkeit eines Pfluges über ebenem Acker. Der frostige Eindruck tritt wahrscheinlicher sogar bei vollkommen durchgeführter als bei irgend einer andern Arbeit hervor – im Vollenden erkalten und ermatten die Gefühle der Menschen.
(...)
Ich glaube, die einzig entscheidende Frage bei allem Ornament ist einfach diese: War es mit Vergnügen und Genuß gemacht? War der Bildner glücklich, als er daran meißelte? Es mag die denkbar schwerste Arbeit sein, um so härter, weil so viel Genuß dabei war; aber sie muß auch glücklich und glühend und gläubig gewesen sein: sonst wird sie nicht leben.
Leuchter der Erinnerung
Weder vom Publikum, noch von denen, deren Obhut die öffentlichen Baudenkmäler anvertraut sind, wird die wahre Bedeutung des Wortes „Wiederherstellung" (Restaurierung) verstanden. Heute bedeutet sie die vollständigste Zerstörung: eine Zerstörung, aus der keine Bruchstücke gerettet werden können, von einer falschen Vorstellung des zerstörten Werkes begleitet; falsch auch in einer parodistischen Weise, die verabscheuenswerteste aller Falschheiten. Täuschen wir uns doch nicht über diesen wichtigen Punkt: es ist ganz „unmöglich", so unmöglich wie die Toten zu erwecken, irgend etwas wiederherzustellen, das jemals groß oder schön in der Baukunst gewesen ist. Das, worauf ich weiter oben soviel Gewicht gelegt habe, das Leben des Ganzen, der Geist, der nur durch die Hand und das Auge des Arbeiters übertragen wird, kann niemals wieder zurückgerufen werden. Ein anderer Geist mag durch eine andere Zeit gegeben werden, und dann ist es ein neues Gebäude; aber der Geist des toten Handwerkers kann nicht zurückgerufen werden, um andere Hände und andere Gedanken zu bewegen. Und was das direkte und einfache Kopieren anbelangt, so ist das eine handgreifliche Un-

möglichkeit. Wie kann man Oberflächen kopieren, die einen halben Zoll tief abgewittert und abgebröckelt sind? Die ganze Vollendung der Arbeit lag in dieser halbzolldicken Schicht, die verloren gegangen ist; eine mutmaßliche Herstellung hat gar keinen Wert; wenn man das Übriggebliebene kopiert, angenommen daß es möglich sei (und welche Sorgfalt, Vorsicht und Kosten verbürgen das?), wie kann die neue Arbeit besser sein als die alte? In der alten war doch noch etwas Leben, eine geheimnisvolle Andeutung, was sie war und was von ihr verloren gegangen; etwas Liebliches und Liebenswertes in den feinen, von Regen und Sonnenschein verwitterten Linien. In der brutalen Härte der frischen Behauung kann kein Leben sein.
(...)
Laßt uns also lieber gar nicht von Wiederherstellung reden. Die Sache ist eine Lüge von Anfang bis zum Ende. Ihr könnt das Modell von einem Gebäude machen wie von einem Leichnam; das Abbild mag die Schale der alten Mauern umschließen, wie der Abguß das Skelett enthalten mag, zu welchem Nutzen ist mir unerfindlich und unwichtig; aber der alte Bau ist jedenfalls zerstört, vollständiger und erbarmungsloser, als ob er in Trümmer gesunken und in einen Staub- und Lehmhügel verwandelt wäre. Denn mehr Schönes wurde in dem veröderten Nineveh aufgelesen als jemals aus dem wiedererbauten Mailand.
(...)
Kümmert euch um eure Denkmäler, und ihr werdet nicht nötig haben, sie wieder herzustellen. Einige Bleiplatten bei Zeiten auf ein Dach gelegt, ein paar tote Blätter und Zweige rechtzeitig aus einem Abflußrohr entfernt, werden sowohl Dach als auch Mauer vom Verderben retten. Bewacht ein altes Bauwerk mit ängstlicher Sorgfalt; bewahrt es so gut wie anständig und um jeden Preis vor dem Zerfall. Zählt seine Steine wie die Edelsteine einer Krone; stellt Wachen rings herum auf, wie an den Toren einer belagerten Stadt; bindet es mit Eisenklammern zusammen, wo es sich löst; stützt es mit Balken, wo es sich neigt; kümmert euch nicht um die Unansehnlichkeit solcher Stützen: besser eine Krücke als ein verlorenes Glied. Tut dies alles zärtlich und ehrfurchtsvoll und unermüdlich, und noch manches Geschlecht wird unter seinem Schatten erstehen, leben und wieder vergehen. Sein letzter Tag muß einmal kommen; aber laßt ihn offen und unzweifelhaft sein, und laßt keine Entwürdigung und falsche Herstellung ihn noch der letzten Totenehren berauben, die Erinnerung ihm erweist!

John Ruskin: Seven Lamps of Architecture, 1849. Übersetzung von Wilhelm Schoelermann im 1. Band der Werke John Ruskins im Eugen

Diedrichs Verlag, Dresden 1900. Die Orthographie wurde dem heutigen Sprachgebrauch angepaßt.

2. Die Steine von Venedig: Das Wesen der Gotik

Und das ist vielleicht das Bewundernswürdigste an den Schulen gotischer Baukunst, daß sie die Ergebnisse der Mühen zweitrangiger Geister aufnehmen und aus Einzelteilen, die voller Unvollkommenheiten sind und die diese Unvollkommenheiten in jedem Punkt verraten, ein imposantes und makelloses Ganzes errichten.

Aber der moderne englische Geist hat mit dem griechischen gemein, daß er in allen Dingen eifrig nach der seiner Natur gemäßen äußersten Vollendung und Vollkommenheit verlangt. Das ist in abstracto ein ehrenwerter Charakterzug, wird aber verwerflich, wenn er uns veranlaßt, die jeweilige Rangfolge in der Natur selbst zu vergessen und die Vollkommenheit der niederen Natur den Unvollkommenheiten der höheren vorzuziehen und außer acht zu lassen, daß nach einem solchen Grundsatz alle unvernünftigen Tiere dem Menschen vorzuziehen wären, da sie in ihren Funktionen und ihrer Art vollkommener sind; und doch gelten sie stets als ihm unterlegen. So sind auch bei den Werken der Menschen die, welche in ihrer Art vollkommener sind, immer weniger wertvoll als die, welche ihrer Natur nach eher mit Fehlern und Unzulänglichkeiten behaftet sind. Denn je feiner die Natur eines Werkes ist, um so mehr Mängel wird sie infolge ihrer eigenen Klarheit zeigen; und es ist ein Gesetz dieses Universums, daß die besten Dinge sich äußerst selten in ihrer besten Form zeigen. Das wilde Gras wächst ein um das andere Jahr kräftig und gut; der Weizen hingegen ist, ob seiner edleren Natur, heftigeren Krankheiten ausgesetzt. Und während wir daher in allen Dingen, die wir sehen oder tun, Vollkommenheit wünschen und nach ihr streben müssen, dürfen wir trotzdem nicht das Geringere in seiner begrenzten Vollkommenheit über das Edlere in seinem mächtigen Fortschritt ersetzen; nicht dürfen wir Unbedeutendes in seinem Ebenmaß höher schätzen als Großartiges in seiner Zerrissenheit; nicht den armseligen Sieg einer ehrenhaften Niederlage vorziehen; nicht das Niveau unseres Ziels herabsetzen, damit wir um so sicherer die Selbstzufriedenheit des Erfolges genießen. Aber vor allen Dingen müssen wir in unserem Umgang mit der Seele anderer Menschen sorgfältiger prüfen, ob wir vielleicht durch strenge Anforderungen oder engherzige Vorsicht Bemühungen hemmen, die sonst zu einem edlen Ergebnis führen könnten, und mehr noch, ob wir hervorragenden

Teil der Fassade von San Michele, Lucca (?) 1849, Aquarell. Ashmolean Museum Oxford.
Auf seinen Reisen durch Italien fertigte John Ruskin Hunderte von Zeichnungen,
Aquarellen und Daguerreotypien an, von denen er einige veröffentlichte

Werken unsere Bewunderung versagen, weil sie mit groben Fehlern behaftet sind. Nun finden sich in der Beschaffenheit und Natur eines jeden Menschen, den wir für handwerkliche Arbeit anstellen, wie grobschlächtig oder einfach er auch immer sein mag, einige Fähigkeiten für bessere Dinge: Selbst im schlimmsten Fall gibt es irgendeine Spur träger Phantasie, stumpfen emotionalen Vermögens, tastender Gedankenschritte; und in den meisten Fällen ist es einzig und allein unsere eigene Schuld, daß sie träge und stumpf sind. Aber sie können nicht gestärkt werden, wenn wir uns nicht damit begnügen, sie in ihrer Schwäche anzunehmen und wenn wir sie nicht in ihrer Unvollkommenheit höher bewerten und würdigen als die beste und vollkommenste Handfertigkeit. Und das ist es, was wir bei all unseren Handwerkern tun müssen. Wir müssen nach dem suchen, was an *gedanklichen* Fähigkeiten in ihnen steckt, und diese aus ihnen herausholen, was immer wir dafür preisgeben und welche Fehler und Mängel auch immer wir dabei in Kauf nehmen müssen. Denn das Beste, das in ihnen ist, kann sich nur zusammen mit viel Fehlerhaftigkeit offenbaren. Machen sie sich das eine klar: Sie können einen Menschen lehren, eine Gerade zu zeichnen und eine zu schneiden, eine gebogenen Linie zu ziehen und zu schnitzen und jede beliebige Anzahl von Linien oder Formen mit bewundernswürdiger Geschwindigkeit und vollkommener Genauigkeit nachzuzeichnen und zu schnitzen, und Sie werden sein Werk in seiner Art vollkommen finden; aber wenn Sie ihn auffordern, über eine jener Formen nachzudenken, zu überlegen, ob er nicht irgendeine bessere in seinem eigenen Kopf finden kann, hält er inne, zögert bei der Ausführung, er denkt, und zehn zu eins, daß er falsch denkt: zehn zu eins, daß er beim ersten Handgriff, den er als denkendes Wesen an seinem Werk ausführt, einen Fehler macht; aber trotz alledem haben Sie einen Menschen aus ihm gemacht. Vorher war er nur eine Maschine, ein lebendes Werkzeug.

Und merken Sie wohl: Es wird von Ihnen eine strenge Entscheidung in dieser Angelegenheit gefordert. Sie müssen entweder ein Werkzeug aus diesem Wesen oder einen Menschen aus ihm machen. Beides geht nicht. Menschen sind nicht dazu geschaffen, mit der Genauigkeit von Werkzeugen zu arbeiten und präzise und vollkommen in all ihren Handlungen zu sein. Wenn sie ihnen diese Präzision abverlangen und wenn Sie ihre Finger Grade abmessen lassen wie Kammräder und ihre Arme Kurven beschreiben lassen wie ein Zirkel, müssen Sie sie entmenschlichen. All ihre geistige Energie muß darauf verwandt werden, Kammräder und Zirkel aus sich zu machen. All ihre Aufmerksamkeit und Kraft muß auf die Ausführung dieser erniedrigenden Tätigkeit gerichtet sein... Wenn Sie andererseits aus diesem arbeitenden

Wesen einen Menschen machen wollen, so können Sie ihn nicht zu einem Werkzeug degradieren. Lassen Sie ihn nur einmal anfangen, sich etwas vorzustellen, zu denken, zu versuchen, etwas zu tun, das sich lohnt, und die maschinenmäßige Präzision ist sogleich verloren. Zum Vorschein kommen seine ganze Grobheit, sein ganzer Stumpfsinn, seine ganze Unfähigkeit; Schande über Schande, Fehlschlag über Fehlschlag, Zögern über Zögern; aber zum Vorschein kommt auch seine ganze Majestät.

Und nun, lieber Leser, blicken Sie sich in diesem Ihrem englischen Zimmer um, auf das Sie vorher immer so stolz waren, weil es so gut und solide gearbeitet war und seine Ornamentik so vollendet ist! Schauen Sie noch einmal prüfend jenes exakte Schnitzwerk und jene vollkommene Glätte der polierten Oberflächen und die fehlerlose Verarbeitung abgelagerter Hölzer und getemperten Stahls an! Oftmals waren Sie davon beglückt, und Sie dachten, wie groß England doch sei, weil selbst seine geringfügigste Arbeit so gründlich ausgeführt wurde. Ach! Recht verstanden, sind diese Vollkommenheiten Zeichen von Sklaverei in unserem England, tausendmal bitterer und erniedrigender als die des gepeinigten Afrikaners oder des griechischen Heloten. Man kann die Menschen schlagen, in Ketten legen, foltern, wie Vieh anjochen, wie Sommerfliegen vernichten, und doch bleiben sie in einem Sinne, und zwar im besten Sinne frei. Aber zugleich auch ihre Seele unterdrücken, die zarten Triebe ihrer menschlichen Intelligenz im Keime ersticken und zu modernden Baumkrüppeln hacken, Fleisch und Haut, die, nachdem der Wurm sein Werk an ihnen vollbracht hat, Gott anschauen sollen, zu Treibriemen für Maschinen machen, das heißt in der Tat, sich wie Sklavenhalter gebärden ...

Wir haben seit kurzem gründlich die große Erfindung der Zivilisation, die Arbeitsteilung, studiert und sehr vervollkommnet. Nur geben wir ihr einen falschen Namen. In Wahrheit wird nicht die Arbeit, sondern der Mensch geteilt: Geteilt in viele Menschensegmente – zerbrochen in kleine Bruchstücke und Krümel des Lebens: so daß das winzige Stück Intelligenz, das in einem Menschen übrigbleibt, nicht ausreicht, eine Stecknadel oder einen Nagel herzustellen, sondern sich darin erschöpft, die Spitze einer Stecknadel oder den Kopf eines Nagels zu fertigen. Nun ist es zwar gut und wünschenswert, viele Stecknadeln an einem Tag zu produzieren; aber wenn wir doch nur sehen könnten, mit welchem Schleifsand ihre Spitzen poliert wurden – mit dem Sand menschlicher Seele, der vielfach vergrößert werden muß, bevor man erkennen kann, was es ist -, würden wir bedenken, daß diese Produktivität auch mit einigem Verlust verbunden ist. Und der große Aufschrei, der sich aus all unseren Industriestädten erhebt, lauter als das Gebläse ihrer Hochöfen, verrät in der Tat nur dies eine – daß wir dort alles produzieren, außer Menschen. Wir bleichen Baumwolle, härten Stahl und raffinieren Zucker und formen Steingut; aber auch nur einen einzigen lebenden Geist zu erleuchten oder zu formen, spielt in unserer Gewinnberechnung keine Rolle. Und diesem ganzen Übel, zu dem dieser Aufschrei unsere Massen treibt, kann nur auf eine Weise abgeholfen werden; nicht durch Belehren oder Predigen; denn sie belehren heißt nur, ihnen ihr Elend zeigen; ihnen predigen, sofern wir nicht mehr tun als predigen, heißt, ihr Elend verhöhnen. Abgeholfen werden kann dem Übel nur durch ein rechtes Verständnis seitens aller Klassen für die Frage, welche Arten von Arbeit gut für den Menschen sind, ihn erheben und ihn glücklich machen; durch einen entschlossenen Verzicht auf solche Annehmlichkeiten, solche Schönheit oder solch billige Herstellung, die nur durch die Erniedrigung des Arbeiters erreicht werden können; und durch eine ebenso entschiedene Nachfrage nach den Erzeugnissen und Ergebnissen gesunder und adelnder Arbeit. Und wie, so wird man fragen, soll man diese Produkte erkennen und diese Nachfrage steuern? Sehr leicht: durch die Beachtung dreier umfassender und einfacher Regeln:

1. Ermutigen Sie nie die Fertigung irgendeines Artikels, der nicht absolut notwendig ist und bei dessen Herstellung die Erfindungsgabe keinen Anteil hat.
2. Verlangen Sie nie unbedingte Genauigkeit um ihrer selbst willen, sondern nur zu einem praktischen oder edlen Zweck.
3. Ermutigen Sie niemals irgendeine Art von Nachahmung oder Kopie, es sei denn, sie sollen der Bewahrung von Zeugnissen großer Werke dienen.

John Ruskin: The Works of John Ruskin, hrsg. von Edward Tyas Cook/Alexander Wedderburn, 36 Bände, London 1903-09, Band 10: The Stones of Venice I, 1851, Kap. The Nature of Gothic, S. 180-269. Übersetzt von Gerda Breuer.

3. Die zwei Pfade: Modernes Handwerk und moderner Entwurf

Wie die Dinge liegen, versuchen wir in ganz England, sobald eine Fabrik ihre Arbeit aufgenommen hat und 200 Leute beschäftigt, mit ihrer Hilfe eine weitere Fabrik in Betrieb zu nehmen, die 400 beschäftigt. Das ist alles sehr einfach und verständlich – aber wohin soll das führen? Wie viele Fabri-

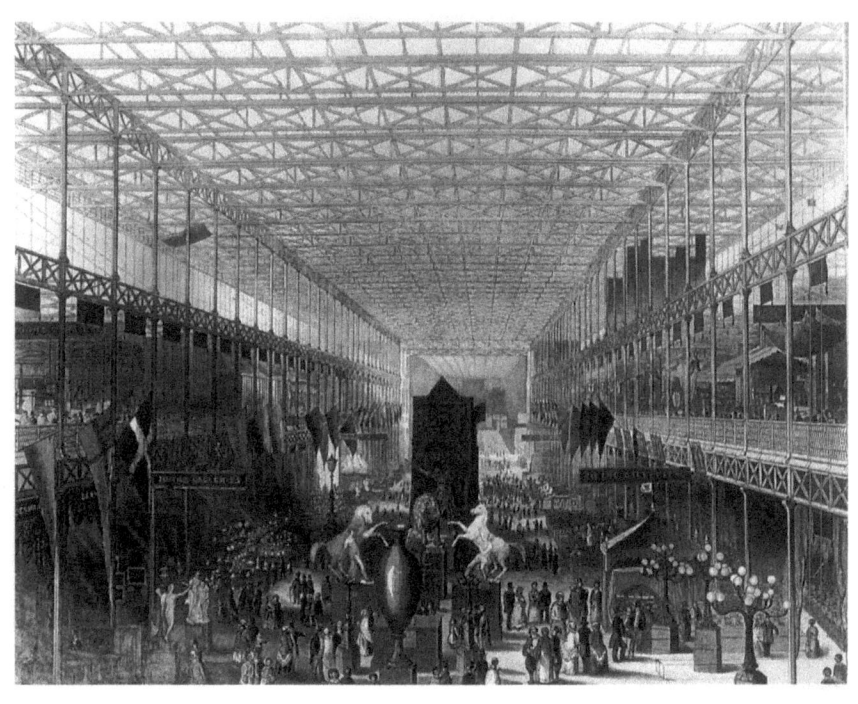
Joseph Paxtons Kristallpalast für die Weltausstellung 1851 in London.

Mittelschiff, Blick nach Westen und, Seite rechts, Blick nach Osten

ken wollen wir? Oder wollen wir wirklich nichts als Fabriken? (...) Vergangene Woche fuhr ich von Rochdale nach Bolton Abbey – gemächlich, um die Landschaft zu sehen, und es hat sich gewiß gelohnt. Niemals habe ich zwanzig interessantere Meilen durchfahren als die zwischen Rochdale und Burnley. Von Natur aus ist das Tal eines der schönsten in den Hügeln von Lancashire; ein Tal völliger Abgeschiedenheit, ganz geprägt vom alten Schäferleben. Heute kann man nicht – ich sage es bewußt und meine das ganz wörtlich -, heute kann man nicht tausend Meter auf einer Straße entlangfahren, ohne an einem Hochofen oder einer Fabrik vorbeizukommen. (...)
Nun, wollen Sie etwa, daß es überall so weit kommt? Denn wenn dem so ist und Sie es mir deutlich sagen, so glaube ich, kann ich Ihnen heute abend verschiedene und, wenn Sie mir etwas Zeit geben, noch weitere Vorschläge machen, die Ihr Ziel beträchtlich vorantreiben würden. Gegenwärtig ist das Ausmaß unserer Unternehmungen mehr oder weniger auf das Vorkommen von Kohle und Eisenerz beschränkt, aber wir haben noch nicht gelernt, unseren Ton angemessen zu verwerten. In weiten Teilen Englands, südlich der Industriegebiete, gibt es großartige Vorkommen der verschiedensten nutzbaren Tonsorten; und ich glaube, es wäre nicht schwierig, Möglichkeiten der Nutzung darzulegen, die uns in den Stand setzten, beinahe den gesamten Süden Englands in eine Ziegelei zu verwandeln, so wie wir bereits den ganzen Norden in ein Kohlebergwerk verwandelt haben. Ich sage, „beinahe" den ganzen Süden, weil, wie Sie zweifellos wissen, beträchtliche Gebiete im Süden, die bis auf den heutigen Tag für ihr grasbedecktes Hügelland und ihr Hammelfleisch bekannt sind, aus Kalkgestein bestehen. Aber ich glaube, bei sorgfältiger Überprüfung der denkbaren Verwendungsweisen von Kalk ließe sich eine recht praktikable Möglichkeit entdecken, alle Kreidegegenden in Kalköfen zu verwandeln, so wie wir die Tondistrikte in Ziegeleien verwandeln. Danach brauchten wir uns dann nur noch den Berglandschaften zuzuwenden; aber wie wir noch nicht alle Verwendungsweisen von Ton und Kalk ermittelt haben, so haben wir noch weniger die von Stein ermittelt; und ich meine, wenn man die nutzlosen kleinen Buchten der Seen von Cumberland, Wales und Schottland trockenlegt und diese mit ihren Flüssen in schiffbare Staubecken und Kanäle verwandelt, dürfte es keine Schwierigkeiten machen, unsere ganzen Berggebiete als einen gigantischen Schiefer- und Granitsteinbruch abzubauen, aus dem die gesamte übrige Welt mit Dach- und Bausteinen beliefert werden könnte.
Ist es also das, was Sie möchten? Sie steuern im Augenblick geradewegs darauf zu; und es bleibt mir nur zu fragen, welche Grenzen für ihren Erfolg ich

mir vorstellen oder beschreiben soll. Oder soll es keine Grenzen geben? Grenzen für Ihre Möglichkeiten gibt es keine; jeder Tag stellt Ihnen neue Maschinen zur Verfügung und vergrößert mit Ihrem Kapital das riesige Ausmaß Ihrer Unternehmungen. Die Veränderungen in unserem Land vollziehen sich heute mit solcher Geschwindigkeit, daß es völlig absurd wäre, wollte man versuchen, für unser Land in seinem gegenwärtigen Zustand und unter den gegenwärtigen Bedingungen Gesetze für die Kunsterziehung zu entwerfen; und deshalb muß ich notwendigerweise fragen: Wieviel von unserem Land wollen Sie innerhalb der nächsten fünfzig Jahre allen Ernstes in ein Kohlebergwerk, eine Ziegelei oder einen Steinbruch verwandeln? Um Ihnen die Konsequenzen klar vor Augen zu führen, will ich einmal annehmen, Ihr Erfolg sei vollkommen: daß von Küste zu Küste die gesamte Insel so dicht mit Schornsteinen besetzt sein wird wie die Docks von Liverpool mit Masten; daß es keine Wiesen mehr gibt; keine Bäume, keine Gärten; nur ein wenig Korn auf den Hausdächern, gemäht und gedroschen vom Maschinendampf; daß Sie nicht einmal Raum für Straßen lassen, sondern entweder über die Dächer Ihrer Fabriken auf Viadukten oder unter deren Fußböden durch Tunnels reisen; daß infolge des Rauchs das Sonnenlicht Ihnen nicht mehr zu Diensten sein kann und Sie immer bei Gasbeleuchtung arbeiten; daß kein Morgen englischen Bodens ohne Schacht oder Maschine ist und daher kein Flecken englischen Bodens übrigbleibt, auf dem man stehen könnte, ohne sich die sichere Chance auszurechnen, jeden Moment in tausend Stücke gerissen zu werden.
Unter diesen Umständen (wenn das die Zukunft Englands sein soll) wird kein künstlerischer Entwurf noch irgendeine andere Entwicklung der schönen Künste möglich sein. Strengen Sie in dieser Hinsicht nicht Ihren Geist an und verschwenden Sie nicht Ihr Geld auf irgendeinen Gedanken oder eine Anstrengung in dieser Angelegenheit. Schöne Kunst kann nur von Menschen hervorgebracht werden, die schöne Dinge um sich haben und die Muße besitzen, sie zu betrachten; und wenn Sie nicht für einige Schönheit in der Umgebung Ihrer Arbeiter sorgen, kann nichts Schönes von ihnen erfunden werden.
Mir ist die Auswirkung dieses wesentlichen Tatbestandes auf unsere modernen Verschönerungsbemühungen vergangene Woche bei einem Spaziergang in den Vororten einer unserer großen Industriestädte sehr eindringlich zu Bewußtsein gekommen. Ich dachte über die unterschiedliche Wirkung nach, welche die Szene, auf die ich gerade stieß, und die Szene, die sich den Augen jedes mittelalterlichen Künstlers beim Verlassen seiner Werkstatt bot, haben mußte. Unmittelbar vor der Stadt kam ich an ein altes englisches

Cottage oder Landhaus, ich weiß nicht genau, wie ich es nennen soll, dicht am Fuß eines Hügels und am Fluß gelegen, vielleicht irgendwann in der Zeit Karls I. oder Karls II. erbaut, mit durch steinerne Pfeiler unterteilten Fenstern und einem von niederem Rundbogen überdachten Eingang, um den man sich in dem dreieckigen Garten die Familie vorstellen kann, wie sie früher zur Sommerszeit dazusitzen pflegte, während man das Plätschern des Flusses leise durch die Wildrosenhecke hörte und die Schafe auf den fernen Hängen in der Abendsonne schimmerten. Viele, viele Jahre hindurch war das Anwesen dort unbewohnt geblieben, unbeachtet den verheerenden Folgen des Verfalls preisgegeben. Das Gartentor schlug lose gegen den Riegel. Der Garten war völlig zu einem Aschenfeld verwahrlost, und nicht einmal Unkraut schlug dort Wurzeln. Das Dach in Fetzen gerissen. Die Läden hingen in vermoderten Holzfetzen um die Fenster; vor dem Tor trieb der Bach, der einst froh stimmte, träge daher, schwarz wie Ebenholz und mit gerinnendem Schaum bedeckt. Das Ufer darüber zu öligem, rußigem Schlamm zertrampelt: Weit vorn, zwischen dem Haus und den alten Hügeln, rauchten die Hochöfen der Stadt eine ständige Pest schwefliger Dunkelheit empor; die Massen ihrer Sturmwolken wälzten sich über eine Wüste grasloser Felder, nicht durch Hecken unterteilt, sondern durch quadratische, grabsteingleiche Steinplatten, mit Eisen aneinander befestigt.

Das war die Szene, die Ihr Künstler bei seinem Nachmittagsspaziergang in Rochdale betrachten konnte. Nun stellen Sie sich vor, was für eine Szene sich bei seinem Nachmittagsspaziergang einst einem Künstler der gotischen Schule von Pisa – einem Nino Pisano oder seinen Männern – bot. Zu beiden Seiten eines klaren Flusses sah er eine Front leuchtender Paläste sich erheben, mit Bögen und Säulen und mit tiefrotem Porphyr und mit Serpentin abgesetzt; entlang den Kais an den Ufern vor ihren Toren ritten Scharen von Rittern von edlem Antlitz und edler Gestalt, mit blitzendem Helmschmuck und Schild, Roß und Reiter ein einziges Labyrinth fremdartiger Farbenpracht und strahlenden Lichts – die purpurnen und silbernen und scharlachroten Säume wallten über die starken Glieder und klirrenden Rüstungen wie Meereswogen über Felsen im Sonnenuntergang. Zu beiden Seiten des Flusses öffneten sich Gärten, Höfe und Kreuzgänge; lange Zeilen weißer Säulen zwischen Rebenkränzen; tanzende Fontänen durch Knospen von Granatäpfeln und Orangen; und weiter, entlang den Gartenwegen und unter und durch das Karmesinrot der Granatapfelschatten, langsam sich bewegend, Gruppen der schönsten Frauen, die Italien je sah – die schönsten, weil die reinsten und nachdenklichsten; gebildet in der Philosophie wie in jeder höfischen Kunst – in Tanz, Gesang, in liebenswertem Witz, in

erhabener Gelehrsamkeit, in erhabenerer Kühnheit und erhabenster Liebe
– gleichermaßen befähigt, die Seelen der Männer aufzuheitern, zu verzükken oder zu retten. Über dieser ganzen Szenerie vollkommenen menschlichen Lebens erhoben sich Kuppel und Glockenturm, strahlend in weißem Alabaster.
(...)
Was denken Sie von einer solchen Welt als Schule für einen Künstler? Ich stelle Ihnen diesen Gegensatz nicht vor Augen als einen Grund, die Hoffnung für unsere Aufgabe zu verlieren, ...sondern ich stelle ihn Ihnen vor Augen, damit Sie sich genau der Schwierigkeiten bewußt werden, denen Sie zu begegnen haben, und sich dann überlegen können, wie Sie ihnen begegnen werden. Für Menschen, die von den deprimierenden und eintönigen Bedingungen des englischen Industrielebens umgeben sind, dessen können Sie ganz sicher sein, ist künstlerisches Schaffen einfach unmöglich. Das ist die eindeutigste Erfahrung, die ich im Umgang mit dem modernen Handwerker gemacht habe. Er ist intelligent und im höchsten Maße einfallsreich – von subtiler Fertigkeit und scharf in seiner Beobachtung; aber er ist, ganz allgemein gesprochen, bar jeder künstlerischen Darstellungskraft. Und wenn Sie ihm diese Kraft geben wollen, müssen Sie ihm das Material dafür geben und ihm eine entsprechende Umwelt dafür bieten. Eine künstlerische Konzeption entspringt nicht eitler Phantasie, sie ist das sorgsam erarbeitete Ergebnis gesammelter Beobachtung und erfreulicher Lebensgewohnheiten. Ohne Beobachtung und Erfahrung kein künstlerisches Schaffen – ohne Frieden und Freude an der Arbeit kein künstlerisches Schaffen – und alle Vorträge und Unterweisungen und Preise und Prinzipien der Kunst auf der ganzen Welt haben keinen Wert, solange Sie die Menschen nicht mit positiven Einflüssen und schönen Dingen umgeben.

John Ruskin: The Works of John Ruskin, hrsg. von Edward Tyas Cook/Alexander Wedderburn, 36 Bände, London 1903-09, Band 16 (1905), The Two Paths, 1859, Modern Manufacture and Design, S. 319-345. Übersetzt von Gerda Breuer.

4. Diesem Letzten!

Ich habe die sonderbare, aber bemerkenswerte Beobachtung gemacht, daß die Geschäftsleute selten die Bedeutung des Wortes „reich" kennen. Wenigstens entspricht ihr Verhalten, wenn sie sie kennen sollten, nicht der Tatsache, daß es ein relativer Begriff ist, welcher seinen Gegensatz „arm" ebenso bestimmt in sich schließt wie das Wort Norden den Gegensatz Süden. Die Menschen reden und schreiben fast immer so, als ob Reichtum etwas Absolutes wäre und als ob bei Befolgung bestimmter wissenschaftlicher Vorschriften jeder reich werden könnte, während doch Reichtum eine Kraft wie die Elektrizität ist, die nur durch Ungleichheit und Verneinung ihrer selbst in Wirkung tritt. Die Macht der Guinee in deiner Tasche hängt ganz allein davon ab, ob die Tasche deines Nebenmenschen leer ist. Braucht er sie nicht, nützt sie dir fast nichts. Der Grad ihrer Macht hängt genau von seinem Bedürfnis oder Verlangen danach ab. Die Kunst, sich selber zu bereichern, ist also im gewöhnlichen handelsökonomischen Sinne notwendigerweise gleichbedeutend mit der, deinen Nebenmenschen arm zu halten. (...) Was unter der Benennung Reichtum eigentlich erstrebt wird, ist im wesentlichen Macht über die Menschen.

John Ruskin: Unto this Last, 1860., hier aus: John Ruskin: Die Adern des Reichtums, Jena 1916. Übersetzt von Wilhelm Schoelermann.

II
Die Schlüsselfigur

William Morris im Garten des Hauses von Burne-Jones, 1874. Foto von Frederick Hollyer

William Morris (1834–1896)

Dem universalistischen Anspruch der Arts and Crafts-Ästhetik begegnete William Morris mit einem universellen Werk: mit seiner kunsthandwerklichen Praxis legte er nicht nur die Fundamente der Werkstätten- oder Gildenbewegung, sondern er begründete die Reformen auch mit seinen theoretischen und schriftstellerischen Arbeiten. Als Poet hatte er sich zu Lebzeiten Ruhm erworben.
Wie Ruskins Sicht der Gotik war auch diejenige von Morris' eine rückwärtsgewandte Projektion seiner Ideale auf eine historische Zeit. Das mittelalterliche Handwerkerideal wäre der „Vorschein" einer Kunst, die mit Moral verknüpft sei: sie gelte als Abbild eines kreativen Individualismus und zugleich einer intakten Gesellschaft. Morris war vor allem an den sozialen Dimensionen der Gotik interessiert. Gleichheit und Freiheit wären die Bedingungen der mittelalterlichen Handwerkskunst und deshalb auch ihrer Schönheit. Der Handwerker des 14. Jahrhunderts sei keinem übergeordneten Meister verantwortlich gewesen, sondern nur der Öffentlichkeit. Dadurch, daß er seine Arbeit selbst einteilen konnte, hätte er genügend Muße („leisure") gehabt, um die Arbeit zum Genuß („pleasure") werden zu lassen. Bei der gotischen Architektur gab Morris – wie Ruskin – den ländlichen vor den städtischen Bauten, der Dorfkirche und dem cottage vor der Kathedrale und dem städtischen Bürgerhaus den Vorzug.
In seinem utopischen Roman „News from Nowhere" ließ er seiner Phantasie über ideale Häuser freien Lauf. In diesem Roman wird auch deutlich, warum Morris das mittelalterliche Gildensystem wiederaufleben lassen wollte. Resultierte schlechte Qualität für Ruskin in erster Linie aus der falschen Arbeitsorganisation der Fabrikindustrie, vor allem der Arbeitsteilung, so entstand sie für Morris aus einer geistigen Haltung des Industriellen, die er

ausschließlich als Profitgier interpretierte. Aus dieser korrumpierten Haltung resultierte dann zwangsläufig industriell gefertigte Billigware („sham work"), denn die Arbeit wäre nicht mehr Ausdruck ihres Wertes, sondern nur der Gier. Symbolisiert durch die Gegenüberstellung der Begriffe „Kontor/Buchhaltung" („countinghouse"), Ort der reinen Wertmaximierung durch Geld, und „Werkstatt" („workshop"), die kreative und qualitätsvolle Arbeit gewährleistet, formulierte er Gesellschaftskritik und Alternative. Morris berief sich auf das eudämonistische Lebens- und Arbeitsprinzip seines Mentors Ruskin, wenn er erklärte: „Unter echter Kunst verstehe ich den Ausdruck der Freude, die der Mensch bei seiner Arbeit empfindet". Hierauf gründete auch seine Maschinenfeindlichkeit, die er in „Die Ziele der Kunst" ausführlich beschrieb. Schönheit basiere auf zwei Tugenden: „Redlichkeit und Einfachheit des Lebens". Die Auffassung von der ethischen Aufgabe der Kunst wurde dann in den späten siebziger Jahren ergänzt und erweitert um eine revidierte Auffassung vom Sozialismus. In seiner Abhandlung „Wie ich ein Sozialist wurde" beschrieb Morris 1894 rückblickend seinen Weg: Er hätte nach einem „praktischen Sozialismus" Ausschau gehalten. Hatte er bislang versucht, Gesellschaftsreform „durch die Augen eines Künstlers" zu betrachten, so griff er nun praktisch in die Politik ein: Die sozialreformerische Haltung seiner Freunde aus Birmingham, die er über Edward Burne-Jones in Oxford kennengelernt hatte und über die er direkt über die Lage des Industrieproletariats informiert wurde – eine soziale Schicht, die er von seiner Herkunft und Ausbildung her nicht kannte – und natürlich die Schriften von Ruskin und Carlyle, bedingt auch die von Karl Marx, sowie die Ausrichtung vieler Präraffaeliten an den Chartisten mögen zu seiner Politisierung geführt haben. Auslöser für das politische Engagement in sozialistischen Parteien war die Haltung der Regierung Englands zur „Östlichen Frage", dem Balkankrieg zwischen Türken und der christlichen Bevölkerung Bulgariens, den er als tiefgreifenden Konflikt seiner eigenen Gesellschaft interpretierte. Im Mai 1877 verfaßte er den Aufruf „An die Arbeiter von England", eine Haßtirade gegen die herrschende englische Klasse und seine erste öffentliche Parteinahme für die Arbeiterschaft.
In seiner Zukunftsvision „News from Nowhere" malte er vor allem das Bild einer hedonistischen Welt voll Schönheit und kreativer Arbeit aus. Vor der Hintergrundfolie seiner eigenen Welt, der

häßlichen Industriestädte, der müden Masse „abgehetzter und unzufriedener Menschen", wie sie der Protagonist Guest eingangs auf der Heimfahrt in die „schäbige Londoner Vorstadt" schildert, entwarf er das Umfeld einer idealen Gesellschaft. Die ästhetische Wunschprojektion entstammte weitgehend dem Geist, der die Praxis des Oxforder Freundeskreises und die Arts and Crafts-Bewegung leitete. Die Menschen, denen er im Traum begegnet, haben „keine Sorgenfalten in ihrem Gesicht. Ihre Haut ist so glatt wie Elfenbein". Menschen und ihre Umgebung sind aus einem ästhetischen Guß, die Arbeit ist freudvoll. Es wird eine Zeit des „kameradschaftlichen Miteinanders, der friedvollen Ruhe und des Glücks" geschildert. Auch wenn der Erzähler sich der Spannungslosigkeit eines immerwährenden Glücks auf seiner Reise bewußt wird, so kann er doch am Ende der Erzählung dieses Problem lösen, indem er erklärt, daß sich die Traumbewohner in einem Kindheitszustand ungetrübter Lust befinden, der für ihn selbst bereits ein verlorenes Paradies ist. Der ungestörte Genuß dieser Wunschwelt wäre einem Mitglied seiner eigenen Welt nicht möglich. Er zog sich in die fiktiv-antizipatorische Rolle der Utopie zurück. Der Roman ist U-topos, Nicht-Ort, und Nachricht von Nirgendwo; als solcher kultivierte er im literarischen Mythos die Rolle der komplementären Spiegelung der eigenen Zeit. Wie Ruskin wand sich Morris gegen die Abstrahierung und Geometrisierung von Naturformen im Design. In seiner eingehenden Beschreibung mittelalterlicher Buchkunst bei der Formulierung der Gründungsziele der Kelmscott Press gewährt er einen Einblick in diese Mimesis-Problematik und seinen Naturbegriff. Morris bemühte sich um eine Naturdarstellung, die der Phantasie des Betrachters durch Andeutung und nicht durch naturalistische Kopie des Gegenstandes einen gewissen Spielraum gibt. Das Ornament wird als anschauliches Symbol der Natur verwendet. Beides, das genaue Studium einzelner Pflanzenteile wie auch deren rhythmisch-wiederholende Anordnung auf der Fläche bilden die Basis der Textilornamente, die er durch den Rapport des Modeldrucks erreichen kann. Auch die flache, zweidimensionale Gestaltung des Ornaments auf der Fläche, eine gewisse Schematisierung, die eine Balance zum Naturhaft-Natürlichen des Dargestellten halten will, sind die Grundelemente seiner Flächenentwürfe.
Kunstschönes und Naturschönes sind bei Morris eng miteinander verzahnt. Schönheit von Kunst und Natur fließen häufig bei der

Beschreibung von Dörfern und einfachen Landschaften zusammen. „Die Aussichten der Architektur in der Zivilisation" (1881) malten deshalb die Zukunft des Menschen unter den depravierten Bedingungen von Industriegesellschaft und Luxus düster aus, da sie den Menschen vom unschuldigen Zustand der Naturnähe entfernte. „Simplicity" wurde dagegen einer seiner Zentralbegriffe. Im Sinne von Beschränkung, Verzicht und Opferbereitschaft meinte er nicht nur ein Gestaltungsprinzip, sondern zielte auf eine ethische Haltung der Lebensführung. Anti-intellektuelle und antiakademische Tendenzen, eine Abneigung gegen Luxus und glatten Perfektionismus waren hierin eingeschlossen. „Nehmen Sie nichts in Ihr Haus auf, das nicht entweder nützlich ist oder das Sie nicht als schön ansehen" (Die Schönheit des Lebens) – diese Empfehlung betonte den Gebrauchswert von Alltagsgegenständen, nicht zuletzt vor dem Hintergrund des Luxus des spätviktorianischen Kunstgewerbes. Daß er dem einfachen-anonymen Schönen gegenüber der repräsentativen Formsprache den Vorzug gab, ist Ausdruck seines Verständnisses von Volkskunst als einer kollektiven Kunst mit individuellen Zügen. Darüber hinaus erkannte Morris die Bedeutung eines natürlichen und einfachen Lebens in seiner weitgreifenden Funktion als lebenserhaltend. Hierin bestünde echter Reichtum („wealth") im Gegensatz zu materiellem Reichtum („riches").

1. Eine recht langatmige Skizze meines sehr ereignislosen Lebens

Ich wurde im März 1834 in Walthamstow, Essex, geboren, einem Vorort der Großstadt, nahe Epping Forest, einem ehemals angenehmen Ort, der aber jetzt schrecklich heruntergekommen und von Bauspekulanten verbaut ist. Mein Vater war ein Geschäftsmann in der Stadt und wohlhabend. Wir lebten in dem damals üblichen bürgerlichen Stil mit einigem Komfort. Und da wir zum evangelischen Teil der Englischen Kirche gehörten, wurde ich, wie ich es nennen möchte, im Puritanismus des reichen Establishments erzogen, einer Religion, für die ich mich als Junge nicht so recht begeistern konnte.

Ich ging ins Marlborough College, das damals eine neue und sehr strenge Schule war. Was meine Schulbildung anbelangt, darf ich – wie ich meine – ehrlich sagen, daß ich dort so gut wie nichts lernte, denn so gut wie nichts wurde gelehrt. Aber das College lag in einer schönen landschaftlichen Umgebung mit vielen prähistorischen Monumenten und ich machte mich eifrig daran, diese und alles andere, was mit Geschichte zu tun hatte, zu studieren. So lernte ich vielleicht eine ganze Menge, besonders weil es dort in der Schule eine gute Bibliothek gab, zu der ich manchmal Zugang hatte. Ich sollte erwähnen, daß ich schon immer ein großer Verehrer von Büchern war, solange ich denken kann.
Mein Vater starb 1847, einige Monate bevor ich nach Marlborough ging. Da er sich vor seinem Tode an einer ertragreichen Spekulation im Minengeschäft beteiligt hatte, ließ er uns in sehr guten finanziellen Verhältnissen zurück.

Ich ging 1853 nach Oxford als Mitglied des Exeter College. An den Studien an diesem Ort fand ich keinen Gefallen, aber ich widmete mich mit Nachdruck der Historie, ganz besonders der Geschichte des Mittelalters, um so mehr vielleicht, als ich zu dieser Zeit unter den Einfluß der hochanglikanischen Kirche, auch Puseyite-Schule genannt, geriet. Diese letztgenannte Phase dauerte jedoch nicht lange, da sie durch die Schriften von John Ruskin, die damals eine Art Offenbarung für mich waren, abgelöst wurde. Ich wurde ebenfalls ziemlich stark vom Werk Charles Kingsleys beeinflußt und hatte dadurch einige sozialpolitische Ideen im Kopf, die sich wahrscheinlich entwickelt hätten, jedoch nur über die Anziehungskraft von Kunst und Dichtung. Noch während ich Student war, entdeckte ich, daß ich Gedichte schreiben konnte, sehr zu meinem eigenen Erstaunen. In dieser Zeit war ich mit einigen Männern, die sehr enthusiastische Ideen hatten, eng befreundet. Wir gaben monatlich eine Zeitschrift heraus, die ein Jahr lang erschien (auf meine Kosten). Sie hieß „Oxford and Cambridge Magazine" und war wirklich sehr „jung". Als ich die Ausbildung in Oxford abgeschlossen hatte, entschied ich mich – der ich ursprünglich für die Kirche vorgesehen war!!! – für die Kunst und ging zu G.E. Street in die Lehre (dem Architekten, der später die neuen Law Courts baute). Er hatte damals in Oxford sein Büro. Aber ich blieb nur neun Monate dort. Als ich dann nach London ging und dort von dem Maler Burne-Jones, der mein enger Collegefreund war, mit Dante Gabriel Rossetti, dem Führer der Präraffeliten, bekannt gemacht wurde, entschloß ich mich, Maler zu werden, und studierte einige Zeit Kunst, jedoch ziemlich planlos.

„The Red House" von Philip Webb. Innenhof

Zu dieser Zeit machte das Wiederaufleben der gotischen Architektur in England große Fortschritte und berührte natürlich auch die Bewegung der Präraffaeliten. Ich stürzte mich mit aller Begeisterung in diese Bewegungen: Ich fand einen Freund, der mir ein Haus baute, ganz im mittelalterlichen Geist, wo ich dann fünf Jahre lang lebte, und machte mich an die Inneneinrichtung dieses Hauses. Wir, das heißt ich und besonders mein Freund, der Architekt, stellten fest, daß sich die angewandten Künste in einem völlig desolaten Zustand befanden, vor allem in England. Folglich machte ich mich 1861 mit dem Mut eines jungen Mannes daran, das alles zu reformieren. Ich gründete eine Art Firma, die kunsthandwerkliche Gegenstände herstellte. D.G. Rossetti, Ford Madox Brown, Burne-Jones und P. Webb, der Architekt meines Hauses, waren die führenden Mitglieder, was das Entwerfen betraf. Burne-Jones kam zu dieser Zeit zu Ruhm. Er machte sehr viele Entwürfe für Glasfenster und war bei der ganzen Angelegenheit mit vollem Herzen dabei. Wir machten bald einige Fortschritte, obwohl wir natürlich viel verspottet wurden. Ich faßte die Sache als Geschäft auf und versuchte, während der großen Anfangsschwierigkeiten, die man sich kaum vorstellen kann, einen Gewinn herauszuwirtschaften. Vor etwa zehn Jahren brach die Firma zusammen, und ich blieb als einziger von den Partnern übrig, obwohl ich noch immer Hilfe und Entwürfe von P. Webb und Burne-Jones erhalte.
In der Zwischenzeit, im Jahre 1851, gab ich einen Gedichtband heraus mit dem Titel „The Defence of Guenevere", der reichlich unreif und sehr mittelalterlich war. Nach einigen Jahren faßte ich den Plan zu meinem „Earthly Paradise" und begann, sehr hart daran zu arbeiten. Zu dieser Zeit erweiterte ich meine Lektüre historischer Schriften, indem ich Übersetzungen der alten norwegischen Literatur las, und ich fand, daß das ein guter Ausgleich war zur geschwätzigen Seite des Mittelalters. 1866 (glaube ich) veröffentlichte ich „Life and Death of Jason", das ursprünglich als eine Erzählung des „Earthly Paradise" vorgesehen war, dann aber dafür zu lang wurde. Zu meiner Überraschung kam das Buch sehr gut an, sowohl bei den Rezensenten als auch beim Publikum, das mein nächstes Werk, „The Earthly Paradise", dessen Folge ich 1868 veröffentlichte, noch wohlwollender aufnahm. Im Jahre 1872 publizierte ich ein phantastisches Buch, hauptsächlich Lyrik, unter dem Titel „Love is Enough". In der Zwischenzeit, um 1870, hatte ich die Bekanntschaft eines Herrn aus Island gemacht, E. Magnússon, von dem ich lernte, die nordische Sprache zu lesen, und mit dem ich viele Werke jener Literatur studierte. Ihre herrliche Frische und gedankliche Unabhängigkeit, diese Brise der Freiheit, die sie durchweht, und ihre Verherrlichung des Mutes (die große Tugend der Menschheit) und ihre außergewöhnliche

„Der Pilger im Garten". Wirkteppich aus der Morris-Werkstatt nach einem Entwurf von Edward Burne-Jones, 1901. Landesmuseum Karlsruhe

Jane Morris, 1865. Foto von D. G. Rossetti

William Morris, „La Belle Iseult". Ölgemälde 1858. Tate Gallery London

Ungezwungenheit eroberten mein Herz im Sturm. Mit Hilfe von Herrn Magnússon übersetzte und publizierte ich dann „The Story of Grettir the Strong", eine Reihe von Sagen (etwa sechs) unter dem Titel „Northern Love Stories" und schließlich die isländische Version der Nibelungensage, genannt die „Volsunga Saga".

1871 reiste ich mit Herrn Magnússon nach Island, und abgesehen von der Freude, diese romantische Wüste anzuschauen, lernte ich dort etwas, für immer, hoffe ich, daß nämlich die bedrückendste Armut ein geringfügiges Übel ist, verglichen mit der Ungleichheit der Gesellschaftsklassen. 1873 fuhr ich nochmals nach Island. 1876 veröffentlichte ich eine Übersetzung der „Aeneis" von Vergil, die recht gut aufgenommen wurde. 1877 begann ich an meiner letzten Dichtung zu arbeiten, einem Epos der Nibelungensage, das hauptsächlich auf der isländischen Version basiert. Ich veröffentlichte es 1878 unter dem Titel „Sigurd the Volsung and the Fall of the Nibelungs".

Während all dieser Zeit arbeitete ich hart in meinem Geschäft, das mir einen ansehnlichen Erfolg einbrachte, sogar von der wirtschaftlichen Seite her. Ich glaube, wenn ich in einigen Punkten meine Prinzipien vernachlässigt hätte, wäre ich ein ziemlich reicher Mann geworden. Aber selbst in der jetzigen Situation kann ich mich nicht beklagen, obgleich die Geschäfte in den letzten Jahren sehr flau waren.

Fast alle Muster, die wir für Innendekorationen verwenden, wie Tapeten, Stoffe und ähnliches, entwerfe ich selber. Ich hatte theoretisch und bis zu einem gewissen Grade auch praktisch die Techniken des Webens, des Färbens und des Stoffdruckens zu lernen. Ich muß gestehen, daß mir das alles viel Freude bereitete und noch bereitet.

Aber trotz dieses Erfolges, den ich hatte, bin ich mir wohl bewußt, daß die Kunst, die ich mitgeholfen habe zu schaffen, mit dem Tode von uns wenigen, die sich redlich darum bemüht haben, untergehen wird, daß eine Kunstreform, die auf dem Individualismus basiert, mit den Einzelpersonen untergehen muß, die sie ins Leben gerufen haben. Beides, meine historischen Studien und mein faktischer Konflikt mit dem Philistertum der modernen Gesellschaft, haben mich zu der Überzeugung *gezwungen*, daß Kunst keine echten Lebens- und Wachstumsmöglichkeiten im gegenwärtigen System der Kommerzialisierung und der Profitsucht haben kann. Ich habe versucht, diesen Standpunkt, der aus der Perspektive eines Künstlers tatsächlich sozialistisch ist, in verschiedenen Vorträgen darzulegen; den ersten hielt ich 1878.

Ungefähr zu der Zeit, als ich begann, ernsthaft über diese Probleme nachzudenken, so daß ich das Bedürfnis hatte, öffentlich darüber zu reden, entwikkelten sich die Krise um die „Östliche Frage" und der Aufruhr, der mit dem Sturz der Disraeli-Regierung endete. Ich schloß mich mit vollem Herzen den Argumenten der Liberalen an, denn ich hatte den Eindruck, daß England riskierte, in einen Krieg verwickelt zu werden, der das Land der reaktionären Partei ausliefern würde. Ich befürchtete ernstlich den Durchbruch eines Chauvinismus, der das Land überfluten könnte, und hatte Angst – wenn wir erst einmal in einen europäischen Krieg verwickelt sein würden –, daß niemand in diesem Lande noch sozialen Problemen Gehör schenken würde. Außerdem sah ich zu keiner Zeit in England eine Partei, die fortschrittlicher war als die Radikalen, die aber – daran muß erinnert werden – dadurch geheiligt waren, daß sie in Opposition standen zu der Partei, die sich offen als reaktionär bezeichnete. Ich machte mir kaum Illusionen im Hinblick auf die Folgen eines Sieges der Liberalen, allerdings würde ich erwarten, daß sie dann gegen den Strom des Chauvinismus ankämpfen und dem Gefühl von nationalem Haß und Vorurteil, für die ich stets die größte Verachtung empfand, Einhalt geböten. Aus diesem Grunde beteiligte ich mich aktiv an der Anti-Türkei-Agitation und arbeitete dort hart mit. Ich machte zu dieser Zeit die Bekanntschaft von einigen Gewerkschaftsführern, fand aber, daß sie ziemlich stark unter dem Einfluß kapitalistischer Politiker standen. Wenn die allgemeinen Wahlen einmal gewonnen wären, so würden sie keinen Schritt vorwärts machen. Die Bewegung und der Wunsch nach Wirksamkeit des neuen liberalen Parlaments, besonders das Zwangsgesetz (Coercion Bill) und der ägyptische Krieg der Börsenspekulanten, haben jegliche Hoffnung, die ich auf eine positive Tätigkeit in der Verbindung mit der radikalen Partei hegte, wie fortschrittlich sie sich auch immer nennen möge, zerstört.

Ich trat einem Komitee ... bei, das versuchte, Opposition gegen den Kurs hervorzurufen, den die Regierung und die Partei der Liberalen in den ersten Tagen dieses Parlamentes eingeschlagen hatten. Aber dieses Komitee fiel schnell auseinander, da es keine praktischen Grundsätze vorweisen konnte, die es hätten zusammenhalten können. Ich erwähne das, um verständlich zu machen, daß ich danach Ausschau hielt, irgendeinem Gremium beizutreten, das geeignet erschien, die sozialistischen Anliegen vorwärts zu treiben. Es muß darauf hingewiesen werden, daß ich immer bereit war, einer Gruppe beizutreten, die sich eindeutig sozialistisch verstand. Als mich im letzten Jahr Herr Hyndman einlud, der Democratic Federation beizutreten, nahm ich die Aufforderung an, in der Hoffnung, daß sich ihre Mitglieder für den

Sozialismus einsetzen würden, trotz einiger Hindernisse, die ich dort anzutreffen glaubte. Aber ich fand dann doch weniger Nachteile, als ich erwartet hatte.

Ich hätte oben erwähnen sollen, daß ich im Jahre 1859 heiratete und daß aus dieser Ehe zwei Töchter hervorgingen, die viel Verständnis für meine Lebensziele zeigen.

William Morris: A Rather Long-Winded Sketch of My Very Uneventful Life. From a letter of 5 September 1883, hier aus:
Asa Briggs (Hrsg.): William Morris. Selected Writings and Designs, Harmondsworth 1962, S. 29-30 (Brief vom 5. September 1883 an den österreichischen Flüchtling und sozialistischen Genossen Andreas Scheu). Übersetzt von Gerda Breuer.

2. Die Schönheit des Lebens

Die Gefahr, daß der gegenwärtige Gang der Zivilisation die Schönheit des Lebens zerstören wird – das sind harte Worte.
Es scheint in der Tat ausgeschlossen zu sein, daß die Kunst Allgemeingut wird, außer unter der Bedingung, daß sie wenig sich ihrer selbst bewußt ist und zum größten Teil mit geringer Anstrengung ausgeübt wird; so daß die grobe Arbeit der Welt so wenig dadurch gehindert wird, wie das Werk der äußeren Natur durch die Schönheit alle ihrer Formen und Weisen zu gestalten: Dies war in den Zeiten der Fall, von denen ich gesprochen habe: Kunst, die durch bewußte Anstrengung hervorgebracht wurde, die das Ergebnis des individuellen Strebens ganz besonders begabter Männer nach vollkommenem Ausdruck ihrer Gedanken war, gab es damals vielleicht nicht mehr als heute, außer in ganz außergewöhnlichen, kurzen Zeiten; obwohl ich glaube, daß selbst für diese Männer der Kampf, Schönheit hervorzubringen, nicht so hart war, als er es jetzt ist. Aber wenn es damals nicht mehr große Denker gab, als es jetzt gibt, war doch eine zahllose Menge glücklicher Arbeiter vorhanden, in deren Werk irgendwelcher orginelle Gedanke zum Ausdruck kam und zum Ausdruck kommen mußte und das infolgedessen sowohl schön als auch interessant war; nun ist sicherlich keine Aussicht dazu vorhanden, daß die individuelle Kunst etwas Allgemeines wird und uns entweder dadurch, daß sie im Überfluß vorhanden ist, ermüdet oder durch geräuschvolle Anmaßung Hochgebildete hindert, das ihnen zukommende Teil der andern Arbeit in der Welt auf sich zu nehmen; sie ist zu

Baumwolldruck „Tulip" nach einem Entwurf von William Morris, um 1875

Jacquard-Webstühle in den Werkstätten von Morris & Co in Merton Abbey, Surrey

Arbeit am Hochrahmen für einen Wirkteppich aus der „Holy-Grail"-Serie, ausgeführt in der Werkstatt von Morris & Co in Merton Abbey, Surrey

Katalog-Abbildung von Sussex-Stühlen von Morris & Co, Merton Abbey

schwierig auszuführen: Sie wird immer nur die Blüte all der halb-bewußten, darunter stehenden Arbeit sein, die Vollendung des Mangelhaften, das weniger vollkommene Geister hervorbringen; aber es geht viel von ihrer Kraft verloren und sie übt weit weniger Einfluß auf den menschlichen Geist aus, wenn nicht rings um sie in reichem Maße jene gewöhnliche Arbeit vollbracht wird, an der einst Menschen teilhatten, und die, sage ich, wenn die Kunst wirklich wieder erwacht ist, so leicht und beständig getan werden wird, daß sie niemand im Weg stehen und ihn hindern wird, zu tun, was er will, Gutes und Böses. Und wie ich einerseits glaube, daß die vom Volk und für das Volk geschaffene, dem Hersteller wie dem Benutzer zur Freude dienende Kunst den Fortschritt in anderen Dingen eher fördern als hindern wird, so glaube ich auch andererseits fest, daß jene höhere Kunst, die nur durch große Geister und Hände, die mit Wundergaben ausgestattet sind, hervorgebracht wird, nicht ohne sie leben kann: Ich glaube, daß der gegenwärtige Zustand, bei dem sie lebt, während die Volkskunst, sagen wir, schläft oder krank ist, ein Übergangszustand ist, der entweder mit einer völligen Niederlage oder einem vollständigen Sieg der Kunst enden muß. Denn während der Handwerker einst alles, was er machte, schön machte, ob mit Bewußtsein oder nicht, bringt er jetzt zweierlei Arbeit hervor, Werke, die Kunstwerke, und Werke, die keine Kunstwerke sind.
(...)
Die Sache steht so: Von den ersten schwachen Anfängen der Geschichte bis in die neuere Zeit erfüllte die Kunst, welche die Natur dazu bestimmt hat, alle zu trösten, ihren Zweck; alle Menschen hatten teil daran: das machte das Leben in jener Zeit romantisch, wie es die Leute zu nennen pflegen; dies und nicht Raubritter und unzugängliche Könige mit ihrer unter ihrer Herrschaft stehenden Umgebung von Edlen und ähnliche Erscheinungen ohne Wert: aber die Kunst wuchs und wuchs, sah Reiche verfallen und verfiel mit ihnen; wurde wieder gesund und gesünder, und schließlich so groß, daß sie tatsächlich alles besiegt und die sinnliche Welt sich untertan gemacht zu haben schien. Dann kam ein Wechsel zu einer Zeit, zu der sich in vieler Hinsicht Leben und Hoffnung im höchsten Maße, das Europa bis dahin gekannt hatte, regte: Eine so von Hoffnung und von so verschiedenartiger Hoffnung erfüllte Zeit, daß sie die Leute die Zeit der Wiedergeburt nennen; was die Künste anlangt, spreche ich ihr diese Benennung ab; es kommt mir eher so vor, als ob die großen Männer, die in jenen Tagen lebten und durch welche die Ausübung der Kunst zu etwas Erhabenem wurde, die Frucht der alten, nicht die Saat der neuen Ordnung der Dinge waren ...
(...)

Als der Glanz der sogenannten Renaissance erlosch, und er erlosch sehr plötzlich, fiel ein tödlicher Frost auf die Künste: jene Wiedergeburt bedeutete in der Hauptsache ein Zurückschauen auf vergangene Zeiten, worin die Menschen jener Tage die Kunst in einer Vollkommenheit zu erblicken glaubten, die nach ihrer Ansicht sich durch ihre Art und nicht allein ihren Grad von der gröberen andeutenden Kunst ihrer eigenen Väter unterschied: diese Vollkommenheit nachzuahmen war ihr Ehrgeiz, diese allein schien ihnen Kunst zu sein, das übrige war kindliche Spielerei: und in so bewunderungswürdiger Weise regten sie ihre Kraft, so groß war ihr Erfolg, daß es ohne Zweifel den gewöhnlichen Geistern unter ihnen, obwohl sicherlich nicht den großen Meistern, so vorkam, als ob jene Vollkommenheit erreicht wäre...

Was nun die Volkskunst betrifft, so ging die in Ländern und Orten, wo die größere Kunst am meisten geblüht hatte, Schritt für Schritt mit dieser abwärts: in entlegenen Ländern, England zum Beispiel, fühlte sie noch den Einfluß ihrer früheren glücklichen Tage und lebte in gewisser Weise eine Zeitlang fort; aber das Leben in ihr war so schwach und sozusagen unlogisch, daß es keinem Wechsel in den äußeren Umständen widerstehen, noch weniger etwas Neuem Leben geben konnte; und ehe dieses Jahrhundert begann, war ihr letztes Flackern verlöscht. Doch während sie, in welchem altersschwachen Zustand auch, noch lebte, schloß dies ein gewisses Fortschreiten in jenen Dingen des täglichen Gebrauchs, an die wir gedacht haben, in sich, und sie befriedigte ohne Zweifel das Sehnen nach Schönheit; und als ihr Tod eingetreten war, wußten die Leute lange nicht, wer oder was ihren Platz eingenommen hatte, sozusagen in ihren toten Körper gekrochen war – jene Scheinkunst nämlich, die durch Maschinen hervorgebracht wird, obwohl die Maschinen bisweilen Menschen genannt werden und dies ohne Zweifel außerhalb der Arbeitsstunden sind: trotzdem war sie, lange bevor sie völlig tot war, so tief gesunken, daß sie gewöhnlich von jedem, der irgendwie für einen verständigen Menschen angesehen werden wollte, mit der äußersten Verachtung behandelt wurde, und, um es kurz zu sagen, es der ganzen zivilisierten Welt aus dem Gedächtnis kam, daß es jemals Kunst gegeben hatte, die von dem Volk für das Volk, dem Hersteller wie dem Benutzer zur Freude geschaffen wurde.

Was haben wir darum zu tun, daß uns Überlieferungen aus vergangener Zeit erhalten bleiben und wir nicht eines Tages wieder von vorn, ohne etwas zu unserer Belehrung zu haben, beginnen müssen?

In erster Linie wird im ganzen zivilisierten Europa sowohl wie in England manches alte, schöne Gebäude zerstört, weil angenommen wird, daß der

Bequemlichkeit der Bürger dadurch Einbuße geschieht, während ein wenig Vorbedacht es retten könnte, ohne daß die Bequemlichkeit beeinträchtigt würde.
(...)
Aber ehe ich auf einen anderen Gegenstand übergehe, muß ich ein oder zwei Worte über eine seltsame Erfindung unserer eigenen Tage sagen, die Wiederherstellung genannt wird ... lassen Sie mich nur folgende Sätze aufstellen:
Daß alte Gebäude, die sowohl Kunstwerke als auch Denkmäler sind, offenbar mit großer Sorgfalt und Vorsicht behandelt werden müssen; daß die heutige nachahmende Kunst nicht dasselbe ist und sein kann wie die alte Kunst und jene nicht zu ersetzen vermag; und daß wir darum, wenn wir die heutige Arbeit zu der alten hinzutun, diese als ein Kunstwerk wie auch als ein geschichtlich Überliefertes zerstören: und endlich, daß der natürliche Einfluß auf die Außenseite eines Gebäudes dieses schön macht und die Verwischung dieser Spuren von Übel ist. Nun glauben die Restauratoren das gerade Gegenteil von alledem: Sie sind der Meinung, daß heute jeder geschickte Architekt ohne weiteres sich mit Erfolg mit der alten Arbeit befassen kann; daß, während sich sonst alle Dinge um uns seit dem (sagen wir) dreizehnten Jahrhundert geändert haben, sich die Kunst nicht geändert hat und daß unsere Handwerker Arbeit liefern können, die genau der des dreizehnten Jahrhunderts entspricht: und endlich, daß die verwitterte Außenseite eines alten Gebäudes wertlos ist, und man sich ihrer womöglich entledigen muß.
Sie sehen, die Sache ist schwierig zu erörtern, weil es keinen gemeinsamen Boden für die Restauratoren und ihre Gegner zu geben scheint: Ich wende mich darum an das Publikum und bitte es zu beachten, daß, obwohl unsere Ansichten vielleicht falsch sind, das Vorgehen, zu dem wir raten, nicht unbedacht ist: lassen Sie die Sache vorderhand ruhen: wenn, wie wir es den Leuten immer dringend ans Herz legen, in der gehörigen Weise für diese Denkmäler Sorge getragen wird, so daß sie nicht in Verfall geraten, werden sie noch immer zum „Restaurieren" da sein, wenn es die Leute für angezeigt halten, und wenn sich herausgestellt hat, daß wir Unrecht haben: Aber wenn sich zeigen sollte, daß wir recht haben, wie sollen die „restaurierten Bauten" restauriert werden? Ich bitte Sie darum, die Sache ruhen zu lassen, bis die Kunst unter uns so weit vorgeschritten ist, daß wir endgültig entscheiden können, bis es keinen Zweifel darüber mehr gibt.
Und was nun die Verordnung, den Rauch betreffend, selbst anbelangt: Ich weiß nicht, welche Aufmerksamkeit Sie ihr hier in Birmingham schenken,

aber ich habe selbst gesehen, welche Beachtung sie anderswo findet; in Bradford zum Beispiel: obwohl die Bradforder in nächster Nähe in Saltaire ein Vorbild haben, das, wie ich denken sollte, sie beschämen müßte; denn der gewaltige Schornstein da, welcher der Unmasse von Web- und Spinnvorrichtungen des Herrn Titus Salt und seiner Brüder dient, raucht so wenig wie ein gewöhnlicher Küchenschornstein. Oder in Manchester: Ein Herr aus jener Stadt sagte mir, daß die Verordnung, den Rauch betreffend, ein bloßer toter Buchstabe dort sei: nun, die Leute kaufen Bilder in Manchester und erklären, daß sie die Kunst zu fördern wünschen: Aber sie sehen, daß dies seitens der Reichen ein leeres Vorgeben ist. (...) Ich will es nun den Wohlhabenden und Einflußreichen unter uns überlassen, wie gewissenhaft sie es damit nehmen wollen, und von einem geringeren Übelstand reden, den zu beseitigen in der Macht eines jeden von uns liegt, und welcher, so klein er ist, so lästig fällt, daß, wenn ich durch meine Worte zwanzig von Ihnen dazu bringen kann, darauf zu achten, ich mit dem, was ich heute abend ausgerichtet habe, zufrieden sein will.
Ich muß Sie weiter fragen, was tun Sie mit den Bäumen auf einem Platz, der bebaut werden soll? Suchen Sie die zu erhalten, überhaupt Ihre Häuser ihnen anzupassen? Ist es Ihnen klar, welchen Wert Sie in einer Stadt oder Vorstadt haben? Oder wie Sie die häßlichen Hundelöcher heben werden, die (verzeihen Sie mir!) Sie wahrscheinlich an ihrer Stelle bauen werden? Ich frage dies mit Bangen und bin innerlich betrübt dabei, denn in London und seinen Vorstädten ist immer das erste, was wir mit einem Bauplatz tun, daß wir ihn säubern, bis er so kahl wie das Pflaster ist.
(...)
Bitte, vergessen Sie nicht, daß jemand, der einen Baum, besonders in einer großen Stadt und ihren Vorstädten, leichtfertigerweise und unbedacht fällt, nicht behaupten darf, ein Kunstfreund zu sein.
Was können wir noch tun, um uns und andere dazu zu erziehen, auf dem Pfad der Kunst zu wandeln, auf den Weg zu kommen, der zu einer vom Volke für das Volk geschaffenen Kunst, die dem Hersteller und dem Benutzer zur Freude dient, führt?
Denn ich muß Ihnen sagen, daß, wenn Sie nicht entschlossen sind, zu einer guten und vernünftigen Architektur zu gelangen, Ihr Streben nach Kunst überhaupt fruchtlos ist. Ich habe von den volkstümlichen Künsten gesprochen, aber sie können alle in das eine Wort Architektur zusammengefaßt werden.
(...)

Die Architektur würde uns zu allen Künsten führen, wie sie früher die Menschen dazu geleitet hat: Aber wenn wir sie mißachten und uns nicht darum kümmern, wie wir wohnen, haben die Künste allerdings einen harten Stand ... Einfachheit und Echtheit sind in allererster Linie erforderlich dazu.
Aber einige glauben, wie ich weiß, daß gerade die Erreichung des Komforts den Unterschied zwischen Zivilisation und Nichtzivilisation ausmacht, daß Komfort die eigentliche Zivilisation darstellt. Ist es wirklich so? Dann lebe wohl, meine Hoffnung! – Ich hatte geglaubt, daß Zivilisation die Erreichung von Frieden und Ordnung und Freiheit, Wohlwollen zwischen Mensch und Mensch, Liebe zur Wahrheit und Haß gegen Ungerechtigkeit bedeutete, und infolgedessen jenes gute Leben, das jene Dinge nach sich ziehen, ein Leben frei von kampfunlustiger Furcht, aber reich an Geschehnissen: Das war es, was ich glaubte, was Zivilisation bedeutet, nicht mehr gepolsterte Stühle und mehr Kissen und Teppiche und Gas und lecker zubereitetes Essen und Trinken und damit mehr und schärfere Unterschiede zwischen Klasse und Klasse.
Glauben Sie mir, wenn wir wollen, daß die Kunst aus unserem Hause ihren Ausgang nimmt, ... müssen wir aus unseren Häusern die störenden, überflüssigen Gegenstände entfernen, die uns immerfort im Wege sind: Den Komfort, den wir um uns haben, weil es die Sitte so verlangt, der kein wirklicher Komfort ist und nur den Dienstboten und Ärzten Arbeit macht: Wenn Sie eine goldene Regel haben wollen, nach der sich jedermann richten kann, so ist es die: „Haben Sie nichts in Ihren Häusern, wovon Sie nicht wissen, daß es nützlich, und wovon Sie nicht glauben, daß es schön ist."
(...)
Vielleicht stelle ich Ihre Geduld nicht auf eine zu harte Probe, wenn ich Ihnen auseinandersetze, was nach meiner Ansicht zur notwendigen Ausstattung des Wohnzimmers einer gesunden Person gehört: ... Zunächst ein Bücherschrank, der eine große Menge Bücher enthält: dann ein Tisch, der sicher steht, wenn Sie daran schreiben oder arbeiten: ferner verschiedene Stühle, die Sie von einem Ort zum anderen bringen, und eine Bank, auf der Sie sitzen oder liegen können: Dann ein Speiseschrank und Schubkästen; ferner müssen Sie, wenn der Bücherschrank oder der Speiseschrank nicht sehr schön mit Malerei oder Schnitzerei verziert sind, sich Bilder und Stiche anschaffen, soweit Ihre Mittel Ihnen das erlauben, nur keine Lückenbüßer, sondern wirkliche Kunstwerke und an den Wänden anbringen; andernfalls muß die Wand selbst mit irgendwelchen schönen und ruhigen Mustern verziert werden: Auch müssen wir eine Vase oder zwei haben, um Blumen hin-

ein zu tun, welch letztere Sie bisweilen haben müssen, besonders, wenn Sie in einer Stadt leben. Dann gehört natürlich ein Kamin ins Zimmer, der in unserem Klima notwendigerweise der Hauptgegenstand darin ist. Weiter brauchen wir nichts.
(...)
Alle Kunst geht von dieser Einfachheit aus; und je erhabener die Kunst, desto größer die Einfachheit.

William Morris: The Beauty of Life, 1880, hier aus: William Morris: Die Schönheit des Lebens, Leipzig 1902.

3. Die Aussichten der Architektur in der Zivilisation

(...) Keinem von Ihnen kann unbekannt sein, was die Vernachlässigung der Künste diesem hohen Gut der Menschheit angetan hat: Die Erde, die voll Schönheit war, bevor der Mensch auf ihr lebte, die viele Zeitalter hindurch in dem Maße an Schönheit zunahm wie der Mensch an Zahl und Macht, wird nun Tag für Tag häßlicher und am schnellsten dort, wo die Zivilisation am mächtigsten ist. Das ist ganz gewiß, niemand kann es leugnen. Sind Sie zufrieden, daß dem so ist?
Sicherlich gibt es unter uns wenige, die diesen entwürdigenden Wechsel nicht persönlich empfunden haben. Ich glaube, Sie werden mich meist nur zu gut verstehen, wenn ich Sie auffordere, sich des Gefühls der Bangigkeit zu erinnern, das über uns kommt, wenn wir ein Fleckchen Erde auf dem Lande wieder besuchen, das uns früher besonders sympathisch war, das uns nach der Arbeit erfrischt, dessen Anblick nach Unruhe und Kummer uns besänftigt hat, aber wo wir jetzt, sobald wir in die Straße einbiegen oder vom Kamm des Hügels hinabblicken, als erstes das unvermeidliche blaue Schieferdach sehen und dann den schmierigen lehmfarbenen Stuck oder die aus schlecht gefertigten Backsteinen erbauten Mauern der neuen Gebäude; und wenn wir dann beim Näherkommen wahrnehmen, wie nüchterne und nach etwas aussehen sollende Gärten und gräßliche Gitter aus Gußeisen und elende schmutzige Nebengebäude sich zwischen die lieblichen Wiesen und die in unserem ruhigen alten Flecken reichlich vorhandenen Baumhecken drängen, verläßt uns da nicht der Mut und werden wir dann nicht von einer ... Bestürzung geplagt, wenn wir bedenken, wie wenig Achtlosigkeit es bedarf, um eine Welt der Freude und des Entzückens zu zer-

stören, die nun, was immer geschehen mag, nie wieder zurückgewonnen werden kann.

(...)

Und sind Sie zufrieden, daß wir all dies verlieren sollten; diese einfache, harmlose Schönheit, die keinem Menschen im Wege stand und keinen Menschen störte und die die natürliche Schönheit der Erde erhöht hat, statt sie zu zerstören?

(...)

... lassen Sie mich daran erinnern, wie es der Schönheit der Erde ergeht, wenn ein großes Haus in der Nähe unserer Wohnung, das die vielen Wechselfälle einer Kaufmannsvilla, einer Schule, eines Krankenhauses und was weiß ich sonst noch durchgemacht hat, schließlich in bares Geld umgesetzt und an A verkauft wird, der es an B verpachtet, der Häuser darauf baut, die er an C verkauft, der sie wiederum an D vermietet, und so weiter im Alphabet: Nun, das alte Haus fällt; das war zu erwarten, und vielleicht macht Ihnen das nicht viel aus; es war ja nie ein Kunstwerk, war ohne Aufwand von Geist und Phantasie, aber solide und anspruchslos gebaut; aber während man noch beim Abriß ist, hören Sie die Axt an den Bäumen seines großzügigen Gartens, an dem nur vorbeizugehen schon eine helle Freude war und in dem Mensch und Natur so lange und geduldig gemeinsam zum Wohle der Nachbarn gearbeitet hatten: Sie sehen, wie Jungen große blütenübersäte Äste des Maibaums durch die Straßen schleifen, und Sie wissen, was geschehen wird; wenn Sie am nächsten Morgen aufstehen, schauen Sie zu der großen Platane hinüber, die Ihnen in Sonne, Regen und Wind so lange Zeit ein so guter Freund war, eine Welt für sich, voller Ereignisse und Schönheit: aber jetzt ist dort eine Lücke und keine Platane mehr; am nächsten Morgen sind die großen ausladenden dunklen Etagen, die die Zeder ausstreckt, wahre Schätze an Schönheit und Romantik, an der Reihe. Vielleicht haben Sie noch die schwache Hoffnung, daß das dichte Fliedergebüsch neben Ihrem Haus verschont bleibt, da die neuen Nachbarn ja vielleicht Flieder mögen: aber am Nachmittag ist auch das verschwunden; und am nächsten Tag, wenn Sie mit wundem Herzen hinüberschauen, finden Sie den einst so schönen Garten in ein armseliges zertrampeltes Lehmgelände verwandelt, und alles ist vorbereitet für die jüngste Errungenschaft viktorianischer Architektur – die schließlich in der üblichen Frist (in zwei Monaten) aus dem Trümmerhaufen ersteht.

(...)

Blicken Sie sich doch einmal die Häuser an (Sie haben die Wahl unter vielen)! Ich will nicht entscheiden, ob sie schön sind; denn Sie sagen, es küm-

mere Sie nicht, ob sie schön seien oder nicht: aber schauen Sie doch nur einmal den jämmerlichen Pfennigskram von Material, von Räumlichkeiten, von Ausschmückung an, den man Ihnen anbietet! Wenn sich darin auch nur eine Spur von Großzügigkeit, ehrlichen Stolzes oder des Wunsches zu gefallen finden ließe, würde ich alles vergeben, aber davon ist keine Spur, nicht die kleinste, zu erkennen!
Haben Sie dafür Ihre Zedern und Platanen und Maibäume geopfert, welche Ihnen, wie ich fest glaube, wirklich lieb waren. Sind Sie befriedigt?
(...)
Das war damals [d.h. in jenen früheren Zeiten, Einfügung der Übersetzerin] der natürliche Lauf der Dinge: Die Menschen konnten einfach, wenn sie bauten, nichts anderes tun, als der Welt Schönheit zum Geschenk zu machen; aber jetzt ist alles verkehrt, und wenn die Menschen heutzutage bauen, müssen sie einfach eines jener Geschenke voll Schönheit, das die Natur oder ihre eigenen Vorväter der Welt gemacht hatten, hinweggraffen.
Es ist in der Tat verwunderlich und kann uns bestürzt machen, daß sich diese Entwicklung im Zuge der Vervollkommnung der Zivilisation ergeben hat; so verwirrend, daß es manchem erscheint, als ob die Zivilisation ihre eigenen Kinder äße und die Kunst zuerst.

William Morris: The Prospects of Architecture in Civilization, 1881, in: The Collected Works of William Morris, London 1910-15, S. 120-152, hier aus: William Morris: Die Aussichten der Architektur in der Zivilisation, Leipzig 1902.

4. Wie wir leben und wie wir leben möchten

(...) Ich habe davon gesprochen, daß Maschinen freizügig dazu benutzt werden sollten, Menschen von mehr mechanischer und abstoßender, jedoch notwendiger Arbeit zu befreien. Nun weiß ich, daß es kultivierte Menschen gibt, Menschen mit künstlerischem Bewußtsein, denen Maschinen besonders widerlich sind. Sie werden behaupten, solange es Maschinen gibt, würde man nie eine angenehme Umgebung schaffen. Ich bin nicht ganz ihrer Meinung. Es ist vielmehr die Tatsache, daß wir Maschinen gestatten, unsere Herren zu sein und nicht unsere Diener, die die Schönheit unseres Lebens so bedroht. Mit anderen Worten, es ist dies der Kern eines schrecklichen Verbrechens, daß wir die Kontrolle über die Natur zu dem Zweck benutzen,

Menschen zu versklaven. Wir merken dabei schon nicht mehr, wieviel Glück dem menschlichen Leben entzogen wird.
Zur Beruhigung der Künstler will ich aber sagen, daß ein Zustand sozialer Ordnung zuerst zu einer Entwicklung der Maschinen führen würde, die für wirklich nützliche Zwecke gebraucht werden könnten, und zwar deshalb, weil die Menschen noch Probleme damit haben, wie sie die zum Zusammenhalt der Gesellschaft erforderliche Arbeit bewältigen sollen. Nach einiger Zeit werden sie aber feststellen, daß gar nicht so viel Arbeit da ist, wie sie erwartet haben ... und daß sie dann entsprechend Muße haben, das Problem noch einmal zu überdenken. Wenn sie dann zu der Überzeugung kommen sollten, daß sich eine bestimmte Tätigkeit mit größerer Genugtuung für den Arbeiter und mit günstigeren Ergebnissen im Hinblick auf die Qualität der Erzeugnisse besser durch Hand- als durch Maschinenarbeit erledigen läßt, werden sie bestimmt die entsprechenden Maschinen aufgeben. Dann ist es möglich für sie, so vorzugehen. Jetzt ist das noch nicht der Fall. Wir haben noch nicht die Freiheit, so zu handeln. Wir sind Sklaven der Untiere, die wir uns geschaffen haben. Aber ich habe ein bißchen Hoffnung, daß gerade die Vervollkommnung der Maschinen in einer Gesellschaft, die nicht unbedingt auf die Vermehrung der Arbeit aus ist, sondern auf Vermehrung des Lebensgenusses, schließlich zu einer Vereinfachung des Lebens und somit auch zu einer Begrenzung der Zahl der Maschinen führen wird.

William Morris: How we live and how we might live, 1888, hier aus: Asa Briggs (Hrsg.): William Morris. Selected Writings and Designs, Harmondsworth 1962, S. 158-179. Übersetzt von Gerda Breuer.

5. Nachrichten von Nirgendwo oder ein Zeitalter der Ruhe. Einige Kapitel aus einer utopischen Romanze

Eines Abends kam es in der Liga zu einer heftigen Diskussion darüber, was nach der Revolution geschehen würde, so erzählte ein Freund, was schließlich dazu führte, daß einige Mitglieder eine ausführliche Darlegung ihrer Sicht der Zukunft in einer voll entwickelten neuen Gesellschaft wiedergaben.
(...)
In einer Sektion, erzählte unser Freund, saß ein Mann, den er sehr gut kannte, anfangs fast schweigend da, wurde aber schließlich in die Diskussion hineingezogen, brüllte am Ende laut und beschimpfte die anderen als Nar-

ren. Danach ging es eine Zeitlang recht geräuschvoll zu, dann trat eine Stille ein, woraufhin sich die besagte Sektion freundschaftlich verabschiedete und sich heimbegab in die westliche Vorstadt und dabei das Verkehrsmittel benutzte, das die Zivilisation uns aufgezwungen und zur Gewohnheit gemacht hat. Als er [William Guest] in dem Dampfbad abgehetzter und unzufriedener Menschheit, in einem Waggon der Untergrundbahn, saß und, wie andere, mißvergnügt schmorte, wägte er, ärgerlich auf sich selbst, viele ausgezeichnete und überzeugende Argumente ab, die er in die eben erlebte Diskussion hätte einbringen können, obwohl sie ihm bestens bekannt waren....
„Wenn ich nur einen Tag davon erleben könnte", sagte er zu sich selbst. „Wenn ich es nur erleben könnte!"
(...)
[William Guest träumt des Nachts einen utopischen Zustand herbei, der vom Erzähler anschließend in der Ich-Form nacherzählt wird. Guest träumt, daß er mit dem ersten Menschen, den er traf, dem Fährmann Dick, durch das England des 21. Jahrhunderts reist.]

Wir wandten uns sofort vom Fluß ab und befanden uns bald auf der Hauptstraße, die durch Hammersmith führt. Aber ich hätte keine Ahnung gehabt, wo ich mich befand, wenn ich nicht vom Flußufer aus losgegangen wäre, denn die King Street war verschwunden und die Straße verlief durch ausgedehnte sonnige Wiesen und gartenähnliche Äcker. Der kleine Bach, den wir sogleich überquerten, war von seiner gemauerten Einfassung befreit worden, und als wir über die hübsche Brücke fuhren, erblickten wir auf dem durch die Flut aufgestauten Wasser bunte Boote unterschiedlicher Größe. Dort waren auch Häuser verstreut zu sehen, einige entlang der Straße, andere wiederum inmitten der Felder, zu denen angenehme Wege führten, und jedes Haus war von einem üppigen Garten umgeben. Sie hatten alle eine schöne Bauform und waren sehr solide, wirkten jedoch ländlich wie die Häuser kleiner Grundbesitzer. Einige waren aus rotem Backstein gebaut wie die am Fluß, die meisten aber waren Fachwerkhäuser mit verputzten Gefachen, die wegen ihrer Konstruktion an mittelalterliche Häuser gleichen Materials erinnerten, so daß ich mich ins 14. Jahrhundert versetzt sah – ein Gefühl, das noch verstärkt wurde durch die Kleidung der Leute, denen wir begegneten oder an denen wir vorbeifuhren, an denen nichts „Modernes" war. Fast jeder war prächtig gekleidet, besonders die Frauen, die so gut aussahen oder gar so schön waren, daß ich mich kaum zurückhalten konnte, meinen Begleiter auf sie aufmerksam zu machen. Ich bemerkte einige nachdenkliche Gesichter, in denen ein Ausdruck großer Würde lag, doch auf

keinem lag ein Schimmer von Unglück, und die meisten (wir begegneten ziemlich vielen Menschen) zeigten offene und unverhohlene Freude.
Ich dachte, an der Lage der Straßen, die immer noch zusammentrafen, den Broadway zu erkennen. An seiner Nordseite befand sich eine Reihe von Gebäuden, die zwar niedrig waren, aber sehr angenehm gebaut und ornamentiert. Auf diese Weise stellten sie einen großen Kontrast zu den unprätentiösen Häusern ringsum dar. Es erhob sich über den niedrigen Häusern ein steiles bleigedecktes Dach über Strebepfeilern und dem oberen Teil der Wand einer großen Halle in einem herrlichen und großzügigen Baustil, von dem man kaum mehr sagen konnte, als daß es für mich die besten Merkmale der nordeuropäischen Gotik mit dem sarazenischen und byzantinischen Stil verband, ohne dabei in irgendeine Form des Kopierens zu verfallen. Auf der anderen, der Südseite der Straße, stand ein achteckiger Bau mit einem hohen Dach, ähnlich dem Baptisterium in Florenz, einmal abgesehen davon, daß er von einem Anbau umschlossen wurde, offensichtlich einem Bogen- oder Kreuzgang, ebenfalls äußerst fein verziert.
Die vielen Bauwerke, auf die wir, von den erquicklichen Feldern kommend, so plötzlich stießen, waren nicht nur ausnehmend schön, sondern strahlten auch eine derartige Großzügigkeit aus und zeigten eine Lebensfülle, daß mich eine solche Heiterkeit überkam, wie ich sie noch nie empfunden hatte. Ich schüttelte mich fast vor Freude. Mein Freund schien das zu verstehen, denn er saß dort und schaute mich zufrieden und mit wohlwollender Teilnahme an.
(...)
Wir fuhren ein wenig weiter, und ich blickte nach rechts und sagte in recht zweifelndem Ton: „Warum ist denn da das Parlamentsgebäude? Benutzen Sie das denn noch?" Er brach in Gelächter aus, und es dauerte eine Weile, bis er sich wieder gefangen hatte. Dann klopfte er mir auf den Rücken und meinte: „Ich verstehe Sie, Nachbar. Es mag Sie wirklich verwundern, daß wir es stehengelassen haben. Ich weiß einiges darüber, mein alter Urgroßvater hat mir Bücher über das seltene Spiel gegeben, das man dort spielte. Ob wir es noch benutzen! Nun ja, als eine Art Nebenmarkt und Lagerhalle für Dung. Es eignet sich gut dafür, weil es am Flußufer liegt. Ich glaube, ganz zu Anfang unseres Jahrhunderts wollte man es abreißen, doch es gab, wie ich hörte, eine seltsame „antiquarian society", die sich in der Vergangenheit gewisse Verdienste erworben hatte und die sofort ihre Stimme gegen die Zerstörung des Parlamentsgebäudes erhob, wie auch gegen den Abriß anderer Gebäude, die für die meisten wertlos waren und die sie als öffentliches Ärgernis betrachteten. Ihr Einspruch war so energisch und hatte so triftige

Gründe vorzuweisen, daß sie allgemein ihr Ziel erreichte, und ich muß sagen, daß ich alles in allem froh darüber bin: denn schlimmstenfalls dienen diese lächerlichen alten Gebäude als eine Art Kontrastfolie zu den schönen Gebäuden, die wir heute errichten. Sie werden noch verschiedene andere in dieser Gegend zu sehen bekommen, z.B. das Haus, in dem mein Urgroßvater lebte, und ein großes Gebäude, das St. Paul's Cathedral heißt. Sehen Sie, was das anbetrifft, brauchen wir keinen Anstoß daran zu nehmen, daß ein paar armselige Gebäude stehengeblieben sind, weil wir immer die Möglichkeit haben, anderswo zu bauen. Darüber hinaus brauchen wir uns nicht zu sorgen, daß keine angenehme Arbeit mehr entstehen wird, denn in einem neuen Gebäude gibt es ständig mehr zu tun, ohne daß es protzig ausfällt. Ich empfinde beispielsweise Bewegungsfreiheit innerhalb eines Hauses als etwas so Wunderbares, daß ich geneigt wäre, dafür Außenraum zu opfern, wenn es sein müßte. Dann ist da natürlich noch die Frage des Ornaments, mit denen man es zugegebenermaßen an reichen Wohnhäusern leicht übertreiben kann, doch kaum an Versammlungssälen, Märkten und so weiter. Allerdings muß ich Ihnen sagen, daß mein Urgroßvater mich manchmal für etwas überzogen hält, was meine Vorliebe für schöne Bauten anbetrifft. Aber ich glaube wirklich, daß die Fähigkeit des Menschen zu arbeiten ihm vor allem bei dieser Arbeit zugute kommt, denn hier scheint die Arbeit nie zuende zu gehen, während sie auf vielen anderen Gebieten ihre Grenzen haben könnte."
[Die Reise soll nun wieder zurück aufs Land gehen.]

Ich verspürte Lust zu sagen, daß ich den Weg dorthin ja gar nicht kenne und daß uns die Bewohner des Flußufers hier führen sollten; doch fast ohne meinen Willen bewegten sich meine Beine den erhöht gelegenen Weg entlang, den sie kannten. Er führte uns auf ein kleines Feld, dessen eine Seite von einem toten Nebenarm des Flusses begrenzt wurde. Auf der rechten Seite konnten wir eine Gruppe kleiner alter und neuer Häuser sehen und vor uns eine Scheune aus grauem Stein und eine Mauer, die teilweise mit Efeu bewachsen war und über die ein paar graue Giebel hervorragten. Die Dorfstraße endete am seichten Ende des bereits erwähnten toten Nebenarms. Wir überquerten die Straße, und wiederum fast ohne meinen Willen öffnete meine Hand den Riegel einer Tür in der Mauer, und wir standen sogleich auf einem gepflasterten Weg, welcher uns zu dem alten Haus führte, zu dem mich das Schicksal in Gestalt von Dick in dieser neuen Welt auf so seltsame Weise gebracht hatte. Meine Begleiterin stieß einen Seufzer vor freudiger Überraschung aus, und das verwunderte mich nicht, denn der Garten zwischen Mauer und Haus war erfüllt vom Duft der Sommerblumen und Rosen, die es in jener köstlichen Überfülle wohlgepflegter kleiner Gärten gab, die schon beim ersten Anblick jeden Betrachter nur an Schönheit denken lassen. Die Amseln sangen aus voller Kehle, die Tauben gurrten auf dem Dachfirst, zwischen dem jungen Laub der Ulmen krächzten die Krähen, und die Mauersegler umkreisten die Giebel mit schrillen Schreien. Und das Haus selbst war ein würdiger Hüter all der Schönheit an diesem wahrhaft sommerlichen Ort.

Wieder sprach Ellen meine Gedanken aus, als sie sagte: „Ja, mein Freund, das hier wollte ich sehen, dieses alte Haus mit all den Giebeln, das von einfachen Menschen auf dem Lande in längst vergangenen Zeiten erbaut wurde, ungeachtet all der Unruhe in den Städten und an den Höfen, und es ist noch immer voll Liebreiz inmitten all der Schönheit, die in jüngster Zeit geschaffen wurde. Es wundert mich nicht, daß unsere Freunde es sorgsam pflegen und in Ehren halten. Mir scheint, als habe es auf diese glücklichen Zeiten gewartet, als beherberge es in seinem Innern die Krumen des Glücks einer wirren und turbulenten Vergangenheit."

Sie führte mich dicht an das Haus heran, legte ihren schöngeformten und sonnengebräunten Arm an die mit Flechten bewachsene Mauer, als wolle sie diese umarmen, und rief aus: „Ach, wie ich die Erde liebe, die Jahreszeiten, das Wetter und all die Dinge, die damit verbunden sind und darin ihren Ursprung haben – wie das hier!"

(...)

Wir traten ein wenig zurück und sahen zu dem Haus empor. Tür und Fenster waren geöffnet, um die wohlriechende, sonnenwarme Luft hineinzulassen. Von den oberen Fensterbänken hingen Blumengirlanden zu Ehren des Festes herab, als ob auch die anderen teilhätten an der Liebe zu dem alten Haus.

„Kommen Sie herein", sagte Ellen. „Ich hoffe, drinnen wird uns nichts den Eindruck verderben, ich nehme es jedenfalls nicht an. Kommen Sie."(...) Sie führte mich zur Tür und flüsterte dabei kaum hörbar: „Die Erde, was auf ihr wächst und was auf ihr lebt! Wenn ich nur aussprechen und zeigen könnte, wie sehr ich all das liebe!" Wir traten ein und fanden keine Menschenseele, während wir durch alle Räume streiften.(...) Überall standen nur wenige Möbelstücke, und zwar nur die notwendigsten, und die waren von einfachster Form. Die übermäßige Vorliebe für Schmuck, die ich anderswo an diesen Menschen beobachtet hatte, schien hier dem Gefühl gewichen zu sein, daß das Haus und die mit ihm verbundenen Assoziationen den eigentlichen Schmuck des Landlebens bildeten, in dessen Mitte dieses Haus aus alten

Zeiten übriggeblieben war, und daß der Versuch, es mit neuem Schmuck zu verzieren, es seiner natürlichen Schönheit berauben würde.

William Morris: News from Nowhere or an Age of Rest, 1890, hier aus: Asa Briggs (Hrsg.): William Morris. Selected Writings and Designs, Harmondsworth 1962, S. 183-305. Übersetzt von Gerda Breuer.

6. Die Ziele der Kunst

(...) Es scheint mir nicht der Fall zu sein, daß die Ausübung von Kunst der mühevollen Arbeit zugerechnet wird. Wäre dies nämlich so, Kunst hätte nie aufblühen können, sie hätte nie schon bei den Völkern, die wenigsten den Keim von Kultur in sich tragen, entstehen können. Mit anderen Worten bin ich der Meinung, daß Kunst nicht das Resultat von äußerem Zwang sein kann. Die mit ihr verknüpfte Arbeit geschieht freiwillig. Sie wird zu einem Teil um der Arbeit selbst willen geleistet, zum anderen Teil um der Hoffnung willen, etwas herzustellen, das, wenn es fertig ist, dem Benutzer Vergnügen bereitet. Man könnte auch sagen, diese Mehrarbeit, wenn es sich denn um eine Mehrarbeit handelt, wurde mit dem Ziel geleistet, den Tätigkeitsdrang dadurch zu befriedigen, daß man ihn auf etwas lenkt, dessen Schaffung die dabei aufgewandte Mühe lohnt. Somit wird der Arbeitende während seiner Tätigkeit mit einer lebendigen Hoffnung erfüllt, die er als unbedingten, unmittelbaren Genuß wahrnimmt.

Vielleicht ist es für den nichtkünstlerischen Geist schwer zu verstehen, daß dieses ganz bestimmte sinnliche Vergnügen immer anwesend ist, wenn ein geschickter Arbeiter erfolgreich arbeitet, und daß es zumindest in dem Maß zunimmt, wie bei dem entstehenden Werk Freiheit waltet und Eigenart sich verwirklichen kann. Nun ist es aber so, daß dieser Genuß an Arbeit nicht nur bei der Herstellung von Kunstprodukten eintritt, also bei Gemälden, Statuen usw. Vielmehr ist er stets Teil der Arbeit gewesen und sollte immer Teil der Arbeit sein. Nur so werden alle dem Tätigkeitsdrang innewohnenden Bedürfnisse befriedigt.

Deshalb ist das Ziel von Kunst die Vermehrung des menschlichen Glücks; indem sie des Menschen Muße mit Schönheit und Interesse erfüllt, sorgt sie dafür, daß Ruhe nicht ermüdet. Indem sie der Arbeit Hoffnung und sinnliches Vergnügen hinzufügt, wird diese genußreich. Sie bringt also durch Hoffnung, Schönheit und die Erweckung von Interesse neue Elemente in den Tätigkeitsdrang und in den Zustand des Müßigseinwollens.

Ziel von Kunst, so ließe sich auch formulieren, ist es, den Menschen in seiner Arbeit glücklich zu machen und seine Ruhe fruchtbar werden zu lassen. Als Folge davon ist Kunst eine echte Segnung, die dem Menschen zuteil geworden ist.
Da aber das Wort „echt" einen weiten Raum von Qualifikationen umschließt, muß ich nun, ausgehend von dieser Behauptung über die Ziele von Kunst, versuchen, einige praktische Schlußfolgerungen zu ziehen, die, so nehme ich an oder hoffe sogar, uns zu einer Kontroverse über dieses Thema führen werden. Es ist nämlich nutzlos, über Kunst zu reden – und sei es auf eine sehr oberflächliche Art –, ohne sich dabei jenen sozialen Problemen zu stellen, über die alle ernsthaft gesinnten Menschen nachdenken. Kunst ist nämlich, entweder in ihrem Überfluß oder in ihrer Dürre, in ihrer Ehrlichkeit oder in ihrer Hohlheit, der Ausdruck der Gesellschaft, in der sie auftritt, und muß es sein.
Zunächst einmal bin ich mir darüber im klaren, daß gegenwärtig jene, die weit und tief blicken, völlig unbefriedigt vom gegenwärtigen Zustand der Künste sind. Das trifft ebenfalls auf den gegenwärtigen Zustand unserer Gesellschaft zu ... Vor weniger als vierzig Jahren (vor ungefähr dreißig Jahren) sah ich zum ersten Mal die Stadt Rouen, damals noch, was ihren äußeren Anblick anging, ein Stück Mittelalter. Worte vermögen nicht zu beschreiben, wie sehr diese Mischung von Schönheit, Geschichte und romantischem Zauber über mich Gewalt gewann. Ich kann nur sagen: Wenn ich auf mein bisheriges Leben zurückschaue, erinnere ich mich an kein größeres Vergnügen als dieses. Und nun ist es ein Genuß, den niemand mehr haben wird. Er ist für die Welt verloren für immer. Zu jener Zeit studierte ich die letzten Semester in Oxford. Wenngleich nicht so fremdartig, nicht so romantisch oder auf den ersten Blick so mittelalterlich wie die normannische Stadt, besaß Oxford doch in jenen Tagen einen guten Teil seiner früheren Anmut, und die Erinnerung an seine grauen Straßen, so wie sie damals waren, hat einen bleibenden Einfluß auf mein Leben. Mein Vergnügen an dieser Erinnerung wäre noch größer, könnte ich dabei vergessen, wie es heute in diesen Straßen aussieht. Seither haben die Wächter dieser Schönheit und dieses romantischen Zaubers, der für die Bildung fruchtbar gemacht werden könnte, trotz ihrer Tätigkeit im „Hochschulwesen" (wie dieses lächerliche System, in dem sie tätig sind, fälschlich genannt wird) all dies völlig ignoriert.
Statt das Stadtbild zu erhalten, haben sie dem Druck wirtschaftlicher Bedürfnisse nachgegeben. Sie sind offensichtlich entschlossen, Schönheit und romantischen Zauber völlig zerstören zu lassen. Einmal mehr ist hier Schön-

heit in dieser Welt dem Vergehen überantwortet worden, hat man die Freude, die aus Kunst erwächst, sinnlos, unbedacht, ja töricht fortgeworfen.
(...)
Ist nun alle Arbeit unglücklich, alle Ruhe fruchtlos? In der Tat, wenn die Kunst untergeht, wird dies der Fall sein, sofern nicht etwas anderes an ihre Stelle tritt, etwas, das bisher noch keinen Namen hat, etwas, wovon heute sich noch keiner etwas träumen läßt.
Ich glaube aber nicht, daß etwas anderes den Platz von Kunst einnehmen wird. Nicht, daß ich an dem Einfallsreichtum des Menschen zweifle, der grenzenlos scheint, wenn es gilt, sich unglücklich zu machen. Ich glaube, daß die Quellen der Kunst im menschlichen Geist keinen Tod kennen. Deswegen scheint es mir auch leicht, die Ursachen für das gegenwärtige Verlöschen der Künste auszumachen.
Wir zivilisierten Menschen haben sie nicht bewußt aufgegeben, nicht aus freien Stücken. Wir sind dazu gezwungen worden, sie aufzugeben. Vielleicht läßt sich dieser Prozeß dadurch erläutern, daß wir uns näher mit der Benutzung von Maschinen bei der Produktion von Dingen befassen, bei denen eine künstlerische Form irgendwelcher Art möglich ist. Weshalb benutzt ein vernünftiger Mensch Maschinen? Doch gewiß um Arbeitskraft zu sparen. Es gibt einige Dinge, die eine Maschine ebensogut wie die Hand des Menschen plus ein Werkzeug machen kann. Man muß beispielsweise sein Getreide nicht auf einer Handmühle mahlen; ein kleiner Wasserlauf, ein Rad, ein paar einfache Vorrichtungen genügen vollkommen, und der Müller ist frei, kann seine Pfeife rauchen, nachdenken oder den Griff eines Messers schnitzen. Soweit ergibt sich durch die Benutzung einer Maschine für den Menschen Gewinn, immer, bitte denken Sie daran, die Gleichheit der Lebenslage unter den Menschen vorausgesetzt; keine Kunst ist verloren; Freizeit für angenehmere Beschäftigungen wird gewonnen.
Vielleicht sollte eben hier der vernünftige und freie Mensch in seinem Umgang mit Maschinen innehalten, aber das ist natürlich etwas viel verlangt. Also lassen wir unseren Maschinenbenutzer einen Schritt weiter tun. Er soll ein einfaches Stück Tuch weben und findet diese Arbeit einerseits so langweilig, andererseits stellt eine mit Dampf getriebene Maschine das Stück Tuch fast so gut her wie ein Webstuhl. Deshalb benutzt er, um mehr Zeit für angenehmere Tätigkeit zu haben, die Maschine und begibt sich der Möglichkeit, noch etwas Kunstfertigkeit in die Herstellung des Stück Tuches mit einzubringen. Aber indem er so vorgeht, hat er, was die Kunst anbelangt, nicht nur gewonnen; er hat einen Kompromiß zwischen Kunst und Arbeit geschlossen. Aber er hat nur scheinbar einen Ausweg gefunden. Ich

sage nicht, daß er unrecht hatte, wenn er so handelte. Ich sage nur, er hat ebensoviel verloren wie gewonnen.

Nun, etwa so weit würde ein Mensch, der Kunst schätzt und vernünftig ist, in Sachen Maschinen wohl gehen, solange er frei in seinen Entscheidungen ist; was bedeutet, daß er nicht gezwungen ist, für den Profit eines anderen zu arbeiten, und solange er in einer Gesellschaft lebt, in der Chancengleichheit herrscht.

Treibt er aber die Benutzung einer Maschine beim Herstellen von Kunst auch nur einen Schritt weiter, dann handelt er unvernünftig, wenn er die Kunst schätzt und frei ist. Um Mißverständnisse zu vermeiden, muß ich noch sagen, daß ich an die modernen Maschinen denke, die gleichsam Eigenleben haben, bei denen der Mensch lediglich Hilfsdienste leistet, und nicht an die alten Maschinen, die verbesserten Werkzeuge, die das Hilfsmittel des Menschen waren und nur so lange arbeiteten, wie er bei ihrer Handhabung mitdachte. Ich will aber auch noch anmerken, daß selbst diese elementarste Form der Maschine wegfallen muß, wenn es um die Hervorbringung höherer und komplizierterer Formen von Kunst geht. Was die Maschine betrifft, die selbst Kunst herstellt, so wird sie ein vernünftiger Mensch nur dann benutzen, wenn er dazu gezwungen wird. Wenn er jedoch beispielsweise ein Ornament haben möchte und weiß, daß die Maschine es nicht tadellos herzustellen vermag, und er sich auch nicht die Zeit nimmt, es zu tun – warum sollte er sich überhaupt damit befassen? Er würde doch auch nicht seine Freizeit verbrauchen, um etwas zu tun, was er gar nicht mag, es sei denn, ein Mensch oder eine Gruppe von Menschen würde ihn dazu zwingen. Also wird er entweder ohne Ornament auskommen oder etwas von seiner Freizeit opfern, damit es ein echtes Ornament wird. Das wird Kennzeichen dafür sein, daß er es unbedingt haben möchte, daß es ihm die Mühe wert ist, in welchem Fall die Arbeit daran nicht bloß Mühe bedeutet, sondern durchaus Befriedigung seines Tätigkeitssinns, die Interesse und Genuß mit sich bringt.

Dies, so sage ich, wäre die Handlungsweise eines Menschen, der frei ist vom Zwang durch andere. Ist er nicht frei, handelt er anders. Er hat längst das Stadium durchlaufen, in dem Maschinen nur zur Verrichtung der für einen Menschen von durchschnittlicher Leistungskraft zu schweren Arbeit benutzt werden. Unwillkürlich erwartet er, daß eine Maschine erfunden werden müsse, wenn nach einem bestimmten Industrieprodukt eine größere Nachfrage herrscht. Er ist der Sklave der Maschine; die neue Maschine muß erfunden werden. Ist sie erfunden, so muß er – ich sage nicht, sie benutzen, sondern sich von ihr benutzen lassen, ob er es will oder nicht.

Aber warum ist er der Sklave der Maschine? Weil er der Sklave des Systems ist, für dessen Existenz die Erfindung der Maschine notwendig war. Und jetzt muß ich die Annahme von der Gleichheit der Chancen einmal fallenlassen, bzw. ich habe sie schon fallengelassen. Ich muß Sie daran erinnern, daß in gewissem Sinne wir alle Sklaven der Maschinen sind. Doch einige sind es ganz direkt, nicht in einem übertragenen Sinn, und gerade sie sind es, von denen der ganze Bereich der Künste abhängt, die Arbeiter. Es ist notwendig für das System, daß man sie auf ihrem Platz hält, nämlich auf dem einer niederen Klasse, daß sie entweder selbst Maschinen sind oder zu Dienern von Maschinen werden, die ja von sich aus kein Interesse an der Arbeit haben, die sie ausführen. Für ihre Arbeitgeber sind sie, obwohl es Menschen sind, dennoch Teil des Maschinenparks der Werkstatt oder der Fabrik, sie sind Proletarier, menschliche Wesen, die arbeiten, um zu leben, damit sie leben können, um zu arbeiten, und so weiter in endloser Folge. Ihre Rolle als Handwerker, als Hersteller von Gegenständen nach freiem Willen, ist ausgespielt.
(...)
Ich glaube ..., daß wir erkannt haben, wie eine Verbindung zwischen industrieller Sklaverei und dem Verkommen der Kunst besteht. Gleichzeitig aber sollten wir auch zu hoffen gelernt haben, daß es für die Künste eine Zukunft gibt.
(...)
Ich sagte, daß es das Ziel der Kunst war, der Arbeit ihren Fluch zu nehmen, indem diese zu einer lustvollen Befriedigung unseres Tätigkeitsdranges wurde, auch indem die Hoffnung hinzukam, etwas herzustellen, was der Mühe wert war. Deshalb sage ich gleichzeitig, daß wir keine Kunst haben können, wenn wir lediglich ihrer äußeren Erscheinung nachjagen. Da wir in diesem Fall immer nur ein Trugbild ihrer selbst bekommen, bleibt uns keine andere Möglichkeit, als danach Ausschau zu halten, was geschehen würde, wenn wir den Schatten fahren ließen und das Wesen selbst zu erfassen versuchten.
Ich für meinen Teil glaube, daß, wenn wir die Ziele der Kunst zu verwirklichen streben, ohne uns viel darum zu kümmern, wie diese Kunst selbst aussehen mag, wir am Ende das erhalten werden, was wir uns wünschen. Man mag es dann ‚Kunst' nennen oder nicht – es wird wenigstens Leben sein ...

William Morris: The Aims of Art, 1887 (Reprint Osnabrück 1975), S. 1-39. Übersetzt von Viola Düwert.

7. Wie ich ein Sozialist wurde

Ich wurde ... gebeten, eine Art Geschichte meiner ... Bekehrung zu verfassen, und ich meine, daß es von Nutzen sein könnte, wenn meine Leser mich als typischen Vertreter einer bestimmten Gruppe ansehen würden, auch wenn dies nicht so leicht, so schnell und nicht unbedingt so zutreffend ist. Lassen Sie es mich dennoch versuchen. Doch zunächst möchte ich Ihnen erklären, was ich unter einem Sozialisten verstehe, da man mir sagte, daß der Begriff nicht mehr das ausdrücke, was man darunter vor zehn Jahren verstand.

Ich verstehe unter Sozialismus einen Zustand der Gesellschaft, in dem es weder Reiche noch Arme geben sollte, weder Herr noch Knecht, weder Müßiggänger noch Überarbeitete, weder hirnkranke Kopfarbeiter noch herzkranke Handarbeiter, mit einem Wort: eine Gesellschaft, in der alle Menschen unter gleichen Bedingungen leben, in der es zu keiner Verschwendung kommt und mit voller Überzeugung die Beeinträchtigung der Rechte des einzelnen als Beeinträchtigung der Rechte aller betrachtet wird, – schließlich die Verwirklichung dessen, was wir unter dem Wort „Commonwealth" verstehen.

Diese Auffassung von Sozialismus, der ich heute anhänge und die sich hoffentlich bis zu meinem Tode nicht mehr ändern wird, war bei mir sogleich vorhanden. Es gab da bei mir keine Übergangsperiode, es sei denn, eine kurze Zeit des politischen Radikalismus, während der ich aber meine Ideale nicht aus den Augen verlor, obwohl ich an deren Realisierung zweifelte. Damit hatte es einige Monate später aber, als ich mich der sogenannten Demokratischen Föderation anschloß, ein Ende. Und der Beitritt zu dieser Gruppierung sollte zum Ausdruck bringen, daß ich an die Verwirklichung meiner Ideale glaubte.

Wenn Sie mich fragen, welches Maß an Hoffnung es braucht und wie viel wir Sozialisten, die sich damals engagierten, von der Veränderung der Gesellschaft in Richtung auf die Verwirklichung des Ideals noch erleben werden, muß ich antworten: Ich weiß es nicht. Ich berechnete damals weder das Maß meiner Hoffnung noch die Freude, die aus ihr erwuchs. Schließlich war ich völlig unwissend, was die Wirtschaftslehre anbetrifft, als ich diesen Schritt tat. Ich hatte mich nie sehr mit Adam Smith befaßt und weder von Ricardo noch von Karl Marx gehört. Merkwürdigerweise hatte ich aber einiges von Mill gelesen, zum Beispiel jene posthum herausgegebenen Schriften ..., in denen er den Sozialismus in der Fourierschen Spielart angreift. In diesen Aufsätzen vertritt er seine Argumente, so weit er sie entwickelt, klar

und ehrlich, so daß diese Arbeiten mich darin überzeugten, daß der Sozialismus eine notwendige Veränderung darstelle und daß es möglich sei, diesen Wandel noch zu Lebzeiten herbeizuführen. Diese Aufsätze gaben bei meiner Bekehrung zum Sozialismus den letzten Ausschlag.
Nachdem ich dann einer sozialistischen Gruppe beigetreten war (denn die Föderation wurde bald entschieden sozialistisch) wurde es für mich verpflichtend, etwas über die wirtschaftliche Seite des Sozialismus zu lernen. Ich nahm mir sogar Marx vor, obwohl ich gestehen muß, daß ich zwar am historischen Teil des „Kapitals" meine Freude hatte, bei dem rein ökonomischen Teil jedoch Todesqualen der geistigen Verwirrung durchlitt. Immerhin las ich, soviel ich nur konnte, und ich hoffe, daß ich durch diese Lektüre doch einiges an Information in mich aufgenommen habe. Weitaus mehr lernte ich jedoch durch ständige Gespräche mit Freunden wie Bax, Hyndman und Scheu und durch die lebhafte Stimmung in Propagandaveranstaltungen, an denen ich zu dieser Zeit teilnahm. So war es um meine Ausbildung in praktischem Sozialismus bestellt.(...)
Aber während ich meine Annäherung an den praktischen Sozialismus schildere, fällt mir auf, daß ich ja eigentlich erst in der Mitte begonnen habe. Da ich ja in der Position eines wohlhabenden Bürgers war, der nicht unter jenem Mangel litt, der einen Arbeiter auf Schritt und Tritt bedrückt, wäre ich wohl nie mit der praktischen Seite dieser Sache konfrontiert worden, hätte mich nicht ein Ideal veranlaßt, mich ihr zu stellen. Weder hat Politik als Politik, also um ihrer selbst willen und nicht betrachtet als notwendiges, wenn auch mühsames und häßliches Mittel, das eingesetzt werden muß, um ein bestimmtes Ziel zu erreichen, mich je besonders interessiert, noch glaubte ich, als ich um die Mißstände der Gesellschaft, wie sie hier und heute ist, und um die Unterdrückung der Armen wußte, an die Möglichkeit einer *teilweisen* Überwindung dieser Übel. Mit anderen Worten, ich hätte nie ein solcher Narr sein können zu glauben, es könne glückliche oder „respektable" Arme geben.
Wenn mich deshalb ein Ideal veranlaßte, nach einem praktischen Sozialismus Ausschau zu halten, was zwang mich denn eigentlich dazu, ein Ideal zu haben? Hier wird nun wichtig, daß ich ein Vertreter einer bestimmten Geisteshaltung bin.
Vor Aufkommen des *modernen* Sozialismus waren alle intelligenten Menschen mit der Zivilisation ganz zufrieden oder meinten dies zumindest. Noch einmal: Alle waren soweit zufrieden und meinten, eigentlich gelte es lediglich, die bestehende Zivilisation von ein paar lästigen Überbleibseln aus barbarischen Zeiten zu befreien. Kurz: so sah das Bewußtsein der *Whig*,

der Liberalen, das der modernen, wohlhabenden Mittelklasse aus, was tatsächlich in bezug auf den technischen Fortschritt bedeutete, daß sie, wenn nur der Sozialismus sie ungestört gewähren lasse, sich eines üppigen Lebensstils erfreuen könne.

Aber außer diesen Zufriedenen gab es andere, die nicht wirklich zufrieden waren. Sie fühlten sich zurückgestoßen angesichts des Triumphs dieser Zivilisation, sahen sich aber zum Schweigen verurteilt durch die uneingeschränkte Macht der Liberalen.

Schließlich gab es dann noch einige wenige, die offen gegen eine solche Art von Liberalismus rebellierten – wenige, sagen wir zwei, Carlyle und Ruskin. Letzterer war, ehe ich mit dem praktischen Sozialismus in Berührung kam, so etwas wie mein Lehrmeister, der das oben erwähnte Ideal in mir entfachte. Zurückblickend kann ich nicht umhin zu erwähnen, wie überaus langweilig die Welt vor zwanzig Jahren gewesen wäre, hätte es nicht Ruskin gegeben. Durch ihn konnte ich meinem Mißvergnügen Ausdruck geben, daß mein Protest nicht länger eine vage Ablehnung blieb. Abgesehen von dem Verlangen, schöne Dinge herzustellen, bestand mein vorherrschendes Verlangen darin, die moderne Zivilisation abzulehnen. (...) Und dann trat an die Stelle des Hasses der Sozialismus. (...)

Um es noch einmal zusammenzufassen: Das Studium der Geschichte, die Liebe zur Kunst und deren Ausübung zwangen mich, eine Zivilisation zu hassen, welche, wenn die Dinge so blieben wie sie nun einmal standen, drohte, Geschichte in inkonsequenten Nonsense zu verwandeln und Kunst zu einer Ansammlung von Kuriositäten der Vergangenheit, die keine ernsthafte Verbindung mit dem Leben der Gegenwart hat.

Das Wissen aber, daß sich inmitten unserer hassenswerten modernen Gesellschaft eine Revolution regt, bewahrte mich davor – und darin mag ich mehr Glück als andere in der Wahrnehmung von Kunst gehabt haben –, durch einen bloßen Sturmlauf gegen den Fortschritt in Erschöpfung zu verfallen, auf der anderen Seite aber auch, Zeit und Energie zu verschwenden für eines dieser zahllosen Unternehmen, mit denen Möchtegernkünstler der Mittelklasse hoffen, dort Kunst wachsen zu lassen, wo es längst keine Wurzeln mehr für sie gibt. Und so wurde ich praktischer Sozialist. (...)

William Morris: How I became a Socialist, in: Justice, 16. Juni 1894, wiederveröffentlicht als Pamphlet 1896, hier aus: Asa Briggs (Hrsg.): William Morris. Selected Writings and Designs, Harmondsworth 1962, S. 33-37. Übersetzt von Gerda Breuer.

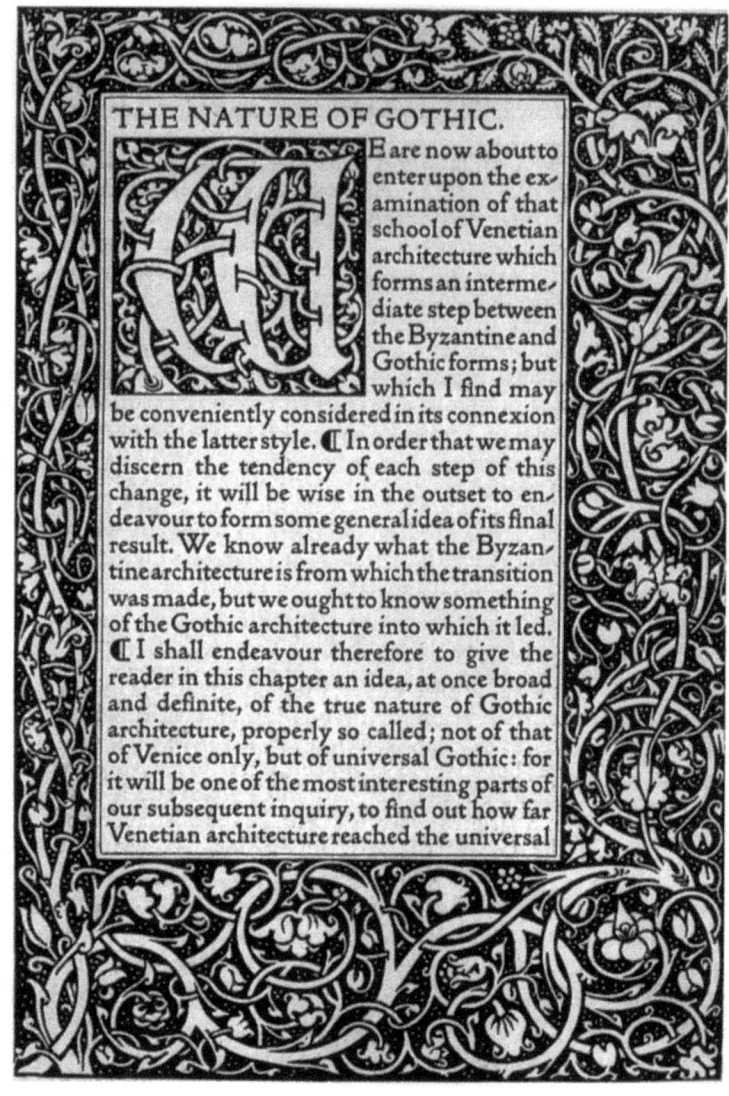

William Morris, Illustration zum Kapitel *The Nature of Gothic* in John Ruskins Buch „The Stones of Venice", das Morris 1892 als vierte Publikation der von ihm gegründeten Kelmscott Press herausgab

8. Über die Ziele bei der Gründung der Kelmscott Press

(...)
Ich begann, Bücher zu drucken in der Hoffnung, daß sie nicht schön, sondern auch gut lesbar sein sollten, ohne das Auge zu ermüden oder den Leser mit ihren ausgefallenen Lettern zu irritieren. Schon immer war ich ein Bewunderer der mittelalterlichen Kalligraphie und ihrer Nachfolger, der frühen Drucke. Ich stellte fest, daß die Bücher des 15. Jahrhunderts schon allein wegen ihrer Typographie immer schön waren, selbst ohne die zusätzlichen Ornamente, mit denen so viele von ihnen verschwenderisch versehen sind. So war es mein höchstes Ziel, Bücher herzustellen, die durch Druck und Satz das Auge erfreuen sollten. Unter diesem Gesichtspunkt betrachtet, mußte mein Unternehmen deshalb vor allem folgende Dinge beachten: das Papier, die Schriftart, das richtige Ausschließen der Lettern, Wörter und Zeilen sowie die Anordnung des Satzspiegels auf der Buchseite.

Natürlich mußte ich handgeschöpftes Papier wegen der Dauerhaftigkeit und des Aussehens wählen. Es wäre eine völlig verfehlte Sparsamkeit, aus Kostengründen auf Qualität zu verzichten. Ich mußte also nur noch die richtige Sorte finden. Dabei kam ich zu zwei Schlüssen: erstens mußte das Papier aus reinem Leinen (die meisten Büttenpapiere sind heute aus Baumwolle hergestellt) und ziemlich fest, d.h. gut geleimt sein. Zweitens dürfen die durch die Drähte der Schöpfformen hervorgerufenen Linien nicht so stark sein, daß das Papier gerippt erscheint, obwohl es geschöpft und nicht gepreßt werden muß. In dieser Hinsicht stimmte ich mit den Papiermachern des 15. Jahrhunderts überein. Ich nahm mir deshalb ein Papier aus Bologna (um 1473) zum Vorbild.
(...)
Nun zur Schrifttype. Eher instinktiv als bewußt beschaffte ich mir zunächst einen Antiqua-Schnitt. Was ich brauchte, war eine klare, strenge Schrift ohne unnötige Schnörkel, solide, ohne die dicken und dünnen Linien, die der Hauptfehler der gewöhnlichen modernen Schriften sind und das Lesen erschweren. Sie sollten nicht seitlich zusammengedrängt sein, wie es all die heutigen Schriften aus kommerziellen Erwägungen heraus sind. Es gab nur eine Quelle, die Vorbilder für eine vollendete Antiqua liefern konnte, nämlich die Arbeiten der großen venezianischen Drucker des 15. Jahrhunderts, unter denen Nikolaus Jenson in den Jahren von 1470 bis 1476 die vollkommenste und reinste Antiqua schuf. Diesen Schriftschnitt studierte ich besonders sorgfältig. Ich ließ ihn stark vergrößert fotografieren und zeichnete

ihn wiederholt nach, bevor ich meine Schrift entwarf, so daß ich zwar seine wesentlichen Merkmale in mich aufnahm, ihn aber nicht sklavisch kopierte. (...)
Nach einer Weile hatte ich das Gefühl, neben der Antiqua auch eine gotische Schrift besitzen zu müssen. Hierbei machte ich es mir zur Aufgabe, die gotische Schrift von dem oft geäußerten Vorwurf der Unleserlichkeit zu befreien. Ich war der Meinung, daß dieser Vorwurf bei den Schriften der ersten beiden Dekaden des Buchdrucks nicht gerechtfertigt war, denn Schöffer aus Mainz, Mentelin aus Straßburg und Günther Zainer aus Augsburg vermieden die spitzen Enden und übertriebene Gedrungenheit, die einigen späteren Schriftschnitten vorgeworfen werden konnten. Allerdings waren die frühen Drucker ... im Gebrauch von Kontraktionen sehr freizügig und benutzten übermäßig viele Ligaturen, die übrigens für den Setzer sehr vorteilhaft waren. Mit Ausnahme von „&" verzichtete ich völlig auf Kontraktionen und benutzte nur sehr wenige Ligaturen – ja wirklich nur die allernotwendigsten. Mein Ziel immer vor Augen, entwarf ich eine gotische Schrift, die nach meiner Überzeugung ebensogut zu lesen ist wie eine Antiqua.
(...)
Nun zum Ausschließen. Erstens sollte das Schriftbild den Schriftkegel so weit wie möglich ausfüllen, damit unnötige Zwischenräume bei den Lettern vermieden werden können. Dann sollten die Wortzwischenräume a) nicht größer als nötig, um die Worttrennung deutlich zu unterscheiden, und b) so gleichmäßig wie möglich sein. Sogar die besten modernen Schriftsetzer schenken diesen beiden Grundsätzen nur sehr wenig Aufmerksamkeit, die schlechten schwelgen geradezu in unkontrolliertem Ausschließen und schaffen somit inter alia jene häßlichen weißen Linien, die in Windungen über die Seite laufen und dem guten Druck so abträglich sind. Drittens sollten die Zeilenzwischenräume nicht über Gebühr groß sein. Die moderne Praxis des „Durchschießens" sollte so wenig wie möglich angewandt werden und nie ohne triftigen Grund (etwa beim Herausheben einer besonderen Passage). Nur in besonderen Fällen habe ich mir „dünne" Durchschüsse zwischen den Zeilen meiner gotischen Pica erlaubt. Für den Chaucer und andere zweispaltig gesetzte Ausgaben nahm ich ein „Haarspatium" und in den Sedez-Ausgaben nicht einmal das.
Schließlich sollte man keineswegs wenig Aufmerksamkeit der Anordnung des Satzspiegels schenken. Der Bundsteg sollte immer der schmalste sein, der Kopfsteg etwas breiter, der Außensteg noch breiter und der Fußsteg der breiteste. Von dieser Regel ist man in den geschriebenen oder den gedruck-

Edward Burne Jones, Illustration zu den Werken von Geoffrey Chaucer, herausgegeben von der Kelmscott Press 1896

ten Büchern im Mittelalter niemals abgewichen. Die modernen Schriftsetzer hingegen übertreten sie ständig und befinden sich so in offenem Widerspruch zu der Tatsache, daß nicht die Einzelseite, sondern die Doppelseite die Einheit des Buches darstellt. Ein Freund, der Bibliothekar einer unserer bedeutendsten Privatbibliotheken ist, erzählte mir, daß er nach sorgfältigen Untersuchungen zu dem Schluß gelangt sei, daß es im Mittelalter die Regel gewesen sei, von Steg zu Steg einen Unterschied von zwanzig Prozent zu machen. Nun sind das richtige Ausschließen und die Aufteilung der Seite für die Herstellung schöner Bücher von größter Wichtigkeit. Finden diese Dinge die nötige Beachtung, so wird auch das mit einer ganz gewöhnlichen Schrift gedruckte Buch dem Betrachter gefallen. Ihre Mißachtung wird aber die Wirkung des besten Schriftschnittes verspielen.

Natürlich wollte ich, da ich mich der Dekorationskunst verschrieben habe, meine Bücher angemessen ornamentieren. Darüber möchte ich nur sagen, daß ich immer versucht habe, der Notwendigkeit, die Ornamente als Bestandteil der ganzen Buchseite zu gestalten, Rechnung zu tragen. Ich darf vielleicht hinzufügen, daß mein Freund Sir Edward Burne-Jones – der die herrlichen und unnachahmlichen Holzschnitte schuf, die einige meiner Bücher schmücken, vor allem den Chaucer, der nun kurz vor der Vollendung steht –, diesen Punkt nie aus den Augen verloren hat, so daß seine Arbeit uns nicht nur mit einer Reihe außergewöhnlich schöner und erfindungsreicher Bilder erfreut, sondern auch die denkbar harmonischste Buchdekoration liefert.

William Morris: Über die Gründung der Kelmscott Press, 1896, hier aus: William S. Peterson: The Ideal Book. Essays and Lectures on the Arts of the Book by William Morris. Berkeley/Los Angeles 1982. Übersetzt von Gerda Breuer.

III
Die Gildenbewegung

Charles Francis Annesly Voysey. Foto um 1930

Charles Francis Annesley Voysey (1857 – 1941)

C.F.A. Voysey ist weniger als Theoretiker, denn als bauender Architekt und als Protagonist des einfachen bewohnbaren Hauses bekannt geworden, das er in zahlreichen Artikeln bis in jedes Detail beschrieb.
Im Unterschied zu den meisten Arts and Crafts-Künstlern war er kein Sozialist. Von der religiösen Atmosphäre des Pfarrhauses geprägt, in dem er aufgewachsen war, verfocht er die Idee des harmonischen Heims, dessen Ästhetik die menschliche Psyche positiv beeinflusse. Das weiße, einfache und wohlgestaltete Einzelhaus, das sich der Landschaft anpaßt, wurde von ihm propagiert. Häuser für die Mittelklasse, die schlicht, doch von künstlerischem Geschmack waren; Häuser im Grünen, die sich aber auch in der englischen Vorstadt wiederfinden könnten – mit diesen Haustypen hat sich Voysey, vor allem über seine Artikel in „The Studio", in der Architekturgeschichte des Wohnbaus einen Platz gesichert.
Seine für seine Zeitgenossen abstrakt wirkenden Bauten waren fast immer mit dickem weißem Rauhputz versehen. Die Umrisse waren einfach, der Grundriß war in die Länge gezogen, die Dächer waren steil und tief herabgezogen, die Fenster klein und in hohen langen Reihen unter dem Dach angeordnet, die Räume niedrig, um die Wirkung von Muße hervorzurufen. Bisweilen wirkte die einfache Ausstattung karg. Tapeten wurden oft durch weiß gestrichene Holzverkleidung ersetzt. Wenige Symbole wie das Herz und der Vogel gehörten zum dekorativen Standard seiner Inneneinrichtungsgegenstände. Seine zahlreichen Entwurfsarbeiten für Textil und Tapeten dienten weitgehend dem Broterwerb.

Voysey, Aquarell zum Textilentwurf „Newsilk Cloth" von 1901.
Victoria & Albert Museum London

1. Vernunft als Grundlage der Kunst

Einfachheit, Ehrlichkeit, Ruhe, Unmittelbarkeit und Offenheit sind Eigenschaften, die für gute Architektur ebenso wesentlich sind wie für einen guten Menschen. Anstatt zu versuchen, poetische Ideen und moralische Gefühle auszudrücken, geben wir uns mit Sensationen zufrieden: Sensationen der Form, der Farbe, der Textur, von Licht und Schatten.
Das beste Ornament aller Länder und Zeiten hat Sinn, es will dem Geist und dem Herzen etwas sagen. Wie können wir dann mit einem Perserteppich leben, dessen Symbole wir nicht enträtseln können und von dem wir nicht einen Funken geistiger Erhellung erhalten?
Es ist ganz logisch zu sagen: „Ich will keine Erbauung in meinem Hause haben. Was ich will, ist ein Kitzel für mein Gefühl durch Form, Farbe und Textur. Ich habe für Ruhe, Einfachheit und Offenheit nichts übrig. Ich lebe gern in einem Museum und versammle alle Stämme der Erde um mich, mit ihren Sitten und Gebräuchen." Sollte man dann nicht aber lieber in einem Hotel leben? Mißbraucht dafür nicht den heiligen Namen Heim!
Die Kraft der Vorstellung in uns bewirkt Sympathie, und Sympathie bringt Liebe hervor; darum tun wir gut daran, die Kraft der Vorstellung in uns zu kultivieren.
Unsere Vorstellung hört in dem Augenblick auf, sich zu regen, wenn wir einen Gegenstand völlig begreifen; das Begrenzte und Endgültige schließt den Gedanken an das Unbekannte und Unsichtbare aus, und unsere Vorstellung ist gestillt. Die Natur aber bleibt stets unausschöpflich, darum gibt sie stets neue Offenbarungen, neue Erhellung für den Geist. Diese Tatsache sollte uns darin bestärken, Einfachheit und Weite in unseren Häusern zu wollen, – denn damit schaffen wir uns eine Umwelt, die anregender ist als das Abgeschlossene, und es bleibt für unsere Vorstellung etwas zu tun übrig.
Man gehe einmal in einen Raum von guten Verhältnissen, mit geweißten Wänden, einem Teppich ohne Muster und einfachen Eichenmöbeln, in einen Raum, in dem sich nichts befindet als das, was man braucht, und ein einziges, reines Schmuckstück, sagen wir eine schlichte Blumenvase, die nicht einen Allerweltshaufen von Blüten enthält, sondern einen oder zwei Stengel einer Pflanze. Dann wird man finden, daß Gedanken im Hirn zu tanzen beginnen; jeder Gegenstand in einem solchen Raum wird von der Retina aufgenommen und sofort verstanden und beigelegt; so stört er uns nicht mehr, und man ist völlig frei, im Sonnenschein oder im Sturm der eigenen Gedanken umherzuwandern.

Und dann gehe man in einen unserer üblichen Räume mit ihrer Vielfalt von Farben, Formen und Texturen, von nützlichen und nutzlosen Gegenständen, und der Geist wird von Sensation zu Sensation geschleudert, es sei denn, man zwinge sich, nichts zu sehen. Da bleibt kein Raum für erfrischende Gedanken; man ist müde oder überwältigt von Eindrücken, ehe es unserer Vorstellung auch nur möglich ist, sich zu regen. Der Geist wird unterdrückt und zum Schweigen gebracht durch das rein Materielle, und so sind wir denn auch trübe Materialisten geworden und haben uns daran gewöhnt, unseren Besitz für etwas Echteres und Kostbareres zu halten als unser Denken.

Für das Entwerfen empfehle ich folgende Methode: man schreibe alles auf, was der Bau verlangt, und zwar in der Reihenfolge der Wichtigkeit; dann alle Bedingungen, denen der Bau zu genügen hat. Aus diesen beiden Listen wird eine dritte sich ergeben: eine Liste der Materialien. Und nun muß man die ewige Frage stellen: Warum tun wir das überhaupt? Der Grund, das Warum, soll der Schlüssel für die Melodie der Gedanken sein, der Schlüssel und der Rhythmus für das Lied.

Türen sollen breit sein: sie sollen willkommen heißen – nicht abweisend und würdevoll wie ein Sargdeckel, hoch und eng, weil da nur einer eintritt. Die Räume für die Dienstboten sollen licht und heiter sein, nicht schäbig und dunkel, als käme es nicht darauf an, wie man seine Diener behandelt, da man sie ja für ihre Dienste bezahlt.

Charles Francis Annesley Voysey: Vernunft als Grundlage der Kunst, 1906, hier aus: Julius Posener: Anfänge des Funktionalismus. Von Arts and Crafts zum Deutschen Werkbund, Berlin/Frankfurt a.M./Wien 1964. Übersetzt von Julius Posener.

2. Aphorismen

In der modernen Zivilisation wissen die Menschen etwas, aber sie sind nicht. Aber daß man sei, ist der wahre Urgrund aller unserer Handlungen. Wie wir im Herzen sind, so handeln wir.

Wir können unserer Umwelt nicht entgehen. Aber – indem wir versuchen, uns ehrlich auszudrücken, können wir viel dazu tun, das Leben zu vereinfachen.

Hohe Räume, die schwer zu heizen und zu möblieren sind, mag einer, der ziemlich arm ist, den unziemlich Reichen überlassen.

Thomas Morus hat geschrieben: „In dieser Welt ist mehr Übles unter dem Vorwande getan worden, es geschehe für Weib und Kinder, als unter irgendeinem anderen Vorwande, den sich ein Materialist ausdenken kann."

Es besteht allgemein der Wunsch, daß unsere Gegenstände besser aussehen sollen, als sie sind.

Ist das Unruhige, das Widerspruchsvolle für unser häusliches Leben notwendig? Man hat oft das Gefühl, daß der Wirrwarr, der dann noch durch Tapeten hinzukommt, am Ende noch hilft, die Häßlichkeit und Überladenheit unserer Möbel zu übertönen.

Descartes hat gesagt: „Wenn die Leute zu sehr darauf aus sind zu wissen, wie man es in vergangenen Zeiten getrieben hat, so wissen sie meistens herzlich wenig von ihrer eigenen."

Woran du dich erinnerst, das gehört dir. Was du skizzierst, das stiehlst du.

Aphorismen von Charles Francis Annesley Voysey, hier aus: Julius Posener, Anfänge des Funktionalismus. Von Arts and Crafts zum Deutschen Werkbund, Berlin/Frankfurt a.M./Wien 1964. Übersetzt von Julius Posener.

3. Die Eigenschaft der Angemessenheit in Architektur und Inneneinrichtung

Alle Kunst ist die Manifestation eines Denkens und Fühlens, und die künstlerische Eigenschaft eines jeglichen Gegenstandes ist dasjenige in ihm, womit er Denken und Fühlen hervorruft.
(...)
Der Architekt vermag bei seinem Auftraggeber Gier oder Großzügigkeit zu fördern. Er kann ihn zu vielen Lastern, zu Täuschung etwa oder prätentiöser Geschmacklosigkeit, verleiten oder bessere Gedanken und Gefühle entfachen, die hilfreich sind beim Bemühen um gute Arbeit, um redliches Bauen, einfache Würde und Harmonie, Gelassenheit und Zurückhaltung. Der

Architekt kann sich als bezahlten Handlanger ansehen, dessen erste Pflicht es sei, seinem Auftraggeber das zu geben, wovon er meint, der Auftraggeber verlangt danach, und der seinem eigenen Gewissen niemals erlaubte, sich einzumischen: er würde wie ein Ladenbesitzer behaupten, daß er für jeden Geschmack etwas anzubieten haben müsse. Er könnte aber auch den Auftraggeber taktvoll ermutigen, sich seine Bedürfnisse nur nach vorgegebenen Prinzipien von strikter Lauterkeit erfüllen zu lassen, und bei ihm Begeisterung erwecken für redliches Bauen und das ehrliche Bekenntnis zu seinem wirklichen Status und seinen Möglichkeiten.

Er kann ihn an die Ehrfurcht gemahnen, die zur Achtung für die Natur und alle natürlichen Verhältnisse führt, indem er sein Bauwerk harmonisch der Natur anpaßt, wirkliche Qualität und äußeren Anschein übereinkommen läßt und nicht betrügerisch etwas Besseres und Prachtvolleres vortäuscht, als seine Mittel erlauben. Besser ehrliche Einfachheit als vorgegaukelte Ausschmückung und Anmaßung. Angemessenheit ist ein göttliches Gesetz, und mit Angemessenheit meinen wir nicht allein Materialeignung, sondern moralische Angemessenheit – dasjenige, was unsere besten Gedanken und Gefühle ausdrückt und unseren reinsten moralischen Sinn. Wir müssen zurückschrecken vor allen Formen von Unredlichkeit. Wenn ein Auftraggeber gierig ist und nach mehr Platz verlangt, als er bezahlen kann, dürfen wir dem nicht nachgeben, wenn es sich nur durch ein wertloses Bauwerk oder unsicheres und mangelhaftes Bauen erreichen ließe. Wir müssen mit dem Entschluß beginnen, so gut zu bauen, wie wir können; dann folgen solche Eigenschaften wie Einfachheit und Gelassenheit, die, werden sie wirklich geliebt und gesucht, unsere Architektur nicht nur beim allgemeinen Entwerfen und Planen bestimmen, sondern auch bei jedem Detail. Die Proportionen unserer Räume werden Gelassenheit vermitteln, wenn wir sie wirklich anstreben, während wir unsere Gebäude entwerfen, und eine friedliche, behagliche Wirkung wird von diesen Eigenschaften hervorgebracht werden, die auf alle einen mehr oder minder großen Reiz ausüben. Das Verlangen nach Angemessenheit wird uns dazu bringen, unsere Aufrisse aus unseren Grundrissen und der Bauaufgabe zu entwickeln, und niemals dazu, unsere Grundrisse einem vorgefaßten Aufriß anzupassen. Wird die Bauaufgabe einer Villa in das Äußere eines griechischen Tempels gepreßt, schließt dies zwangsläufig die Verletzung der Angemessenheit und den Ausdruck falschen Gefühls mit ein. Wir sind keine Griechen, und wir haben auch kein griechisches Klima, keine griechischen Materialien und Bedingungen. Zudem wird uns eine sorgsame Auseinandersetzung mit dem örtlichen Material und den örtlichen Bedingungen eine große Hilfe dabei sein, Harmonie

Voysey, Speisezimmer im Haus Bidston Road, Birkenhead, 1902 für A. H. van Gruisen entworfen

und Rhythmus zu gewinnen und unser Bauwerk aussehen zu lassen, als wüchse es an dem Platz, wo es steht, in liebevollem Zusammenwirken mit seiner unmittelbaren Umgebung empor.
Die Kenntnis fremder Architektur hat stark dazu beigetragen, in modernen Arbeiten die vollständige Harmonie, das Charakteristikum aller schönen Bauten überall auf der Welt, zu zerstören. Je genauer wir die Bedingungen studieren, unter denen wir bauen, desto besser. Dazu gehören nicht nur Klima und örtliches Material, sondern bisweilen auch fremde Materialien, die, wenn sie leicht herbeigeschafft werden können, sich als angemessener erweisen können als örtliche Materialien. Und vor allem gehört dazu auch der Charakter unseres Auftraggebers und seine hervorragendsten Geschmacksvorlieben und Ziele, immer eingedenk dessen, daß wir nicht uns selbst Ausdruck zu verleihen haben, sondern moralischen Eigenschaften – Redlichkeit, Sorgfalt, Angemessenheit und Würde, Vornehmheit und Harmonie.
Unsere Hauptschwierigkeit liegt im Kampf gegen die Gierigen, die uns in ihrem Verlangen, daß die Dinge besser aussehen sollen, als sie sind, auffordern, den Effekt von Reichtum anzustreben, ohne daß sie den Preis für wirklichen Reichtum auf sich nehmen wollen. Wir bedürfen all unseres Takts, um unsere Integrität gegenüber solchen Menschen zu bewahren. Aber dies kann erreicht werden, und es muß erreicht werden.
Der ehrliche Gebrauch verbreiteten Materials wird bei guten Proportionen und angemessener Verwendung eben wegen seiner Ehrlichkeit oft eine reizende Wirkung schaffen. Man erkennt auf einen Blick, um was es sich handelt, und fühlt sich vom Architekten in das Vertrauen gezogen; wohingegen das Vermummen eines Baus mit minderwertiger Ausschmückung oder einem Material, das irgendein kostspieligeres vortäuscht, einem nur das Gefühl gibt, betrogen worden zu sein.
Eine sorgfältige Beschäftigung mit unserem Klima veranlaßt uns, die Dächer zu betonen, um an Schutz vor dem Wetter denken zu lassen. Große und massive Schornsteine deuten auf Ausgeglichenheit und Ruhe hin. Lange niedrige Bauten schaffen gleichfalls ein Gefühl von Behaglichkeit und Geräumigkeit. Im Verhältnis zum Wandraum versprechen kleine Fenster Schutz. Lichte und sonnige Räume können trotzdem erzielt werden, indem man die Zimmerdecken zur Abstrahlung nahe an die Fenster führt. Es ist töricht, die Fenster so groß zu machen, daß man die Zimmer nicht bewohnen kann, wenn jene nicht halb von Gardinen verdeckt sind. Nebenbei gesagt, Übertreibung bei den Vorhängen ist eine Vergeudung von Geld und Arbeit und das Gegenteil von Angemessenheit. Zahlreiche Ausschmückungen in der modernen Architektur sind nutzlos und ebenfalls eine Vergeudung von

Voysey, Entwurf für das eigene Haus, 1885. Nicht ausgeführt

Voysey, Haus des Schriftstellers Julian Sturgis in Puttenham, 1896

Voysey, Haus Perrycroft in Colwall, Herefordshire, 1893/94

Voysey, Haus für A. Currer Briggs in Broadleys nahe Lake Windermere. Entwurf 1898

Geld und Arbeit, sie verursachen zusätzliche Kosten für Instandhaltung und sind – häufig die Quelle von Schmutz und Feuchtigkeit, die sich schädlich und zerstörerisch auswirken. Darüber hinaus ist jedes Ornament verderblich, wenn es nicht andere zu gutem Denken und Fühlen inspiriert. Eine Nation bringt die Architektur hervor, die sie verdient, und wenn sie hauptsächlich materialistisch und verkommen ist, werden wir alle materialistischen Eigenschaften zuerst berücksichtigt finden und die moralischen und geistigen fast überhaupt nicht. Gier wird Großzügigkeit verdrängen, und Heucheleien werden Poesie und Gefühl ersticken. Die Menschen werden schwülstige Imitation der Einfachheit und Würde vorziehen. Die Dinge werden nicht das sein, was sie scheinen. Körperliche Bequemlichkeit und üppiger Genuß werden höher bewertet werden als Anmut und Vornehmheit. In der Tat wird der moderne Materialist nicht eingestehen, moralische Eigenschaften könnten durch Architektur angeregt oder vermittelt werden. Er sieht nichts Verletzendes, wenn er seinen Stuck verfugt, um einen Steinbau nachzuahmen. So ist, was wir sehen, das, was wir suchen. Wir müssen bei unseren Mitgeschöpfen nach edlen moralischen Eigenschaften suchen, falls wir wirklich Schönheit finden wollen. Gegenwärtig strebt die Welt nicht nach Schönheit, sondern erwartet, sie umsonst zu bekommen – als Gratiszugabe zu einem Pfund Tee. Aber nichts in diesem Leben kann man umsonst haben; und wir müssen darauf vorbereitet sein, für Schönheit zu zahlen – d.h. ein gewisses Opfer zu bringen, hier zumindest das des hingebungsvollen Denkens und der liebenden Bemühung. Wenn der Auftraggeber dies nicht versteht, besteht die Pflicht, diese Tatsache bei ihm wachzurufen, was häufig durch einen Appell an sein Urteilsvermögen und seinen Sinn für Angemessenheit erfolgen kann. Wenn der Küchenherd mit poliertem Eisenzierat überzogen ist, um ihn gediegener aussehen zu lassen, als er ist, kann der Auftraggeber zum Verzicht auf die betrügerischen Teile veranlaßt werden durch den Hinweis, daß sie Zeit und Arbeit des Küchenmädchens verschwenden. Dann wird der einfache Herd, der schlicht und genau so schwer ist, wie er aussieht, eine Chance haben und die Wirkung von Großzügigkeit, Qualität und Festigkeit ohne Verschwendung haben. Läßt man Großzügigkeit, Qualität und Festigkeit die Grundprinzipien im gesamten Bauwerk sein, wird sich niemand hintergangen fühlen. Großzügigkeit ist eine Eigenschaft, die unseren Proportionssinn beeinflußt und unser Bauen gewaltig verbessert. Ein Auftraggeber, der nicht großzügig ist, wird eine Schwäche beim Bauen bewirken. Die verborgenen Teile werden auf ihre kleinsten Abmessungen reduziert werden, und den Dienstbotenräumen wird die ihnen zustehende Bequemlichkeit fehlen. Und wenn alles getan ist, verschwindet beim Architekten, den Bauarbeitern und Handwerkern der Stolz, und die sorgenvolle Furcht, daß man ihnen auf die Schliche kommt, tritt an seine Stelle.

Großzügigkeit ist eine Eigenschaft, die der Ärmste von uns besitzen kann; sie findet sich tatsächlich am häufigsten unter den Armen. Wenn jemand es sich nicht leisten kann, alle Dinge in der Qualität zu haben, wie sie aussehen, sollte er besser ohne sie auskommen. Heucheleien sind voller Gift und erniedrigend. Beim Durchgang durch ein Haus fühlt man sich betrogen, wenn man in den Wohnzimmern poliertes Hartholz und Marmor freigiebig verwendet findet, während die Schlafzimmer und Nebenräume mit bemaltem Kiefernholz billig und geschmacklos ausgestattet sind. Das gleiche Maß an Haltbarkeit kann ohne jegliche Preisgabe von Angemessenheit angewandt werden, genauso wie man schöne Verarbeitung und Glätte bei einem Schmuckkästchen haben kann, während Festigkeit und Haltbarkeit, die gleichermaßen wertvoll sind, zur Reisekiste gehören.

Man darf niemanden auf den Gedanken kommen lassen, Schönheit könnte mit Gier oder Eitelkeit gepaart werden. Wenn wir wünschen, daß unsere Häuser zeigen, wie wohlhabend wir sind, darf man nicht glauben, wir könnten dann eine Architektur besitzen, die dieses Namens würdig wäre.

Ein gesetzestreues Volk, das nicht unduldsam gegenüber der Disziplin ist (wie der gut ausgebildete Soldat an Gehorsam gewöhnt ist), wird eine durch Gepflegtheit, Gelassenheit und Zurückhaltung bemerkenswerte Architektur hervorbringen, die die Stärke und Kraft des Wohlbeherrschten besitzt. Aber das gesetzlose, nachlässige und heruntergekommene Volk, das vereinnahmt ist von der Liebe zu Profit und Vergnügen, wird jene überall verbreitete Architektur hervorbringen, welche größtenteils verstörend und „verdorben" ist. Unsere Aufmerksamkeit ist viel zu sehr an materielle Dinge gefesselt. Marktpreise verdunkeln den Blick auf jene Eigenschaften, die zur Reinigung und Stärkung des Charakters dienen. Wir mißbilligen Häßlichkeit nur dann, wenn sie unsere körperliche Bequemlichkeit beeinträchtigt; wir sollten jedoch einen ununterbrochenen Krieg führen gegen jede Form von Häßlichkeit, hauptsächlich durch die Pflege eines glühenden Liebesbegehrens nach Schönheit. Wir müssen jegliche Schönheit – die des Charakters, des Klangs, des Anblicks, des Geruchs, der Berührung, des Geschmacks – mit einem leidenschaftlichen Begehren lieben, das immer bereit ist, Opfer für die Erfüllung zu bringen. Diese brennende Liebe für das Schöne befindet sich wahrhaftig an der Basis allen echten Fortschritts. Sie ist etwas außerhalb unser selbst, das uns zur Verbesserunq des Charakters anlockt; je mehr wir davon also in unserer Architektur haben können, desto besser.

Es ist ein verbreiteter Irrtum, Schönheit bloß als eine Form des Vergnügens anzusehen und dabei ihren Einfluß auf Charakter und Veranlagung zu vergessen. Ein friedlicher, behaglicher Raum, frei von Zugluft, jedoch gut belüftet und warm, mit nichts darin, das nicht einen bestimmten sinnvollen Zweck erfüllt, voller komfortabler Sitzgelegenheiten und Arbeitsplätze, mit einem großen, einladend wirkenden Feuer, das in einem Würde und Einfluß verratenden Kamin hochlodert – ein solcher Raum läßt einen beim Betreten fühlen, daß man hier in Ruhe verweilen und im Frieden mit der Welt sein kann. Davon ganz unterschieden ist die übliche verworrene kunterbunte Mischung von Museumsgegenständen, die einem auf Schritt und Tritt in die Quere kommt und Beachtung erheischt, die Empfindungen von Farbe, Form und Struktur beeinträchtigt und in der alles mit allem im Streit um die Vorherrschaft liegt. Dazu gehört auch das am Boden herumkriechende Kaminfeuer, das mutlos und verloren wirkt in dem Durcheinander von glänzenden hellen Metallkacheln, Marmorstücken und Holz, die alle die natürliche Großartigkeit und Lebendigkeit der brennenden Glut schmälern. Solch ein Raum erfüllt einen mit rastloser Unsicherheit und Verwirrung. Nur wenige Räume sind nicht überladen, als wollte der Eigentümer einen mit dem Gefühl seiner eigenen Wichtigkeit und der Vielfalt seiner Besitztümer beeindrucken. Reichtum an Wirkung mag er es nennen, aber es ist bloß der Reichtum an Unersättlichkeit und Verwirrtheit. Wahrer Reichtum läßt sich nur durch Einfachheit und Angemessenheit erlangen.

Charles Francis Annesley Voysey: The Quality of Fitness in Architecture and Furnishings, in: The Craftsman, New York, NY, Nov. 1912, S. 174-182. Übersetzt von Axel Haase.

William Richard Lethaby. Foto The Times London

William Richard Lethaby (1857 – 1931)

Der Architekt, Architekturschriftsteller und Professor für Design am Royal College of Arts in London machte vor allem durch seine Schriften, weniger durch seine Bauten von sich reden.
Wie Pugin, Ruskin und Morris war er Bewunderer der Gotik; Kenntnisse über mittelalterliche Bauformen gewann er u.a. bei Restaurierungsarbeiten in Westminster Abbey. Er schloß sich 1891 der Gesellschaft für die Erhaltung alter Gebäude (SPAB) an, einer Gründung von William Morris und Philip Webb, dem er sehr nahe stand. Seine Interpretationen der Gotik bezogen sich allerdings weitgehend auf die architektonischen Prinzipien des mittelalterlichen Stils, wobei ihn die gotischen Konstruktionsprinzipien, ähnlich wie Pugin, bestachen. Das „gotische Prinzip", die Unterordnung dekorativer Elemente unter die Konstruktion, spielte er gegen das „Renaissance-Prinzip" und dessen Vorherrschaft des Dekors aus. Sein Ideal der Gotik erweiterte sich in seiner Auffassung vom Handwerk als Kultur. Für ihn verquickten sich Handwerk und gotische Kunst in der Gilde zu einer homogenen Einheit. Infolgedessen hatte Arbeit – in der Begrifflichkeit von Lethaby: „making" – einen extrem hohen Stellenwert. In antithetischer Verkehrung des cartesianischen Satzes „cogito ergo sum" postulierte Lethaby: „I work, therefore I think." Ruskins Forderung, die Trennung von Kopf- und Handarbeit aufzuheben, war auch ihm Grundbedingung einer nicht-entfremdeten societas. Die Arbeiter glorifizierte er als „saints of society".
Dennoch verbrämte Lethaby seine Gotik-Begeisterung nicht wie Pugin mit religiösen Erwartungen, auch nicht in dem Maße wie Ruskin und Morris mit sozial-moralischen Normen, sondern wandte sich eher einer rationalen Analyse konstruktiver Bauformen des Mittelalters zu. Diese offenere Haltung gegenüber historischen Stilformen ließ ihn sich auch nicht verschließen gegenüber anderen Baustilen. Einen

strikten Historismus lehnte er jedoch ab, er empfahl vielmehr, das historische Vorbild immer am Zeitgeist seiner Zeit zu überprüfen. Angeregt durch Philip Webb, dessen Monographie er 1835 schrieb, verfolgte er das Ideal einer von historischen Vorbildern losgelösten Architektur, deren einziger Gradmesser eine humane Umgebung, keinesfalls normative ästhetische Formsprachen waren. Sein Verhältnis zur zeitgenössischen Technologie war aber ähnlich gespalten wie das seiner Vorgänger. Die Rezeption überschätzt daher seine Akzeptanz der Maschine. In seiner wohl bekanntesten Schrift: „Art and Workmanship" von 1913 stellte er sich diesem Thema, wobei er der Maschine grundsätzlich die Rolle zuspielte, gute Handwerkskultur zerstört zu haben. Er kritisierte jedoch auch die rückwärtsgewandte Utopie einer maschinenfreien Gesellschaft als unzulässige Idyllisierung seiner Zeit. „Machines have become our masters – but we cannot stop the wheels" – diese Einsicht in die Bedingungen gesellschaftlicher Produktion seiner Zeit verband ihn mit Voysey und dem späten Ashbee. Grundelemente einer Akzeptanz der Maschinenproduktion sind infolgedessen in seinen Schriften vorzufinden, wenn diese auch nicht mit dem Handwerk und dessen Ausdrucksformen rivalisieren sollten. Und so wundert es nicht, daß die 1915 in Anlehnung an den Deutschen Werkbund gegründete „Design and Industries Association" (D.I.A.) Lethabys Schrift „Art and Workmanship" als gedankliches Manifest für die Propagierung des Funktionalismus im britischen Design wählte. Das eudämonistische Prinzip der Arbeit kann freilich für Lethaby nicht auf Maschinenproduktion übertragen werden; Freude an der Arbeit bleibe dem Handwerk vorbehalten. Auch wird die Maschine – wie bei Morris – weiterhin mit kommerziellem Profitdenken verbunden, während das Handwerk, als Sinnbild der freudvollen Kooperation, in Kunst mündet. Lethaby betrachtete ebenso wie Ashbee Hand-Arbeit als einen kommunikativen Prozeß, während die arbeitsteilig organisierte Fabrikarbeit der Gefahr unterläge, in Entfremdung und Isolation umzuschlagen.

Lethabys kurzlebiges Experiment „Kenton & Co." stellte, ähnlich wie die Morris-Werkstatt, den Versuch dar, Handwerk in Gemeinschaftsproduktion auszuführen. 1890 auf Initiative von Lethaby zusammen mit Ernest Gimson, Sidney Barnsley, Macartney, Blomfield und Stephen Webb gegründet, widmeten sich die Künstler weitgehend der Möbelherstellung.

Letztendlich verbot auch Lethabys theoretisches Programm, bei aller
Offenheit, weiterhin eine Annäherung zwischen Handwerk und
Industrie. Es erstaunt daher nicht, daß sich seine traditionalistische
Haltung auch in der Ablehnung des „Modern Movement" äußert;
Lethaby blieb der neuen Bewegung gegenüber skeptisch und verwarf
sie als „only another design humbug".
Doch wie Christopher Dresser gelangte Lethaby zu der Überzeugung,
daß eine Allianz zwischen Kunst und Wissenschaft Impulse für die
Funktionalität in der Gestaltung geben könnte. Insofern wies er als
einer der ersten Reformer auf die Möglichkeit hin, Ornament
zugunsten von Funktionalität zu eliminieren; hier entfernte er sich
am weitesten von seinem Vorläufer Morris. In „The Architecture of
Adventure" (1910) definierte er Wissenschaft als „the reality of
natural necessity and common experience", während er unter Kunst
eine „reality of the philosophers, which is the ideal" verstand. Nur
durch eine Aussöhnung dieser scheinbaren Antipoden, Ideal und
Notwendigkeit, ja durch Adaptation der wissenschaftlichen Methode
im künstlerischen Bereich könnte eine lebendige Gegenwartskunst
gewonnen werden.
In einer an Pugin erinnernden Haltung forderte er deshalb den
Primat von Zweck vor Dekoration. Doch ähnlich wie beim
katholischen Reformer entstammte sein Sinn für Zweckmäßigkeit eher
der Attitüde des Handwerk-Ideals, als er sich den Theorien der
Funktionsästhetik in den ersten Dekaden des 20. Jahrhunderts
näherte. Lethabys „true style" wollte den ästhetischen Wert eines
Produktes durch vernünftige und zweckmäßige Gestaltung optimieren,
wobei er, wie viele seiner Geistesverwandten der Arts and Crafts-
Bewegung, auf dem Schlichten und Alltäglichen als Vorbild insistierte.

1. Architektur als Wagnis

Unter Wagnis verstehe ich das, was die lebendige Kraft und das aktive Prinzip aller Architektur gewesen ist, den Geist des Experiments im Bau.

Architektur oder Bauen folgt der Gewohnheit, solange es Bedürfnissen dient, die traditionell vorgegeben sind; aber sowie sie sich wechselnden Bedingungen und Ideen anpassen muß, hat sie zu experimentieren. Für das Bauen, das auf Gewohnheit beruht, würde die beste Ausbildung eine praktisch-handwerkliche sein. Es ist aber eine neue und dringliche Frage, wie man wechselnden Bedürfnissen gerecht werden kann, besonders dann, wenn der Wechsel darin besteht, daß die Tradition, die Gewohnheit selbst zusammengebrochen ist. Man mag immer wünschen, auf alte Weise weiterzuarbeiten oder zu Bautypen der Vergangenheit zurückzukehren; aber wenn ich mir die Ergebnisse solcher Bemühungen ansehe, dann finde ich, es geht nicht. Wir sind in ein wissenschaftliches Zeitalter eingetreten, und die alten praktischen Künste, die mit dem Instinkt arbeiteten, gehören einer völlig anderen Epoche an.
(...)
Bisher gab es zwei Definitionen dessen, was Inhalt und Sinn der Architektur sei. Viele Leute folgen ihnen heute noch.
1. Es gibt ein Ding, Architektur, welches sich vielleicht in reinster Form in der klassischen Baukunst manifestiert hat, oder auch in verschiedenen Formen im Laufe der Geschichte, also einmal als griechische, einmal als gotische Architektur. Architektur wird hervorgebracht durch eine besondere Gabe des Künstlers.
2. Das Wesentliche der Architektur ist Proportion, also die Entdeckung und Anwendung bestimmter Verhältnisse. Durch sie kann eine absolute Architektur verwirklicht werden.
Nun gibt es aber eine dritte Ansicht: Architektur ist zunächst einmal Bauen nach den Naturgesetzen der Statik, Erfüllung von Bedürfnissen, sie ist Ordnung, sorgfältiges Bauen und schöne Ausführung; das Bauen muß stets wechselnden Bedingungen entsprechen und sich wandeln.
Was ich verlange, ist in den einfachsten und klarsten Worten dies: Konzentration auf eine praktische, experimentelle und wissenschaftliche Erziehung. Was wir augenblicklich am meisten brauchen, ist eine Sammlung von Kraft im Sinne der Physik; wir brauchen eine hochentwickelte technische Ausbildung, eine weite praktische Erfahrung, eine große Geometrie. Und wir brauchen eine systematische Untersuchung neuer Möglichkeiten. Mauern und Gewölbe, die Beziehungen zwischen Mauern und der einzelnen Zelle, zwischen einer Zelle und der anderen, alles das muß untersucht werden ... Meiner Meinung nach – das will ich zugeben – würde eine solche Ausbildung keineswegs die gesamte Architektur einschließen, aber ich glaube, sie würde uns den Weg zu dem öffnen, was wir bestenfalls erreichen kön-

nen. Dann können wir hoffen, daß wir einmal nicht mehr den bekannten Küsten folgen werden, sondern kühn hinaussegeln unter die Sterne. Auf diese Weise, einzig auf diese Weise können wir wieder in eine Architektur des Wagnisses eintreten.

Neulich enthielt das RIBA-Journal einen Aufsatz, welcher sich mit der phantasievollen und poetischen Seite der Architektur beschäftigte. Hier wurden einige Wahrheiten ausgesprochen, aber es scheint mir, sie genügen nicht, denn die Forderungen des Tages wurden nicht genügend berücksichtigt. Der Autor sagt z.B.: „Es gibt eine Phrase, Vernunft im Bauen, welche augenblicklich bei solchen Leuten besonders beliebt ist, welche sich darin gefallen, als Propheten aufzutreten." Und dann fährt er fort: „Was wir brauchen, ist eine Vernunft der Phantasie." Aber natürlich. Wenn wir die haben könnten, dann würde ich sie sehr gern haben; und ich finde eben diese Vernunft der Phantasie in der Forthbrücke; im Frühjahr sah ich sie in einer neuen Eisenbahnbrücke aus Beton und im Herbst in der Klarheit und Ordnung der neuen Stadtteile Münchens, in der Eisenkonstruktion der kleinen Eisenbahnstationen oben im Tal von Chamonix, in den neuen Kasernen in Straßburg und in einem neuen Wasserturm am Bahnhof von Metz. Ich sah Vernunft der Phantasie neulich in einer Fotografie des letzten großen Segelschiffes. Ich glaube, es war ein Fünfmaster mit vielen schwellenden Segeln. Es gibt Ziegelöfen, die sind so schön wie byzantinische Kirchen, und die romantischsten modernen Gebäude, die ich kenne, sind die Hopfenspeicher in Kent. Bauen war eine Kunst und mag wieder eine Kunst werden, voll von Phantasie, Poesie, sogar Mystik und Magie. Wenn Poesie und Magie in den Leuten sind und in ihrer Zeit, dann werden sie auch in der Kunst erscheinen, und ich möchte sie haben; aber es hat gar keinen Zweck zu sagen: „Laßt uns magische Bauten bauen, laßt uns poetisch sein." Und doch möchte ich noch einmal wiederholen, gerade weil ich diese Dinge will, beschäftige ich mich mit dem Problem.

Man muß die wissenschaftliche Seite unserer Studien schnell hochschrauben und die archäologische schnell zurückschrauben. Alle unsere Stipendien für Studienreisen sollten dem gleichen Zweck dienen. Pugin-Studenten sollten die verschiedenen mittelalterlichen Gewölbe analysieren; Soane-Studenten sollten sich mit der Planung von Treppenhäusern beschäftigen. Tite-Studenten sollten französische Eisenbahnstationen ansehen; Grissell-Leute deutsche Hotels; Godwin-Studenten amerikanische Krankenhäuser.

Natürlich habe ich diesen Vortrag von einem bestimmten Gesichtswinkel her geschrieben, und ich hoffe, daß ich vorsichtig genug war, dieser Ein-

schränkung zu gedenken, und daß ich klar gemacht habe – und ich habe es ja immer und immer wieder zu sagen versucht –, daß es nicht meine Absicht war, alle Möglichkeiten des Gebietes Architektur darin zu erschöpfen. Worauf es mir hauptsächlich ankam, war dies: ein moderner Geist kann unter Entwurf nur dies verstehen: die wissenschaftliche Methode im Sinne des Ingenieurs, d. h. eine klare Analyse von Möglichkeiten – nicht eine vage poetische Beschäftigung mit poetischen Dingen, mit Vorstellungen zweiter Hand über das, was häuslich aussieht oder was ländlich aussieht oder kirchlich – man könnte auch sagen, was so schmeckt –: eben das haben die Architekten während der letzten 100 Jahre getan. Sie haben versucht, sich mit Geschmäcken zu beschäftigen – mit Dingen, die so aussehen wie Dinge, die aber nicht die Dinge selbst waren: alte Bauernhäuser oder Scheunen, das sind die Dinge selbst: Bauernhäuser und Scheunen. Aber wir, die Besten unter uns, versuchen, Dinge zu bauen, die so aussehen sollen wie Bauernhäuser oder Scheunen usw. Es erinnert mich an eine Geschichte, die mein Freund, Mr. Horsley, mir vor 25 Jahren erzählte. In einer Seitenstraße in London fand er eine Anzeige in einem Fenster: „Feinste Konfitüre, guter Erdbeergeschmack, 4 Pennies das Pfund." Es ist nicht der Erdbeergeschmack, den wir im Bauen haben wollen. Wir wollen eine gute kräftige Nahrung.
Ich möchte noch einmal sagen, der Lebensnerv des Entwerfens liegt in der wissenschaftlichen Methode.

William Richard Lethaby: Architektur als Wagnis, in: Royal Institute of British Architects, 1910, hier aus: Julius Posener: Anfänge des Funktionalismus. Von Arts and Crafts zum Deutschen Werkbund, Berlin/ Frankfurt a.M./Wien 1964, S. 34-36. Übersetzt von Julius Posener.

2. Architektur.
Eine Einführung in Geschichte und Theorie der Baukunst

Über die moderne Position – das letzte Kapitel
Um 1860 glaubten viele begabte Leute, daß sie wirklich gotische Architekten seien und daß sie 13., 14. und 15. Jahrhundert-Architektur auf Kommando liefern könnten.
(...)
Wir mögen z.B. denken, daß wir die Beziehung zwischen Fenster und Mauern lieben, welche in italienischen Palästen vorherrscht. Aber diese Propor-

tion würde für unsere nördlicheren Breiten nicht taugen. Die richtige Proportion zwischen Fenster und Wand ist die, welche jeweils das beste Licht gibt. Ich meine das für die geographische Breite passende Licht.
Der andere Aberglauben ist, daß schöne Form etwas Absolutes sei und nicht eine Summe vieler schätzenswerter Eigenschaften, wie Wahrhaftigkeit, Raumweite, Ordnung, meisterhafte Konstruktion, und einer Menge anderer Faktoren, welche für gutes Bauen unerläßlich sind. Es gibt aber keine absolute Schönheit jenseits dieser Bedingungen, es sei denn der Ausdruck der Seele und des Temperaments, und über diesen sollte man möglichst wenig sprechen. Die Erfahrung scheint zu zeigen, daß ein Übermaß an ästhetischer Absicht zerstörend wirkt. Die Kunst kann sie nicht lange überstehen, denn Kunst sollte sich mit höheren und tieferen Dingen beschäftigen: mit Realitäten nämlich, welche ihren eigenen Ausdruck erzwingen. Wenn die Reihe der Renaissancen endlich ihr Ende erreicht, dann dürfen wir eine Bewegung erwarten, welche, kaum wahrnehmbar zunächst, das Chaos in eine neue Ordnung verwandeln wird ...
Die Renaissance arbeitete bewußt, die Modernen sind sich aber sogar ihrer eigenen Bewußtheit bewußt.
In den Künsten scheinen uns nur drei mögliche Wege offen zu stehen:

1. daß es uns gelingt, unseren eigenen Weg zu bestimmen und zu einem gewissen Einverständnis darüber zu kommen, was zu tun nötig ist, und daß wir auf diese Weise eine völlig bewußte Architektur aufbauen – frei und schön;
2. oder daß irgendeine Wende in der Kultur eintritt, sei sie rasch, sei sie allmählich, welche neue Bedingungen herauf führen wird und dadurch auch einen unvermeidlichen Wechsel in den Künsten;
3. oder es bleibt die Tretmühle des Stilladens – Moden mit kleinen Parteimanifesten und kleinen Begeisterungen, heute für nachgeahmte Gotik, dann für englische Renaissance, dann für eine Rückkehr zum Römischen oder Griechischen.

Jetzt, da alle Stile der Erde untersucht und historisch beschrieben worden sind, brauchen wir eine neue Art der Klassifizierung, welche sich an die wesentlichen Unterschiede der Struktur hält, eine Lehre von den Kräften der Architektur, eine neue Wissenschaft, welche man eine Morphologie des Bauens nennen könnte: die Vergangenheit zu vergessen, würde ebenso närrisch sein, wie der Zukunft nicht zu gedenken. Hinter uns liegt Gewohnheit, vor uns Wagnis. Große Bautypen sollten als Strukturprobleme angese-

hen werden: der Tempel, die Basilika, das Theater, das Bad, die Kirche, das Rathaus, das Krankenhaus, die Brücke und die Stadt als Ganzes.
Die Möglichkeiten der Architektur sollten eine nach der anderen genau untersucht werden – die Mauer, die Säule, die Decke, das Dach, der Pfeiler, der Bogen, die Gewölbe. Moderner Eisenbeton ist nur eine höhere Potenz des römischen Systems der Konstruktion. Wenn wir nur unsere Furcht loswerden könnten, daß es sich hier um ein unkünstlerisches Baumaterial handele, und kühn genug wären, einen Bahnhof, ein Museum oder eine Kathedrale weiträumig, einfach und hell in diesem Material zu bauen und dann unsere Maler hereinzurufen, um die Wände mit Malereien zu bedecken, dann würde ein neues Interesse am Bauen beinahe sofort wieder entstehen. Dieses Interesse am Bauen muß geweckt werden.
Unsere große Schwierigkeit ist die: wir besitzen keine spontane Übereinstimmung über das, was zu tun ist; eine ausdrucksvolle Kunstform kann nur geschaffen werden, indem man eine lange Zeit in der gleichen Richtung vorschreitet. Keine Kunst, die nur einen Mann tief ist, ist viel wert; sie sollte tausend Mann tief sein; unsere geschichtlichen Kenntnisse können wir nicht vergessen, und wir würden sie nicht vergessen wollen, selbst wenn wir es könnten.
Die wichtige Frage ist: kann sie (die Vergangenheit, Einfügung der Herausgeberin) ausgewertet, kann sie ausgerichtet werden, oder werden wir immer wieder durch unsere geschichtliche Kenntnis bedroht? Das einzige Übereinkommen, das möglich scheint, ist ein Übereinkommen auf wissenschaftlicher Basis, ein Streben nach der bestmöglichen Struktur. Wenn wir uns darauf einigen könnten, dann brauchten wir uns wegen der Schönheit keine Sorgen zu machen, denn die würde dann schon von selbst sich einstellen. Unsere geschichtliche Übersicht sollte gezeigt haben, daß es keine absolute äußere Form der Schönheit gibt, vielmehr eine endlose Reihe wechselnder Modi, in welchen der allgemeine Geist der Schönheit sich ausdrücken kann; daß Wechsel der Form eine Vorbedingung für ihre Kontinuität ist. Das moderne Bauen muß anpassungsfähig und kräftig sein, sogar smart und hart. Der Feind ist nicht Wissenschaft, sondern Vulgarität und Prunken mit einer Schönheit zweiter Hand.

William Richard Lethaby: Architecture. An Introduction of the History and Theory of the Art of Building, London 1911 (3. Auflage London 1955); hier aus: Julius Posener: Anfänge des Funktionalismus. Von Arts and Crafts zum Deutschen Werkbund, Berlin/Frankfurt a.M./Wien 1964, S. 64-66. Übersetzt von Julius Posener.

3. Kunst und Handwerk

Jedes Kunstwerk zeigt, daß ein Mensch es für einen Menschen gemacht hat. Kunst, das ist Menschlichkeit in der Form des guten Handwerks, alles übrige ist Skaverei. Der Unterschied zwischen einem Gegenstand, der von einem Menschen gemacht wurde, und einem, der kommerziell hergestellt ist, ist so ähnlich wie der Unterschied zwischen einem Edelstein und einer Nachahmung. Auf den ersten Blick mag man den Unterschied nicht erkennen, aber wenn man ihn einmal erkannt hat, fühlt man den größeren Wert des Edelsteins ganz genau. Es ist aber trotzdem außerordentlich wichtig, daß auch das kommerzielle Werk anständig gemacht wird, in seiner eigenen Art nämlich.

Obwohl ein Gegenstand, der von der Maschine hergestellt worden ist, niemals im eigentlichen Sinne ein Kunstwerk sein kann, gibt es keinen Grund, warum er nicht in seiner zweitklassigen Art auch gut sein sollte – gut geformt, glatt, stark, angemessen, nützlich: so wie die Maschine selbst. Was die Maschine herstellt, sollte ganz klar zeigen, daß es ein Kind der Maschine ist; die Prätention, die Lüge, mit welcher die meisten Gegenstände, die die Maschine macht, sich darstellen, sie erst macht sie so ekelhaft. Wenn man es richtig versteht, so ist „Design" nicht ein Suchen nach dem Außerordentlichen, sondern das Streben danach, einen Gegenstand so darzustellen, daß er ganz augenscheinlich für seinen Zweck geeignet und wahr ist. Das beste Design ist eines, welches einen Gemeinplatz hervorbringt. (Ein solcher Gemeinplatz mag teuer sein.) Ein gutes Möbel, ein gut gebundenes Buch sollte in seiner Gestalt so endgültig sein wie eine Geige.

Die Kunst des Entwerfens ist die, einen bestehenden Typ in einer einzigen Hinsicht zu verbessern; ein wirklich guter Tisch oder Stuhl oder ein wirklich gutes Buch ist das Ergebnis hoher Zucht.

Eine andere Reaktion gegen das moderne Leben ist die übergroße Verehrung für das Alte, aber dadurch entzieht man dem gegenwärtigen Handwerker die Möglichkeit, die Traditionen seiner Kunst lebendig zu halten. Sicherlich wurden die Ergebnisse, welche das Sammeln alter Möbel für die Gesellschaft gehabt hat, nicht vorhergesehen, aber wir haben ganz gewiß dem Handwerk außerordentlichen Schaden dadurch zugefügt. Wenn augenblicklich Leute wirklich das Beste haben wollen, das sie haben können, dann sollten sie zu fähigen Leuten gehen, die es ihnen in modernen Formen herstellen.

William Richard Lethaby: Kunst und Handwerk, in: The Imprint 1913; hier aus: Julius Posener: Anfänge des Funktionalismus. Von Arts and Crafts zum Deutschen Werkbund, Berlin/Frankfurt a.M./Wien 1964, S. 37-38. Übersetzt von Julius Posener.

4. Design und Industrie

Während der letzten beiden Generationen hat man in England mehrere Versuche unternommen, mit den neuen Produktionsbedingungen ins Reine zu kommen, welche die Maschinenindustrie umformen und das, was man „design" nennt, umformen müssen. In dieser Richtung müssen wir gegenwärtig weiterarbeiten, denn fremde Konkurrenten haben unsere Gedanken übernommen, haben sie voll ausgewertet und wenden sie heute gegen uns. Der erste ernsthafte Versuch, design und moderne Industrie zusammenzubringen, war die große Ausstellung von 1851. Die Gründung des Royal College of Art und des Victoria & Albert Museum haben Einrichtungen ins Leben gerufen, welche seither überall in der Welt nachgeahmt worden sind.
Die Arts and Craft-Bewegung des letzten Viertels des 19. Jahrhunderts war ebenfalls eine durchaus englische Erscheinung, welche man im Ausland studiert und nachgeahmt hat, während sie sich hier in London in einem hoffnungslosen Kampf befindet. Gewiß, sie hat gelegentliche Auswüchse gezeitigt, sie war zuweilen affektiert; aber ebenso gewiß hat sie eine Menge von Gedanken hervorgebracht, Gedanken, welche in vielen Fällen von unseren ausländischen Rivalen aufgenommen und weiterentwickelt worden sind.
Die Schwierigkeit war die: der Designer und der Fabrikant arbeiteten völlig getrennt voneinander, und das kaufende Publikum vertritt wieder einen anderen Standpunkt.
(...)
Was wir augenblicklich brauchen, ist dies: alle die verschiedenen Interessen, welche etwas mit der industriellen Produktion zu tun haben, müssen sich in einem engeren Verband zusammenschließen; einem Verband von Fabrikanten, Designern, Kaufleuten, Ökonomen und Kritikern. Es wird deswegen vorgeschlagen, eine „Design and Industries Association" zu gründen, deren Ziel es sein soll, einen näheren Zusammenhang zwischen den verschiedenen Zweigen der Produktion und des Handels herzustellen und gleichzeitig ihre Ziele und Ideale so weit wie möglich dem Publikum zu erklären. Wir sollten imstande sein, weit bessere Früchte unserer Originalität und Initia-

tive zu ernten, als uns das in der Vergangenheit möglich gewesen ist. Wir müssen lernen, den Wert unserer eigenen Ideen zu begreifen, bevor sie vom Kontinent zu uns zurückgestrahlt werden.

William Richard Lethaby: Design und Industrie, 1915; hier aus: Julius Posener: Anfänge des Funktionalismus. Von Arts and Crafts zum Deutschen Werkbund, Berlin/Frankfurt a.M./Wien 1964, S. 44. Übersetzt von Julius Posener.

5. Das Fundament ist Arbeit

Die Philosophen haben gesehen, daß gewisse Formen der Produktion keinem materiellen Zweck unmittelbar dienen, daß sie Mittel sind, Gefühle auszudrücken, und daß es ihr Ziel ist, anderen Freude und Anregung zu geben. Dies nennt der heutige Sprachgebrauch „Kunst". Nun, das wäre schon recht, wenn es nur nicht so unrecht wäre, falsch, geschichtlich gesehen, und nicht weniger falsch, was die Ergebnisse betrifft. Kunst, das ist immer Arbeit gewesen, Produktion, Machen, Tun, und es ist niemandem eingefallen, den Geist, den Ausdruck, den Sinn gewisser Formen der Arbeit von dem Rest dieser Arbeit zu trennen, die ohne sie nichts anderes wäre als sinnlose Schufterei. Kunst ist stets beides: Substanz und Ausdruck, Arbeit und Gefühl, Dienst und Freude. Wer diese beiden Seiten im Kunstwerk voneinander trennen will, zerstört beide.
Was uns hier angeht, ist Wahrhaftigkeit in Haltung, Sprache, Arbeit. Ausdruck, Schönheit, Gefühl kommen dann ganz von selbst. Drücke ich mich klar aus? Ich leugne nicht die Poesie der Arbeit, ich sage lediglich dies: Werk, Dienst und Sinn sollen stark und gesund sein; dann wird der richtige Ausdruck sich auch einstellen. Wenn man zuviel an die Gefühlsinhalte gewisser Formen der Betätigung denkt, also an Dichtung, Musik, Malerei, dann entwertet man zunächst einmal alle anderen Formen der Produktion zur Nichtkunst; also zu bloßer Viecherei; und gleichzeitig trennt man diese auserwählten Künste selbst viel zu sehr von der Funktion des Dienens und vom allgemeinen Verständnis, und dadurch werden sie krank und verderben. Schönheit ist die Blüte der Arbeit, welche dient. Dies ist, was ich glaube: Kunst ist gesunde und vollständige menschliche Arbeit. Ein Kunstwerk ist ein gutgemachter Stiefel, ein gutgemachter Stuhl, ein gutgemachtes Gemälde.
(...)

Wir müssen eine Lebenslehre schaffen, welche anerkennt, daß Leben auf Arbeit gegründet ist. Wir müssen Arbeit und den Arbeiter verehren. Arbeit lohnt; Arbeit ist Dienst; sie hat Ehre und ihr eigenes Recht. Andere Worte mögen für andere Zeiten die großen Worte gewesen sein. Aber das große Wort für uns ist: „Arbeit". Während der letzten Generationen – es gibt Moden in diesen Dingen – hat man viel vom Opfer gesprochen. Das ist sehr verwirrend, ganz besonders für junge Menschen; man hat aber viel zu wenig über Dienst gesprochen, den Dienst z.B., die Abflußrohre zu reinigen oder zu pflügen oder zu bauen. Warum ist das so? Warum wird das immerwährende und notwendige Martyrium harter Arbeit so allgemein und ständig vergessen? Es gibt gute historische Gründe dafür, daß Philosophen und Lehrer aller Art vergessen haben, daß die Grundlage des Lebens Arbeit ist und daß das Denken hoch in der Luft beginnt. Einer der Gründe ist der, daß die Probleme der Art, wie sie die Philosophen seit langer Zeit um- und umgewendet haben, von den Griechen gestellt worden sind, und ganz besonders von Plato. Aber der griechische Staat war auf Sklaverei gegründet, und sogar die kühnsten Denker konnten das einfach nicht in Frage stellen. Arbeit geschah einfach, so wie die Dinge lagen, und die großen Leute, welche miteinander sprachen, kümmerten sich darum nicht mehr, als wir uns um die Philosophie von Pferden und Kühen kümmern würden. Nachdem sie morgens ihre Sklaven zurechtgewiesen hatten, legten sie ihre Philosophengewänder an und trafen einander in den Säulengängen, um auf ausgesuchte Art über die Natur der Gerechtigkeit und das Wesen des ästhetischen Genusses zu disputieren.

Zu der Zeit, welche wir das Wiederaufleben der Gelehrsamkeit nennen (also der Renaissance), haben wir diese Gedanken in einem Stück übernommen und haben sie eigens Philosophie genannt, wobei uns nicht auffiel, daß diese Philosophie alles andere war als ein vollständiges System des Denkens fürs Leben. (Denn man kann ja nicht von Erkenntnistheorie leben, sondern man muß zunächst einmal Brot und Stiefel haben.) So wurde die Philosophie das Denken derer, die nichts anderes zu tun haben.

Aber am Ende der klassischen Periode war eine andere Art zu denken entstanden, welche bis zu einem gewissen Grade eine Philosophie der Arbeit mit umfaßte. Diese Philosophie wurde später getrübt, und es drängten sich andere Gedanken in sie hinein; immerhin, sie existierte, und ein moderner Denker, welcher gegen sie gesprochen hat, hat sie die Moral von Sklaven genannt. In welchem Maße dieses Denken vollständig war, wage ich nicht zu sagen, wenn man es aber historisch betrachtet, dann kann man nicht leugnen, daß das Christentum immerhin eine Lehre für den Sklaven, für den Ar-

beiter, für den armen Mann in seine Doktrin einschloß. Immerhin gab es da so etwas wie ein Denken für den Mann, der arbeitet.
Indem ich von diesem Blick in die Vergangenheit zurückkehre, finde ich, daß in dem unendlich weiten Feld der Denkmöglichkeiten wir in unserer Zeit nur dort hoffen können, ein festes und konstruktives Zentrum zu finden, wo wir den Gedanken an eine edle, gerechte und alle einschließende Zivilisation finden können: Eine Zivilisation, getragen von einer Lehre, welche die Grundlagen nicht verkennt, nicht vergißt, was die Grundbedürfnisse des Lebens sind, und welche hier und jetzt gegründet sein muß auf gemeinsame Arbeit, ein gemeinsames Leben, ein gemeinsames Ziel.
(...)
Die Maschine verwirrt viele Geister, und das muß so sein. Es ist durchaus möglich zu denken, daß die Maschine eine zerstörende Kraft in der Welt ist, welche sie schließlich in Stücke schlagen wird; aber, werden viele sagen, die Maschine ist nun einmal hier und wird bleiben. Nun ja: dasselbe könnte man z.B. von der Trunksucht sagen. Aber wir müssen zumindest versuchen, sie zu kontrollieren. Maschinenproduktion hat mit großer Schnelligkeit den Charakter unserer Bevölkerung verändert, und während vor nur wenigen Generationen die meisten Leute Handwerker waren, also kleine Künstler, sind sie nun eine Masse von Maschinendienern geworden. Die Maschine ist eine solche Macht geworden, daß sie kontrolliert werden muß; die Massenproduktion der Maschine sollte eine Produktion für die Massen sein. Kein Einzelner sollte die Erlaubnis haben, eine mächtige Maschine für seine eigenen Zwecke „abzufeuern", ebensowenig wie er die Erlaubnis hat, eine Kanone in Oxford Street abzufeuern. Man muß denen, denen die Maschinen gehören, eine Lizenz geben zu feuern. Es ist durchaus wahr: die Maschine ist die Artillerie des Handels, und sie muß durch weise Strategie kontrolliert werden.
(...)
Nun wird man mir sagen, ich habe nicht an die Arbeit des Hirns gedacht; und irgendwie stimmt das. Ich habe auch nicht an die Arbeit gedacht, die für Unterhaltung aufgewandt wird. Was die Leute da so von der Arbeit des Hirns reden, das ist ein ähnlicher Trick wie die Trennung von Kunst und Arbeit.
(...)
Wir müssen zu einem Verständnis und einer Art von Kontrakt kommen zwischen allen Arbeitern des Hirns und jenen vollständigeren Menschen, welche mit Hirn und Händen arbeiten.
(...)

Wenn wir jemals zu einer besseren Art der Zivilisation gelangen wollen, dann muß einer ihrer Ecksteine Verständnis der Arbeit und Ehrfurcht vor der Arbeit sein. Ehrfurcht vor der Arbeit ist die Grundlage der Kunst, denn Kunst ist die Arbeit, welche wirkliche Ehrfurcht verdient.
(...)
Ein anderer Vorschlag – und den sollte man sofort ausführen: Es sollte ein anerkanntes System der Auslese geben, durch welches ein Teil derer, die in unseren Schulen lernen, Handwerker werden dürfen und nicht Maschinendiener werden müssen. Unser Handwerk, oder man mag es auch unsere Künste nennen, muß bewahrt werden, denn eines Tages werden wir vielleicht aufwachen und finden, daß das Wohl der Nation von ihm abhängt. Als Teil des Stipendienprogrammes der Erziehungsbehörden sollten auch einige Stipendien gegeben werden, die es besonders fähigen Studenten in den technischen Schulen möglich machen, sich als Handwerker niederzulassen. Der kleinste Auslaß, der in dieser Richtung aus der eisernen Stadt der industriellen Arbeit hinausführt, würde bewirken, daß viele Augen hoffnungsvoll in diese Richtung blicken, und schließlich würde es sich um nichts anderes handeln als um eine Erweiterung des alten und weisen Lehrlingssystems.

William Richard Lethaby: Das Fundament ist Arbeit, in: Highway, März 1917; hier aus: Julius Posener: Anfänge des Funktionalismus. Von Arts and Crafts zum Deutschen Werkbund, Berlin/Frankfurt a.M./Wien 1964, S. 47-51. Übersetzt von Julius Posener.

6. Architektur und das moderne Leben

Ich möchte Sie bitten, in größeren Einheiten zu denken, als wir dies bisher getan haben.
(...)
Architektur beschäftigt sich mit dem Ganzen der Zivilisation, mit dem, was das Leben fördert, mit den Städten. Wir müssen einen Weg zu einem reicheren Leben finden; wir müssen mehr von den Einrichtungen haben, die man zum Leben in Städten braucht. Wir haben eine ausgezeichnete Stadtplanungsbewegung, aber ich fürchte, auch sie wird zu einem Fach verhärten, das man „Städtebau" nennen wird, während sie doch ein Ausbruch städtischer Vitalität sein sollte ...

Ich würde empfehlen, Bauten nach so allgemein verständlichen Maßstäben zu beurteilen wie den folgenden: Zweckmäßigkeit, gute Ausführung, Billigkeit, Funktion, Vernunft, daß sie verständlich seien, Sorgfalt, Wissen, Meisterschaft, Ernst, Gefälligkeit, Urbanität, Vitalität, Kühnheit, Menschlichkeit, daß sie passend seien, Perfektion, Disziplin, Offenheit, Ehrlichkeit, Dauerhaftigkeit, Klarheit, Ordnung, Einheitlichkeit. Das wären zwei Dutzend Worte der Art, wie sie Architekturkritiker immer gebrauchen sollten; aber es belustigt mich geradezu, wenn ich mir vorstelle, was für nette Scherze die Architekturzeitschriften nächste Woche mit meiner Liste machen werden. Manchmal habe ich wirklich Angst, wir werden eines Tages an unserem berühmten „sense of humor" sterben. Wir haben 50 Jahre lang Leute gehabt, die davon gesprochen haben, daß Stilarchitektur für keinen Menschen von irgendeinem vitalen Interesse ist, daß sie vielmehr eines der Elemente des Unwirklichen ist, die uns als Nation benebelt haben: – Ruskin, aber der, sagt man, war auf sieben Leuchter versessen; Morris, aber der war nur ein Kunstgewerbler, der nichts von der Macht, der Majestät und der Herrschaft jener wunderbaren okkulten Essenz wissen konnte, die man Architektur nennt; Mr. March Philips, aber der denkt, Architektur sollte irgend etwas mit dem Leben zu tun haben, und das hat sie doch gewiß nicht; die Herren Archer, Wells und Clutton Brock, aber das sind ja nur Literaten; die Herren Muirhead, Bone und Pennell, aber die machen ja nur Skizzen; Fergusson auf seine Art, der immer gepredigt hat, daß die Architekten „sich wundern würden, wenn sie einmal sähen, wie leicht es ist, das Richtige zu tun und wie schwer das Falsche, wenn man nichts tut, als einfach die Wahrheit auszudrücken". Robert Kerr, ein fähiger Kritiker, aber vergessen: Er pflegte praktisch das gleiche zu sagen; und Emmett, ein noch ernsthafterer Schriftsteller. Alle diese Leute sahen etwas im intensiven Leben und in der stolzen Arbeit und gar nichts in den wunderbaren Proportionen und exquisiten Stilen der Oxford Street und des Strand. Aber es kann nicht für immer so weitergehen; eines Tages – sagen wir in 500 Jahren – werden die Architekten ihr Hohepriestertum aufgeben müssen und sich dem gesunden Menschenverstand anvertrauen. Sie werden in das Leben ihrer Zeit eintreten müssen um der Kultur willen ...
Viele Dinge, über die wir alle einer Meinung sind, werden danach nicht zur Basis einer Kritik erhoben, die jeder verstehen könnte: solche Punkte sind Funktion, gesunde Struktur, Sparsamkeit der Mittel, um die Zwecke zu erreichen, Licht, Zugangsmöglichkeit für Reparatur und Reinigung, Zweckmäßigkeit im Bau von Schornsteinen, Ladenfronten, Oberlichtern, Fenstern, Dachstühlen. Wir müssen uns überlegen, wie man am besten in Ei-

senbeton baut, und ebenso müssen wir alle Fragen des Steinschnitts, der Wetterbeständigkeit, des Verputzes, des Schlemmens usw. bedenken ... Eine moderne Stadt sollte neue Bautypen für ihre Bedürfnisse entwickeln.

William Richard Lethaby: Architektur und das moderne Leben, in: Royal Institute of British Architects, 1917; hier aus: Julius Posener: Anfänge des Funktionalismus. Von Arts and Crafts zum Deutschen Werkbund, Berlin/Frankfurt a.M./Wien 1964, S. 51-52. Übersetzt von Julius Posener.

7. Ruskin: Niederlage und Sieg

Ruskin wurde nicht anerkannt, während er lebte, und die größte Anerkennung, die man ihm heute zollt, ist die, daß er vergessen ist. Er hatte gar nichts für Anerkennung übrig, nun aber ist unsere Generation ganz und gar von seinen Gedanken erfüllt.
Ich will hier nicht die vielen Bände seines Werkes durchblättern, um Dinge zu finden, über die ich sprechen kann, vielmehr will ich einen kurzen Abriß dessen geben, was mir als seine Lehre im Gedächtnis bleibt:

1. Kunst ist kein Luxus, sie ist ein Bestandteil jeder rechten Arbeit. „Tätigkeit ohne Kunst ist Brutalität"; „Leben ohne Tätigkeit ist Schuld." Wahre Arbeit ist die höchste Lebensform.
2. Wissenschaft besteht nicht darin, daß man Tatsachen aufhäuft; Auswahl ist notwendig; Wissenschaft sollte Weisheit sein und Dienst.
3. Die sogenannte Nationalökonomie muß nicht eine Theorie der Bankguthaben sein, wobei es nicht darauf ankomme, in welchen Händen sich die Scheckbücher befinden und für welche Zwecke man die Schecks ausschreibt. Ein vernünftiges System der Ökonomie wäre die Lehre von der weisen Produktion und der gerechten Verteilung. „Es gibt nur einen Reichtum: das Leben." Die Lehrstuhlnationalökonomen haben das Leben vergessen. Sie haben niemals von der Qualität des Handwerks etwas gehört, sie haben nicht einmal den Krieg voraussehen können, aber sie haben solche einfachen Äußerungen Ruskins mit heilloser Wut quittiert.
4. Erziehung braucht nicht unbedingt eine Einführung in den Wettlauf der Konkurrenz zu sein: sie könnte immerhin eine Formung des menschlichen Geistes sein.

5. Ein Künstler, ein Dichter oder Musiker ist nicht eigentlich ein Akrobat, dessen Ziel es ist, sich bewundern zu lassen: seine eigentliche Aufgabe ist zu lehren und anzuregen.
6. Das Land ist nicht mein Eigentum, das ich ausbeuten oder in einen Müllhaufen verwandeln kann, es ist unser Garten, unser Heim.
7. Besitz verpflichtet.
8. Das Ziel aller vernünftigen Tätigkeit ist der Wert des Lebens.

William Richard Lethaby: Ruskin: Sieg und Niederlage, in: Arts and Crafts Society, 1919; hier aus: Julius Posener: Anfänge des Funktionalismus. Von Arts and Crafts zum Deutschen Werkbund, Berlin/Frankfurt a.M./Wien 1964, S. 54-55. Übersetzt von Julius Posener.

8. Architektur als Form in der Kultur

Mehr und mehr werden wir Opfer unserer eigenen Worte und leben in der Furcht vor Namen. Ein solcher Name ist Architektur. In seinem Mysterium verbergen sich vage und eitle Anmaßungen. Ihr Schatten bedeckt viele kleine Aberglauben über den korrekten Entwurf, den richtigen Stil, die reinen Proportionen. Hohepriester stehen auf, von denen man annimmt, daß sie all diese subtilen Lehren kennen und daß sie den Weg zum ästhetisch völlig Sicheren weisen können. Und doch gibt es da unsere Straßen Edgeware-Road und Euston Road, Oxford Street und Holborn; und unsere Städte Leeds und Liverpool, Bristol und Plymouth. Diese allen sichtbaren entsetzlichen Dinge sollten doch einige Zweifel an den Dogmen erregen. Die Mystifikation über Architektur hat die intime Kunst des Bauens dem Interesse und Verständnis des gemeinen Mannes entzogen. Mit einem gläubigen Architekten über seine Theorien zu sprechen, ist ungefähr ebenso hoffnungslos, als wollte man mit einem Kardinal die Glaubenssätze diskutieren. Alle alten Künste des Menschengeschlechts leiden unter diesem Krampf: der Pedanterie und des Hohepriestertums – Musik, Malerei, Dichtkunst. Und sie alle leiden an ihrer Isolierung und am Berufskünstlertum.
Architektur ist menschliches Können und Fühlen, welches sich in der großen und notwendigen Tätigkeit des Bauens zeigt. Sie muß eine lebende, fortschrittliche, konstruktive Kunst sein, welche sich den stets wechselnden Bedingungen der Zeit und des Ortes anpaßt. Um wahr zu sein, muß eine Kunst immer neu sein. Nicht allerdings, indem sie neu sein will, denn das

ist ebenso schlimm oder schlimmer als Antiquarianismus, sondern indem sie stets auf das Notwendige die Antwort gibt. Das lebhafte Interesse und die Bewunderung, mit welcher Menschen ein Schiff oder eine Maschine ansehen, ein altes Bauernhaus oder einen Heuschober, stammen daher, daß man fühlt, diese Dinge sind wirklich. Sie haben ihre Form von einer höheren Macht erhalten als einer Laune, einem höheren Zweck als dem, dem Snob zu gefallen. So muß es auch wieder mit unseren Gebäuden sein: Sie müssen fest gegründet sein auf den Felsen der Notwendigkeit.
Viele Worte sind verschwendet worden, um für die Architektur den Titel der schönen Kunst zu beanspruchen, der Führerin unter den schönen Künsten. Aber diese beiden Ansprüche schließen einander aus. Meisterschaft in der Architektur beruht darauf, daß sie universal ist, daß sie dient. Sie ist die Führerin einzig in dem Sinne, daß sie diejenige ist, welche mehr dient als jede andere. Die schönen Künste sind ihrer Natur nach frei von jenem Dienst an menschlichen Bedürfnissen, und die Architektur wurde von Aristoteles ausdrücklich von den schönen Künsten ausgeschlossen. Und dabei war sogar diese Idee selbst, daß die schönen Künste nämlich völlig unabhängig und frei nur für das Entzücken der Menschen da seien, eine Ketzerei der hellenistischen Spätzeit. Für Plato und die großen Meister war sogar das, was sie „musikalische Künste" nannten, nicht nur schön, sondern heilsam. Sie waren da für die Stärkung der Seele und nicht für ästhetische Verzückungen und Räusche.
Es mag eingewandt werden, daß das Einfache, daß die reine Nützlichkeit und Bequemlichkeit nicht genügen, um eine Grundlage für eine edle Architektur zu schaffen. Natürlich genügen sie nicht dafür, wenn man unter reiner Nützlichkeit eine geizige und knausernde und vorteilsuchende Art der Nützlichkeit versteht. Alles, was der Mensch hervorbringt, trägt den Stempel des Geistes, in dem es getan worden ist. Aber dieser Stempel heißt nicht notwendigerweise Ornament. Was ungeschmückt ist, kann wirklich niemals so niedrig sein wie das, was falsch geschmückt ist mit geborgten, schamlos entwendeten Ornamenten. Hohe Nützlichkeit und freie Bequemlichkeit für ein edles Leben sind genug für gute Architektur. Wir verwirren uns selbst mit diesen unwirklichen und zerstörenden Gegensätzen zwischen dem, was dient, und dem, was ästhetisch ist, zwischen Wissenschaft und Kunst. Wenn man die großen Tätigkeiten des Lebens ansieht, also Schiffahrt, Ackerbau, Haushalt: kann man da sagen, wo das Nützliche endet und wo Stil, Ordnung, Klarheit, Präzision beginnen? Bis zu einem gewissen Punkt, und es bedarf eines langen Weges, um diesen Punkt zu erreichen, ist Stil Nützlichkeit. Wir müssen wieder neu beginnen und die Archi-

tektur als eine Kunst des Dienens vom Standpunkt der Gemeinschaft her ansehen.

Die Fronten der Gebäude, welche nach außen sehen, sind selbstverständlich von Interesse für das Publikum, und ein jeder hat Eigentumsrecht an ihnen. Der Betrachter ist wirklich ein Mitbesitzer. Niemand baut für sich selbst allein. Mag der Besitzer in seinem Gebäude tun, was er will, wir müssen ihn ja nicht notwendigerweise besuchen. Schlechte Theaterstücke braucht man nicht anzusehen, schlechte Bücher braucht man nicht zu lesen, aber nichts als Blindheit oder eine völlige Verkümmerung der Fähigkeit zu sehen, kann uns vor den Gebäuden an der Straße schützen. Es steht zu fürchten, daß wir schließlich lernen, uns dadurch zu schützen, daß wir uns daran gewöhnen, nicht hinzusehen, d. h. daß wir eine menschliche Fähigkeit opfern. Allgemeines Interesse und intelligentes Urteil über die öffentlichen Künste sind eine Notwendigkeit der Kultur. Das Publikum muß aufmerken. Man muß ehrlich stolz sein oder stark protestieren. Daß das geschieht, ist nicht eine Sache des Geschmacks; vielmehr ist es eine wesentliche Tätigkeit des städtischen Geistes. In Städten stehen Gebäude an der Stelle von Feldern, Bäumen und Hecken. Gebäude sind eine künstliche Form der Natur. Wir haben ein Recht darauf, daß Gebäude uns achten und einigermaßen höflich gegen uns sind. Wir wollen davor geschützt sein, daß man uns ins Gesicht schlägt, wenn wir es wagen, auf die Straße zu gehen. Unsere Städte gehören nicht einzig den großen Geschäftsleuten, den Eisenbahngesellschaften und der Reklame.

Wenn man aber Architektur richtig versteht, dann betrifft sie nicht nur den Mann in der Straße, sie dringt in jeden Haushalt ein. Unsere Augen haben so lange in die Richtung des korrekten Stils geblickt, daß die wichtigeren Fragen der Konstruktion und Funktion darüber notwendigerweise vernachlässigt worden sind. Wir brauchen Kamine, welche wärmen, Fußböden, welche man einfach säubern kann, und Decken, welche nicht reißen. Hier liegen die Probleme der modernen Architektur, und indem wir sie befriedigen, mögen wir den rechten Stil für heute finden. Architektur ist eine Umgangssprache, nicht die Kunst, aus klassischen Werken zu zitieren. Aber heute steht es so, daß sie so mit Fetzen von Rhetorik beladen ist wie chinesische Literatur. Sie ist zu einer toten Sprache geworden.

Das Haus der Zukunft wird entworfen werden wie ein Schiff als ein Organismus, welcher richtig in allen seinen Teilen zu funktionieren hat.

Das geht doch jeden an und ist nicht nur eine Frage der Wirtschaftlichkeit und der Bequemlichkeit, sondern eine Frage des Geistes. Unsere Häuser müssen so gebaut werden, daß sie uns passen wie Anzüge und daß sie eine

weitere Ausstrahlung unserer selbst werden. Eine ganze Reihe von zweideutigen Worten, wie Entwurf, Ornament, Stil, Proportion, hat sich zwischen uns und die unmittelbaren Gegebenheiten der Architektur gestellt. Entwurf, das ist nicht eine abstrakte Fähigkeit, welche nur ein Genie besitzt. Nein, es ist einfach die Kenntnis, das Werk so zu bestimmen, daß es gut gemacht wird. Je notwendiger das Werk ist und je augenfälliger, einfacher und reiner die Voraussicht des Entwerfenden ist, um so besser wird der Entwurf sein. Es handelt sich nicht darum, faszinierende Muster zu schaffen, nein, es handelt sich um Gebäude, welche funktionieren sollen. Architektur ist eine pragmatische Kunst. Wenn man im klassischen, gotischen oder Renaissancestil entwerfen will, dann ist das ebenso abwegig, als wollte man eine Statue in der Art des Praxiteles meißeln, so malen wie Holbein oder nachgeahmten Shakespeare schreiben. Wir brauchen doch keine Wachsfiguren aus dem Wachsfigurenkabinett. Wir brauchen eine aktive Baukunst, in welcher sich der Stil von selbst versteht, so wie beim Schiffbau. Das moderne Bauen muß wie eine Schlange seine alten und welken Häute abstreifen.
Was ist oder was war ein Stil? Es ist ein Museumsname für eine Phase vergangener Kunst. Um das, was tot und abgetan ist, zu klassifizieren, sind die Stiletiketts ganz nützlich. Man muß sich aber darüber klar sein, daß diese Stile damals, als sie lebten und vorwärtsschritten, Prozesse gewesen sind, die begannen, fortschritten und schließlich in etwas anderes übergingen. Sie waren Phasen wie die Phasen des wechselnden Mondes. Das, was sich jetzt als Stil ausgibt oder, um einen noch scheußlicheren Slangausdruck zu gebrauchen, als „period work", ist nicht lebendig. Es ist darum nicht eigentlich in dem Stil, den es vortäuscht, sondern nur in dem „Stil" eines Stiles.
Das Wesentliche aller alten Kunst war ihre Vitalität, ihre Antwort auf die naturgegebenen Bedingungen und die Psychologie ihrer Zeit. Je besser wir ihre toten Hüllen nachzubilden scheinen, um so weniger sind wir ihrer echten Natur nah. Architekten sind Leute, welche gewisse Baulichkeiten entwerfen und ihre Herstellung überwachen. Ich würde sie Bauingenieure nennen, hätten nicht unsere Bauingenieure ihre Berufung verraten, indem sie sich zu jeder Art von Ausbeutung hergeben und keinen Sinn für Ordnung und Anstand haben. Natürlich gehört uns die ganze Vergangenheit der Architektur ebenso wie die der Ingenieurkunst und des Schiffsbaues. Sie ist eine Erfahrung unserer Rasse in dem Sinne, in dem auch die Vergangenheit aller anderen Gebiete wie Wissenschaft oder Literatur eine Erfahrung unserer Rasse ist.
Wenn man das Wort Stil in seinem wesentlichen Sinne gebraucht, so heißt „stilvoll" nicht einem bestimmten Stil angehörig. Stil ist Klarheit, Funk-

tion, Meisterschaft, oft ist es Vereinfachung. Es ist in der Baukunst das gleiche wie in der Literatur oder wie im Sport. Stil ist im Menschen, jawohl, und im Ding an sich. Er ist der formende Geist, der Geist der Form und nicht einfach ein Firnis.

Ein anderes Wort, welches die Leute des architektonischen Aberglaubens mit großer Ehrfurcht flüstern, ist Proportion. Porportion beruht ihrem Wesen nach auf Funktion, Material und Dimension. Es mag z.B. eine vollendete Proportion geben für gewisse Arten von Schiffen. Die muß man aber durch das Experiment entdecken und nicht dadurch, daß man griechische Galeeren nachmißt. Die Idee der Schönheit, einer Schönheit des täglichen Brotes, nicht Stilprätention, muß wieder in unser Leben zurückgebracht werden. Dies ist ein Fehler der modernen Erziehung: sie bildet uns für das Verständnis des Vergangenen aus, nicht für das Hervorbringen in der Gegenwart. Diese Art rein kritischer Bildung macht die Menschen in der Tat unfruchtbar. Sie können nichts hervorbringen, und am Ende können sie nicht einmal die Vergangenheit verstehen. Volles Verständnis beruht auf der Fähigkeit, zu tun. Darum sollen wir die Dinge der Vergangenheit hinter uns lassen und vorwärtsschreiten, um hervorzubringen, um zu sein, um zu leben. Denkt an Lots Weib!

Das Leben ist ein Vorgang, ein Seinsstrom, und wo diese lebendige Tätigkeit vorhanden ist, da werden Musik, Drama und die Bildenden Künste aus dem Leben selbst hervorgebracht. Eine lebende Kunst reitet auf der Flutwelle schöpferischer Intelligenz.

William Richard Lethaby: Architektur als Form in der Kultur, in: The London Mercury, 1920; hier aus: Julius Posener: Anfänge des Funktionalismus. Von Arts and Crafts zum Deutschen Werkbund, Berlin/Frankfurt a.M./Wien 1964, S. 57-60. Übersetzt von Julius Posener.

Charles Robert Ashby. Foto von Frank Lloyd Wright

Charles Robert Ashbee (1863 – 1942)

Der Name Ashbee ist unmittelbar mit der „School and Guild of Handicraft" verknüpft, die er 1888 gründete. Die Idee von Arts and Crafts als Lebens(re)form fand in dieser Gilde den wohl konsequentesten Ausdruck. Obwohl seine Reform des Produktdesigns diesem Leitziel nachgeordnet erscheint, gingen aus der Werkstatt die markantesten Objekte hervor, die weit über den Ort ihrer Herstellung hinaus bekannt wurden und Reformkünstler wie Frank Lloyd Wright und Künstlervereinigungen wie die Wiener Werkstätte beeinflußten. Das Ziel der Gilde war aber in erster Linie ein pädagogisches. Zunächst wurden die Schüler – allesamt Autodidakten – in der „School of Handicraft" unterrichtet, die anfänglich in der im East End von London gelegenen Universitätsabteilung Toynbee Hall gelegen war. Aus dieser Keimzelle heraus sollten sie dann allmählich in die Werkstätten hineinwachsen, wobei sie ihre Fertigkeiten über „learning by doing" im Teamwork und ohne Spezialisierung erwerben sollten. Produktion und Ausbildung wurden in der „School and Guild of Handicraft" parallel gesetzt.
Darüber hinaus war die Gilde als genossenschaftlich-sozialistische Kooperative nach dem Prinzip des profit-sharing organisiert, das die Arbeiter an den Gewinnen beteiligte.
Zwar war Ashbee kein Sozialist strengster Observanz, die Gilde zielte aber darauf, soziale Mängel zu beheben: Kunst war Alternative zum kommerziellen Geist und zu modernen Geschäftsmethoden in der kapitalistischen Industriegesellschaft. Seine politische Haltung bezeichnete der Reformer als „Constructiv Socialism".
Es ging der Gilde darum, den Status des „craftsman" zu erhöhen, den sie durch die maschinelle Produktion bedroht sah. Dieser Weg schien Ashbee am geeignetsten, das eigentliche Ziel, die Entfaltung der individuellen Kreativität und der Arbeitsfreude beim Handwerker, zu fördern. Die im Sinne Ruskins ganzheitlich ausgerichtete, ohne

Arbeitsteilung bewerkstelligte Arbeit sollte durch den Umgang mit qualitätsvollem Material noch „veredelt" werden.
Als die Gilde aufs Land, in die Cotswold nach Gloucestershire und dort in das romantische Dörfchen Chipping Campden, umzog, erweiterte sie ihre Lebens- und Arbeitsgemeinschaft noch durch weitere kulturelle Aktivitäten, die von Sport über Theater, Gärtnerei bis zu Lesezirkeln und der Einrichtung eines Museums reichten.
In „Modern English Silverwork" (1909) warf Ashbee dem Kaufmann Liberty vor, unrechtmäßig Entwürfe kopiert und zu kommerziellen Zwecken verwendet zu haben. Weiter gab er seiner Überzeugung Ausdruck, daß die Förderung bestimmter Tugenden, wie Gemeinsinn, Rücksichtnahme und menschliche Verbundenheit, durch kooperative Handarbeit notwendig in Menschlichkeit münde („Humanity and Craftsmanship are inseparable."). Infolgedessen war für Ashbees Konzept der Gilde die harmonische Verbindung von Individualität und Gemeinschaftsarbeit entscheidend. Der Begriff „standard" (besonders in „Craftsmanship in Competitive Industry", 1908) ist deshalb nicht nur mit der Qualitätsnorm eines Produktes verbunden, sondern auch mit dem Niveau der Lebensführung der Menschen. Das Bemühen, Lebensniveau mit künstlerischem Standard zu verknüpfen, war für Ashbee die Voraussetzung für die Einheit von Kunst und Leben.
In den in „Should We Stop Teaching Art?" formulierten Axiomen sprach er der Rolle der Maschine eine gewisse Bedeutung zu. Aber ähnlich wie Ruskin und Morris ließ er sie nur für jene Bereiche gelten, in denen sie stupide Wiederholung und Regelmäßigkeit notwendig machten, nicht jedoch individuelle Kreativität.
Infolgedessen war das Handwerk immer noch die beste Voraussetzung für die Entfaltung von Individualität. Zwar sprach er der Maschine nicht ab, Schönheit hervorzubringen, wohl aber mindere sie Arbeitsfreude und Kreativität.

1. Das Handbuch der Guild of Handicraft

Das Experiment der Guild and School of Handicraft
Ihr zentrales Element ist die Gilde, das kooperative schöpferische Atelier, in dem verschiedene künstlerische Handwerksarten betrieben werden: Schreiner- und Schlosserarbeit, Gold- und Silberarbeit, Juwelierhandwerk, Lederarbeit, Gesso und dekoratives Malen und solcherlei Dinge, die konventionellerweise in Richtung Architektur eingeordnet werden. Der Gilde angeschlossen und zum Teil von ihr abhängig ist die Schule, in der verschiedene Formen des Handwerks vermittelt werden, nicht zu Berufszwecken, sondern mit erzieherischem Ziel – abends für diejenigen, die darauf Wert legen, zu kommen und unterrichtet zu werden. Neben der Gilde, d.h. der produktionsorientierten Seite, und der Schule, d.h. der lehrenden Seite, gibt es den Club, die gesellschaftliche Seite des Unternehmens. In seiner Art des Verwaltungsaufbaus bildet das Komitee der Gilde, das auf Dauer gewählt ist, die zentrale oder führende Position; es folgt das Schul- oder Ausbildungskomitee, das jährlich von denjenigen gewählt wird, die die Schule finanziell unterstützen. Von ihnen abhängig sind die Studenten- und Clubkomitees; völlig unabhängig sowohl von der Gilde als auch der Schule agiert das Universitätsausbau-Komitee, das dem Londoner Rat für universitären Ausbau, der im Essex House untergebracht ist, direkt verantwortlich ist.
(...)
Was wir hier in Betracht ziehen müssen, ist die Entwicklung bestimmter Teile der Ausbildungsarbeit der Gilde und Schule von 1891/92 am Essex House und seit der Zeit, als die Hauptverantwortung für die Entwicklung der Ausbildung von den Berufshandwerkern in der Gilde übernommen wurde.
Seit dem Eintritt der Gilde und Schule ins Essex House war das Wachstum nicht nur der ganzen Gilde und Schule, sondern besonders der Lehre schnell und raumgreifend. Neue Ateliers wurden für die Gilde aufgebaut, deren Arbeit in materieller Hinsicht gewachsen ist, währenddessen die Schule zur doppelten Größe – im Vergleich zu 1890 – angewachsen ist, so daß die Klassen von 7 auf 14 Schüler und die Zahl der Grundschullehrer, die ausgebildet werden, von 40 auf 100 gewachsen ist. Die normale Ausbildung in Entwurf, Zeichnen, Schnitzen, Modellieren, Schreinern usw. ging so weiter wie zuvor, und die Ausbildung insbesondere von Lehrern ist in besonders großem Maße gewachsen. Die Jahres- und Frühjahrvorlesungen gingen in gewohnter Weise weiter.

Durch die Verbindung zwischen der Stadt und dem Gildeninstitut, das auf Anregung des Lehrerkomitees der Guild and School ihr System für technische Prüfungen erweiterte, um die Prüfungsbedingungen für Grundschullehrer zu erfüllen, wurde der erste Schritt unternommen, um die Guild and School, soweit es die technische Ausstattung anbetrifft, auf die Grundlage eines College im Gegensatz zu einer gewöhnlichen technischen Schule zu stellen.

Dies wurde weiterentwickelt, indem man Landschullehrer während ihrer Ferienzeit ins Essex House einlud und ihnen ermöglichte, sich durch Ausbildungskurse für das „Stadt- und Gildenzertifikat" zu qualifizieren.

Durch die Gründung des Mile End University Ausbauzentrums im Essex House wurde der College-Idee eine weitere Stimulierung gegeben. Dieses Zentrum, das unter getrennter und unabhängiger Führung steht, wurde mit dem Ziel gebildet – so hofft man –, sich besonders den höheren und theoretischen Aspekten der Kunst und Technologie zu widmen. Man glaubt, dadurch einigen der praktischen Ausbildungen, die schon in der Gilde und Schule im Essex House unterrichtet werden, eine deutlichere Absicht zu geben. Vielleicht ist das wichtigste der verschiedenen Ausbildungsvorhaben der Guild and School of Handicraft in den letzten Jahren diejenige Arbeit gewesen, die ihr durch die verschiedenen Grafschaftsräte und technischen Komitees zugekommen ist, die in ihrem Sinne die Ausbildungsarbeit in den Landkreisen unterstützten.

Es hat sich erwiesen, daß die Grafschaftsräte, die das „Biergeld" für die technische Ausbildung verwendeten, ihrerseits Lehrer brauchten, Aufsichtsbeamte und Männer, die qualifiziert waren, als Pioniere einem neuen Ausbildungsverständnis den Weg zu bereiten. Die Guild and School hat sich diesem Umstand angepaßt, indem sie Männer ausschickte, die in verschiedenen Teilen des Königreiches die Zuschüsse verwalten helfen sollten. Es ist bei diesem Thema wichtig, im Auge zu behalten, daß die Guild and School solches Lehrpersonal heranbildet, meist Handwerker, aber auch Grundschullehrer, die fähig sein sollten, die edlen Lehrtraditionen in andere Provinzen weiterzutragen oder Schulgründungen, die dem Mutterunternehmen ähnlich sind, zu begleiten. Der Staat hat bis jetzt keine Vorsorge für die Ausbildung technischer Lehrer getroffen, obwohl er Geld für den technischen Unterricht zur Verfügung gestellt hat. Wenn die Zeit gekommen ist, diese Vernachlässigung anzuerkennen, wird die Guild and School sich hoffentlich endgültig als Unterrichtszentrum für dieses Bedürfnis etabliert haben.

Guild of Handicraft. Silberschmiede im Essex House, um 1910

Guild of Handicraft. In Shipping Campden

Wir sind daher der Meinung, daß im Handwerk, das auf richtige Weise ausgeübt und verstanden wird, Würde liegt, daß der Ruf nach Anwendung der Kunst in der Industrie, nach besserer technischer Ausbildung nur durch das richtige Verständnis und Studium des Handwerks befriedigt werden kann; wir vertreten die Meinung, daß die Produktion, um das richtige Verständnis aufzubringen und zu produzieren, auf irgendeiner kooperativen Basis gegründet sein muß und daß die Herrschaftsprinzipien so verändert werden müssen, daß sie der Individualität der Herstellenden, im Vertrauen auf seine Verbundenheit zum großen Ganzen, Freiraum lassen.
Die Prinzipien, die zu dem Erfolg der Arts and Crafts-Ausstellung, die kürzlich stattfand, beigetragen haben – nämlich die Entwerfer und die Ausführenden jedes einzelnen Werkstücks vorzustellen – sind, so glauben wir, zutiefst gut. Und wir glauben, daß jedes wirtschaftliche Unternehmen, in dem die Hände und das Vorstellungsvermögen eines Menschen im Spiel sind, auf ihnen beruhen sollten. Wir sind der Meinung, daß, um diese Prinzipien erfolgreich weiterzuführen, ihre Ausbreitung den Ausführenden mit so wenig Mittelsmännern und soviel direktem Kontakt zwischen Produzenten und Konsumenten wie möglich, selbst anvertraut werden muß. Darüber hinaus denken wir, da die Arbeit der Gilde zum großen Teil bei den Architekten liegt und da dem Architekten ein großer Teil der Arbeitsorganisation und Beschäftigung zufällt, ohne daß er die Stellung eines Arbeitgebers innehat noch am Produktionsprofit beteiligt ist, er als führender Handwerker angesehen werden soll, und daß man alle Mittel aufbringen sollte, Handwerker mit ihm in Kontakt zu bringen, um die Übel des Vertragswesens so weit wie möglich auszuschalten.
Im Produktionsbereich kann man diese Prinzipien als „Werkstattprinzip" zusammenfassen, aber dieses Werkstattprinzip hat eine erzieherische Bedeutung. Eine Handwerksausbildung, so glauben wir, kann nicht in der Art einer normalen Kunstschule durch Zeichnen, Entwerfen, durch das Abmalen von der Antike usw. vermittelt werden. Sondern sie muß eine direkte Beziehung zum Material in allen möglichen Variationen herstellen. Ein Entwerfer kann nicht auf dem Papier ausgebildet werden, er muß durch das Holz, den Lehm, das Leder, das Metall, das Wachs, in der tatsächlichen Substanz, in der er entwerfen soll, unterrichtet werden. Dieses ist die Anwendung des Werkstattprinzips in der Lehre; da wir gegen den Papierentwerfer protestieren, so protestieren wir indirekt auch gegen den Künstler von einer Kunstschule. Wir sagen: laßt ihn Handwerker werden – es wird ihm so besser gehen; laßt ihn die Landschaftsmalerei und das Porträtieren verlassen und Entwurf im Verhältnis zu etwas unmittelbar Produktivem studieren –

es wird ihm so besser gehen: und indem er dies tut, wird er in der Herstellung einfacher Dinge etwas bis dahin Unerkanntes erkennen. Dies ist wiederum das Werkstattprinzip. Zu guter Letzt sind wir der Meinung, daß diese schöpferischen Ideen in ihren lehrhaften Inhalten dem Grundschullehrer nahegebracht werden sollten; sie sollen für ihn die enge Welt weiten, in die das Fach ihn gesetzt hat, und sollen ihm helfen, seinerseits den Jungen etwas von der Würde des Handwerks, dessen Verfechter er lediglich sein kann, beizubringen. Dies ist abermals das Werkstattprinzip, und hier ist es passenderweise denjenigen anvertraut, die die Formung der zukünftigen Arbeiter in ihren Händen halten.

Dies sind – in Kürze – die Prinzipien, auf denen das Experiment der Guild and School of Handicraft beruht.

Charles Robert Ashbee: The Manual of the Guild of Handicraft, London 1892 (Reprint New York/London 1978), Kap. III. The Experiment of the Guild of Handicraft, S. 16-20. Übersetzt von Angelika Krestas/Viola Düwert.

2. Von der Notwendigkeit, den Schönheitssinn zu pflegen. Einige Aphorismen

Daß die Krönung und Erfüllung eines Volkslebens ein weises Verstehen und Genuß von Schönheit ist.

Daß die einzige Hoffnung auf eine Entwicklung des Schönheitsempfindens bei denjenigen Künstlern und Handwerkern liegt, die künstlerisch ausgebildet sind – die einen bewußt, die anderen unbewußt.

Daß unter den modernen Bedingungen der Kunst die Bildende Kunst künstlich in den Vordergrund gedrängt wird, während die Architektur und die Dekorationskunst, das eigentliche Rückgrat, noch keine rechte Anerkennung unter uns erhalten haben.

Daß die Probleme der Maschinenproduktion nach und nach aus den Werkstätten heraus gelöst werden müssen. Daß man eine genaue Unterscheidung wird machen müssen zwischen dem, was von Maschinen produziert wird, und der unmittelbaren Arbeit von Menschenhand, und daß der künstlerische Qualitätsstandard letztlich von dem Genuß, der dem Hersteller gegeben wird, abhängen muß und nicht von dem des Konsumenten.

Daß im jetzigen Moment das soziale Problem eine größere Wichtigkeit hat als das künstlerische.

Charles Robert Ashbee: A few Chapters in workshop reconstruction and citizenship, and An endeavour towards the teaching of Ruskin and Morris, London 1894/1901 (Reprint New York/London 1978), Kap. II. On the need for the cultivation of the sense of beauty, and the questionable wisdom of hoping for this from the British Middle Class, S. 15-26, hier S. 16. Übersetzt von Angelika Krestas.

3. Handwerk in der wettbewerbsorientierten Industrie

1. Kap.: Die Arts and Crafts-Bewegung und ihr ethisches Ziel
Am Anfang der Arts and Crafts stand die Absicht, nützliche Dinge zu schaffen und sie gut und schön zu machen; handwerkliche Qualität und Schönheit bedeuteten den Führern dieser Bewegung ein und dasselbe. Der Versuch, diese Grundsätze zu verwirklichen, hat jene, die tagtäglich handwerklich arbeiteten, mit einer Reihe von Problemen konfrontiert, die sie im Vorhinein nicht vermutet hatten, und sie über die letzten 25 Jahre zu einer Lebensanschauung geführt, die sich von der allgemein verbreiteten unterscheidet. Diese Lebensanschauung mag einmal politische, einmal soziale, einmal ästhetische Form annehmen, sie mag oder mag nicht direkt praktisch anwendbar sein; immer aber behauptet sie, auf Erfahrung zu gründen und ein bestimmtes Ziel in bezug auf das Leben und Denken in England anzustreben. Soweit ein Künstler überhaupt politische Anschauungen hegen kann, stelle ich mir die Aussichten für England folgendermaßen dar: Unsere politischen Theorien sind letzten Endes von dem großen ökonomischen Faktor des industriellen Maschinenwesens bestimmt. Unsere großen Städte entstanden dadurch, unser Kolonialreich, unser Imperialismus, die Theorie des Freihandels. Das industrielle Maschinenwesen gerät gegenwärtig an seine Grenzen, und damit beginnt eine neue politische Ära. Die Zeichen dafür lassen sich in den drei Auflehnungen gegen die alte Ordnung finden, welche den alten Denkgewohnheiten vollständig zuwiderlaufen. Da ist zunächst der Sozialismus, der sagt: „Seht, zu welch fürchterlichem Chaos unsere Zivilisation durch den unkontrollierten Einsatz industrieller Maschinen gera-

Ashby, Mahagoni-Schrank, um 1898

Baillie-Scott, Schrank für das neue Palais des Großherzogs von Hessen und bei Rhein. Aquarell

ten ist; wir müssen die Dinge von unten auf wieder in Ordnung bringen und den Fluch der billigen Arbeit loswerden." Dann ist da die Lehre von den Schutzzöllen, welche sagt: „Die Theorie des Freihandels, die alles den billigen Nahrungsmitteln für die Industriestandorte aufopfert, ist überholt. Wir brauchen ein neues Steuersystem, welches das rassische Bewußtsein, das unsere koloniale Expansion mit sich geführt hat, zum Ausdruck bringt. Der Lebensstandard der englischsprachigen Völker muß überall gleich sein." Die dritte Auflehnung schließlich gegen das System des Industrialismus ist die Bewegung der Arts and Crafts, die Auflehnung des Individuums, welches sagt: „Was ist dies alles eigentlich wert, und wohin führt es uns? Weder der Sozialismus noch der Ausdruck rassischen Bewußtseins sind von irgendeinem Nutzen, solange nicht entschieden wird, was richtig und was falsch ist an der industriellen Produktion, was hergestellt werden sollte und was nicht. Mag der Sozialismus ruhig auskehren, sollen Schutzzölle die englischen Völker verbinden und ihren Lebensstandard vereinheitlichen, wir aber, die Arts and Crafts, sind gewillt, festzulegen, was der Standard sei, wir wollen ihn am Produkt und am Hersteller zeigen, wir wollen die Menschen zu den Wirklichkeiten des Lebens zurückführen, zum Gebrauch der Hand und des Verstandes, wessen mehr als die Hälfte unserer Bevölkerung durch das industrielle Maschinenwesen beraubt worden ist." Daher kommt es, daß diejenigen, deren Namen untrennbar mit den Arts and Crafts verbunden sind, vielleicht einen Teil der Bewegung darstellen, die Konservativismus und Liberalismus gleichermaßen außer Kurs setzen, den englischen Städten ein neues Bewußtsein geben und das Parlament reformieren wird; jener Bewegung, durch welche sich ein neues Ideal der nationalen Bildung herausbildet, das höher steht als das kleinliche Sektierertum der vorangegangenen Generation – der Generation der Kirchen – und durch welches überall im Lande technische Schulen entstehen und Anstrengungen gemacht werden, das Geheimnis der arbeitenden Hand wiederzugewinnen.
(...)
Einer idealistischen Bewegung gehören sie an, und die Aufgabe der Kunsthandwerker der Arts and Crafts ist es, dieser Ausdruck zu verleihen, deren gestaltende Stimme zu sein. In ihren Werkstätten also und durch die Arbeit ihrer Hände gerieten sie schrittweise in Kontakt mit den großen Problemen des englischen Lebens, und weil sie von ihrer Erfahrung ausgehen, bezweifeln sie die von Politikern und Ökonomen üblicherweise vertretenen Lösungsvorschläge. So hält man es beispielsweise gemeinhin für ein Axiom, daß die Produktion im großen Maßstab – in den Fabriken – wirtschaftlicher sei als die kleine Produktion – die des Handwerks oder der Werkstätten.

Guild of Handicraft, Glaskaraffe

Weil sich dies als richtig im industriellen Wettbewerb erwiesen hat, meint man, es müsse auch für die Nation insgesamt zutreffen; weil es sich in einem System des privaten Unternehmertums gezeigt hat, daß die Fabriken die Handwerker und Werkstätten verdrängen, müsse dies auch auf die gesamte Gemeinschaft zutreffen, und die Wirtschaftlichkeit der Produktion müsse entsprechend anwachsen. Die Künstler und Kunsthandwerker bestreiten dies, und sie glauben auch, das Gegenteil könne bewiesen werden. Doch auf dieser Annahme, nämlich daß das, was für den einzelnen Unternehmer wirtschaftlich sei, auch wirtschaftlich für die Gemeinschaft sei, wenn der Staat erst einmal die Wirtschaft zusammengefaßt und übernommen habe, beruht weitgehend die Lehre vom Kollektivismus, wie ihn die Sozialisten vertreten. Nach meiner Ansicht, wobei ich mich auf die Erfahrungen einer großen Anzahl von kleinen Handwerksbetrieben in der Stadt und auf dem Lande beziehe, gibt es viele Industriezweige, auf die die kollektivistische Theorie nicht anwendbar ist, andere, bei denen bei Anwendung dieser Theorie die Verschwendung und die Verluste an Leben, Gesundheit und menschlicher Produktivität für die Gemeinschaft weit größer wären als der Gewinn, und schließlich andere, bei denen diese Theorie nicht nur anwendbar ist, sondern eine erhebliche Ausweitung zuläßt. Aus all dem schließe ich zuerst einmal, daß zwischen den verschiedenen Formen von Industrie unterschieden werden muß; weiterhin, daß wir einzelne Industriezweige nicht für sich allein betrachten dürfen, sondern die Auswirkungen der verschiedenen Ausformungen auf das Leben als ganzes berücksichtigen müssen; und drittens schließlich, daß die Industrie und das Leben der Großstädte wieder im Zusammenhang mit der Agrarfrage gesehen werden müssen, der Frage des Landlebens; wie Menschen dort leben sollen, welche Arbeitsformen dem Land am angemessensten sind und wie in der Folge das Fabrikenwesen mit seiner maschinellen Produktion des immer Gleichen reguliert und kontrolliert werden müsse, in Hinblick auf die Frage des Landes und den Standard von Leben und Qualität.
Die lebenswichtige Konsequenz dieser Erwägung läßt sich am besten durch ein Vergleichsbeispiel erläutern, durch die Sklaverei. Dem heutigen Lohnsklaven mag es vielleicht besser gehen als dem Sklaven des Altertums oder dem Leibeigenen des Mittelalters; aber die Maschinen, an denen er arbeitet, und die Art, wie er mit ihnen arbeitet, bilden eine wachsende Gefahr für die gesamte Gemeinschaft. Man glaubt allgemein, daß die Sklaverei schlecht für den Sklaven, aber schlechter noch für den Sklavenhalter ist, weil sie diesen demoralisiert; sie macht ihn verschwendungssüchtig, gefühllos und unselbständig; er verliert die Fähigkeit, die Realitäten des Lebens zu meistern.

Durch ihre Nähe zum wirklichen Leben gewinnt die Bewegung der Arts and Crafts eine ethische Bedeutung von größter Reichweite. Sie wirkt gleichermaßen auf Produzenten und Verbraucher ein, und auf diese Weise geht sie also alle an. Sie bringt in die moderne Industrie ein wenig von jener Seele ein, von jener imaginativen Fähigkeit, an der es unserer Zivilisation so sehr mangelt. Sie erinnert uns daran, daß die vermittels Vorstellungskraft hervorgebrachten Dinge die wirklichen Dinge sind, und führt uns vor, wie diese, sollen sie sich im Werk der Hände verkörpern, unmittelbar ins Material eingehen müssen, unmittelbar wirklich werden müssen. Ich möchte zeigen, daß die Bewegung der Arts and Crafts, die mit der Ernsthaftigkeit der Präraffaelitischen Maler begann, mit dem prophetischen Enthusiasmus eines John Ruskin und der titanischen Energie eines William Morris, keineswegs das ist, wofür die Öffentlichkeit sie hält, und auch nicht das, was sie gerne aus ihr machen möchte: sie ist keine Pflanzstätte des Luxus, kein Gewächshaus zur Hervorbringung von bloßen Trivialitäten und nutzlosen Dingen für die Reichen. Sie ist eine Bewegung, die eben diese Dinge beseitigen will, indem sie einerseits Gutes hervorbringt und andererseits die notwendige Regulierung der maschinellen Produktion und der billigen Arbeit betreibt. Ich behaupte, daß das teure Überflüssige und das billige Überflüssige ein und dasselbe sind – gleichermaßen nutzlos, gleichermaßen überflüssig; beides muß aus der Welt geschafft werden. Wenn es überhaupt eine Bedeutung der Arts and Crafts gibt, liegt sie also in dem Standard sowohl der Arbeit als auch des Lebens, in dem Schutz dieses Standards beim Produkt wie beim Produzenten; und dies heißt, daß beides zusammengehört.

Charles Robert Ashbee: Craftmanship in Competitive Industry, Campden 1908 (Reprint New York/London 1977), Kap. I. The Arts and Crafts Movement and its Ethical Purpose, S. 5-10. Übersetzt von Axel Haase.

4. Moderne Silberarbeiten aus England

Dieses Buch über meine Silberarbeiten bietet eine Auswahl von etwa 200 Entwürfen, die ausnahmslos den Vorlagenbüchern der Guild of Handicrafts entnommen und in meinen Werkstätten während der letzten zwanzig Jahre entworfen und ausgeführt wurden. Die hier versammelten Stücke sind durchaus repräsentativ.
(...)

Ich weiß nicht, ob es für die Veröffentlichung dieser Zeichnungen einer weiteren Rechtfertigung bedarf, abgesehen davon, daß ich sie zusammenbringen wollte, und abgesehen von dem weiteren Umstand, daß es mir meiner eigenen Person gegenüber nur gerecht erscheint, diesen Zeichnungen die Möglichkeit zu geben, in der von mir gewünschten und intendierten Gestalt zu erscheinen, weil ich nach zwanzig Arbeitsjahren so viele billige, geschmacklose und minderwertige Nachahmungen in den Schaufenstern sehen muß. Unter den Bedingungen industrieller Produktion genießt der Künstler keinen Schutz, jeder Geschäftsmann kann seine Entwürfe stehlen. Er besitzt kein Copyright wie der Schriftsteller, und eine Patentierung zahlt sich für ihn nicht aus, anders als für den Ingenieur oder für den Herrn über eine Maschine, die immerfort das Gleiche produziert. Falls sich also ein Geschäftsmann aufs Stehlen verlegt, gibt es nichts, was ihn aufhalten könnte, und also möge er – so weit es mich betrifft – dann wenigstens genau stehlen. Deshalb widme ich dieses Buch dem stehlenden Geschäftsmann und wünsche mir von ihm nur, daß er mich – wenn er denn ein künstlerisches Gewissen besitzt (Diebe besitzen manchmal ein solches) – in aller Getreulichkeit bestehle.

Aber der Beweggrund, meine Arbeiten zu publizieren, liegt auch darin, den Lernenden zu helfen. Im Zuge der Arts and Crafts entstand eine frische blühende Schule kunsthandwerklicher Silberschmiede. Ich verwende mit Bedacht den Ausdruck Kunsthandwerker, zur Unterscheidung von den Unternehmern und denjenigen, die ihre Kunsthandwerker ausbeuten. Für die Lernenden wird dieses Buch, das sie in den öffentlichen Bibliotheken finden werden, hoffentlich von Nutzen sein. Es wird ihnen Ideen vermitteln. Wenn es sich bei ihnen um Kunsthandwerker mit schöpferischem Feuer handelt und nicht um bloße Handlanger, die tun, was man ihnen sagt, dann werden sie die Fehler und Unzulänglichkeiten in diesen von mir vorgelegten Entwürfen entdecken und Wege ersinnen, es besser zu machen. Ich wäre glücklich, wenn dank ihnen dieses Buch dem bedrängten schöpferischen Unternehmen der englischen Silberschmiedekunst Hilfe brächte, welche immer noch zwei Fesseln trägt, die Fessel des Stils an einem Bein, die des Handels am anderen.

(...)

Die ersten Stücke wurden von John Williams, W. A. White und William Hardiman angefertigt, den ersten Handwerkern, die ich in der Kunst des Hämmerns und Ziselierens, des Formens und Nacharbeitens ausbildete. Keiner von ihnen hatte in einer kommerziellen Werkstatt gelernt, denn eine solche Ausbildung wurde in den Jahren nach 1880, als wir mit unserer Ar-

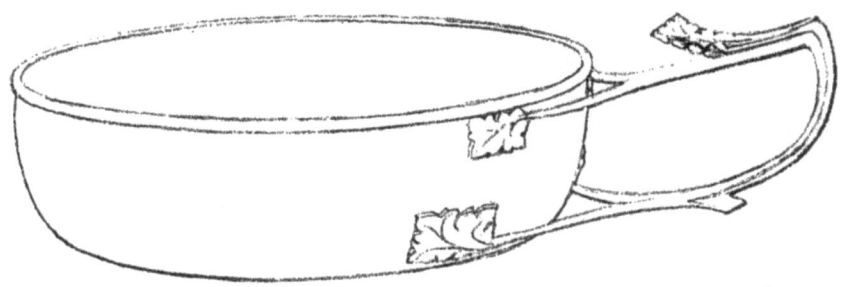

Zeichnung aus „Modern English Silver Work"

Guild of Handicraft, Schale

beit begannen, zu Recht als hinderlich betrachtet. Als die Ergebnisse unserer kleinen Werkstatt in Essex House, Mile End, Eindruck machten und wir stark genug waren, genau das zu zeigen, was wir wollten, wurden gelernte Arbeitskräfte eingestellt, aber deren Wissen erwies sich häufig als sehr gering und begrenzt; sie selbst nannten sich zwar Handwerker, aber von anderen wurden sie nicht dafür gehalten. Ihre Beschränktheit und ihre Vorurteile bezüglich der Anfertigung von Silberarbeiten entsprachen der der Unternehmer, aus deren Werkstätten sie abgeworben worden waren. Ich spreche hierbei von der Generation der Jahre um 1880 und von dem damaligen Handel; seither ist viel geschehen, die Gemeinderäte wurden eingerichtet, die Bildungsbewegung kam, die Wiederbelebung der Arts and Crafts machte sich in den Werkstätten bemerkbar, und vor allem besitzen wir jetzt die zentrale Schule der Arts and Crafts in London. Ich stelle fest, daß der junge Silberschmied, der heute "um Arbeit" nachfragt, in einer ganz anderen, viel bescheideneren und maßvolleren Haltung auftritt als einst sein Vater. (...)
Nun ein paar wenige Worte über den Geist, auf dem unsere Arbeit beruht – über das, was wir erreichen wollten. Die Reihenfolge des Wichtigen unter den Erfordernissen bei einer guten Silberschmiedearbeit ist meines Erachtens folgende: Zunächst einmal sollte sie Gefühl und Charakter besitzen, und dies sollte sich im Entwurf wie in der handwerklichen Ausführung zeigen, gleichgültig ob beides in den Händen eines Einzelnen oder zweier Personen liegt. Wenn das hergestellte Produkt kein Gefühl und keinen Charakter besitzt, ist es nicht gut. Man kann diese Eigenschaften nicht definieren, sie sind wie Poesie, wie Architektur, wie Musik; sie entspringen dem Wesen von Poesie, Musik und Architektur; wir erkennen aber genau, wenn sie fehlen. So verhält es sich mit einer guten Silberschmiedearbeit, und wer ein gutes Stück machen will, muß zunächst einmal diese beiden Erfordernisse erkennen und dann einen Kunsthandwerker finden, der mit ihm daran arbeitet, sie zu verstehen. Das in der Reihenfolge der Wichtigkeiten nächste Erfordernis für eine gute Silberarbeit – dieses bezieht sich besonders auf größere Stücke – ist eine Würdigung des Ganzen. Bei der Leitung einer Werkstatt, sei sie auch klein und nicht industriell produzierend, ist es unvermeidlich, daß verschiedene Kunsthandwerker an ein und demselben Stück arbeiten. Sie sollten zum Zweck der Kritik lernen, die Arbeit der jeweiligen anderen zu verstehen. Einer wird formen, der andere ziselieren, der dritte nacharbeiten. Es wird den geben, der montiert, den, der faßt, den Graveur, den Emaillierer geben. Diese Männer werden zwangsläufig zur Spezialisierung neigen, der eine wird ein besseres Farbgefühl besitzen, ein anderer wird

Titelseite zu „The Hobby Horse", 1884

beim Nacharbeiten besonders geschickt sein, der dritte sich besonders beim Montieren auszeichnen. Sie sollten jedoch diese einzelnen Arbeiten nicht zum Schaden für das Ganze verrichten, sondern zusammenarbeiten und zwar im gleichen Geist. Jeder sollte die Grenzen seines eigenen Anteils an der Arbeit begreifen und von den anderen Tätigkeiten soviel verstehen, daß auch er hier im Bedarfsfall Hand anlegen kam. Das dritte Erfordernis besteht im althergebrachten Werkstattwissen. Dabei handelt es sich um die Qualität der Zusammenarbeit. Die Werkstatt sollte es soweit wie möglich gemeinsam besitzen. Teilweise ist dies ein geschichtliches Wissen – die Kenntnis um das, was andere Silberschmiede, Engländer, Deutsche, Spanier, Franzosen, Italiener, vor allem aber Griechen und Byzantiner, in früheren Zeiten vollbracht haben; teilweise ist es eine Angelegenheit des Stils und des Charakters der jeweiligen Werkstatt (bei uns etwa durchdringt eine ganz bestimmte Tradition alle Arbeiten, wie den hier präsentierten Entwürfen entnommen werden kann); und teilweise handelt es sich um technische Fertigkeiten. Diese letzteren sind für den Kunsthandwerker am wichtigsten; seine Aufgabe sollte es sein, den Entwerfer fortgesetzt zu kritisieren, zu kontrollieren und ihm Vorschläge zu machen. Beim Lernen, wie sich Dinge machen lassen, wie sie sich gut machen lassen, entstehen immer wieder neue Entwurfsmotive. So können das bloße Granulieren, wenn es geschickt vorgenommen wird, das Filigran, das kunstvolle Fassen der Perlenmatrix, um Licht zu reflektieren, oder das Arrangement von transluzidem Email tatsächlich eine Tradition begründen, einen Stil in der Werkstatt schaffen. Darum führt das Zusammenwirken einer kleinen Schar von Männern in einer Werkstatt, die es gelernt haben, an einem Strang zu ziehen, sich gegenseitig zu vertrauen, einander zuzuarbeiten und die Grenzen der jeweiligen anderen zu kennen, zu Kreativität und dazu, daß der Charakter, den sie in sich selbst entwickeln, in der Arbeit ihrer Hände Ausdruck gewinnt. Menschlichkeit und handwerkliche Gesinnung sind untrennbar miteinander verbunden. Für all dies aber ist die kleine Werkstätte unabdingbar – die kleine Werkstatt im Unterschied zur großen Fabrik – die Menschlichkeit, die für gute handwerkliche Silberarbeit erforderlich ist, läßt sich in einer großen industriellen Organisation nicht ständig aufrechterhalten. Der beflügelte Geist, den wir verkörpern und lebendig machen wollen, verflüchtigt sich beim ersten Kontakt mit einer in Serie produzierenden Maschine.
Vom Standpunkt des Silberschmieds aus ist die Existenz von Kunst in seiner Werkstätte eine soziale Frage, eine Frage der Organisation. Man teile die Arbeit in der Werkstatt in der oben beschriebenen einfachen und menschengerechten Weise auf, und das humane Resultat kann entstehen; man teile sie

weiter auf und führe die komplexe Organisation ein, die die Maschine erzwingt, durch Bohren und Schlagen mit Dampfkraft, durch maschinelles Herstellen in Abteilungen und Polieren in Gruppen, und schon können die Arbeiter ihre Arbeit nicht länger als Gesamtheit wahrnehmen; sobald die Maschine das Feld betritt, verschwindet der Kunsthandwerker.
(...)
Das Problem der Maschinenarbeit ist kein ästhetisches, sondern ein rein soziales. Sie zerstört die Organisation der Werkstatt des Silberschmieds, und folglich zerstört sie das Handwerk.
(...)
Gerade hierin, in der Prüfung und Neubewertung dieser Maschinen und auch anderer, die ich hier nicht aufzählen brauche, in ihrer sozialen Neubewertung liegt die große Bedeutung, die die englischen Arts and Crafts für das Gewerbe des Silberschmieds gewonnen hat. Denn sie entdeckte, daß hier ein Gewerbezweig vorliegt, wo das Maschinenwesen kontrolliert und in bestimmte Richtungen gelenkt werden sollte. Hier haben wir es nicht mit großen industriellen Problemen wie der Fortbewegung, der Beleuchtung, der Behausung oder der Ernährung der Menschen zu tun. Wir haben es hier mit einem Gewerbezweig zu tun, wo wir den richtigen und den falschen Einsatz von Maschinen genau erkennen können. (...)

Charles Robert Ashbee: Modern English Silverwork, London 1909, S. 3-8. Übersetzt von Axel Haase.

5. Sollen wir aufhören, Kunst zu lehren?

Axiom 1
Die moderne Zivilisation beruht auf Maschinen. Kein System der Kunststiftung, Kunstförderung oder Kunstausbildung, das diese Tatsache nicht anerkennt, kann gut sein.

Axiom 2
Die Handwerkskunst kann nicht in der Schule erlernt werden, sie kann nur erlernt werden, indem man das Leben eines Handwerkers in einer Werkstatt führt.

Axiom 3
Die Zielsetzung von Arts and Crafts ist es, für alle Waren, die von dem Ele-

ment der Schönheit berührt werden, einen hervorragenden Qualitätsstandard zu setzen. Die mechanisierte Industrie hat die Tendenz zu „standardisieren", d.h. so viele Stücke von jeglicher Ware und einem gegebenen Typus wie wirtschaftlich möglich herzustellen.

Axiom 4
Mit dem Qualitätsstandard im Industriehandwerk verhält es sich wie mit Greshams Gesetz im Münzsystem einer Konkurrenzwirtschaft. Die schlechte Münze vertreibt meist die gute. Demzufolge vertreibt das schlechte Produkt meist das gute Produkt, der ungelernte Arbeiter an der Maschine verdrängt meist den gelernten Handwerker.

Axiom 5
Maschinen sind weder alle schlecht noch gut. Ein intelligentes Volk wird zwischen den beiden unterscheiden; die ästhetische Ausbildung eines Volkes unserer Tage sollte in die Richtung dieser Unterscheidung zwischen dem Guten und dem Schlechten gehen.

Axiom 6
Die Erfahrung der letzten 25 Jahre hat gezeigt, daß die Unterscheidung zwischen dem, was von Maschinen produziert werden sollte und was nicht, in vielen Zweigen von Handel und Handwerk bereits gemacht worden ist.

Charles Robert Ashbee: Should we stop Teaching Art?, London 1911 (Reprint New York/London 1978), S. 2-3. Übersetzt von Angelika Krestas.

Scheune in Great Coxwell Barn, Gloucestershire. Morris fand dieses Gebäude „unnahbar" in seiner Würde und so schön wie eine Kathedrale, ohne doch ostentativ baumeisterliche Kunst vorzuzeigen. Solche Bauten könnten, so glaubte Morris, Vorbilder neuer öffentlicher Gebäude sein.

Kelmscott, ein spätmittelalterliches Herrenhaus, das wie selbstverständlich in seiner Umgebung gründet – ganz Morris' Auffassung entsprechend

Lethaby, All Saints in Brockhampton, Herefordshire, 1901/02.
Ansicht von Südwesten. Holzverkleideter Glockenturm über dem Südeingang,
Stroh auf Beton über Schiff und Kanzel

Mackay Hugh Baillie-Scott

Mackay Hugh Baillie Scott (1865 – 1945)

Wie Voysey ist M.H. Baillie Scott weniger durch theoretische Schriften hervorgetreten, als durch seine Bauten selbst und seine praktisch-ästhetischen Empfehlungen für ideale Häuser in englischen Zeitschriften. Sein erster Artikel über ein ideales Vorstadthaus erschien 1894 in der einflußreichen Zeitschrift „The Studio". Es folgten in den nächsten Jahren ausführliche Vorschläge für Landhausarchitektur. Zusammen mit Voysey, Townsend, Shaw und George beteiligte er sich zwischen 1896 und 1897 an der Serie „The Revival of English Domestic Architecture", die sich weniger an der repräsentativen Wirkung eines Wohnhauses als vielmehr an den Alltagsbedürfnissen ihrer Bewohner orientierte. Baillie Scott folgte den Prinzipien einer handwerklich orientierten Architektur der Arts and Crafts-Bewegung und blieb den Lehren von Ruskin und Morris treu. Besondere Aufmerksamkeit schenkte er der Inneneinrichtung. Hermann Muthesius vertrat sogar die Meinung, er habe zum ersten Male den Gedanken des Innenraums als selbständiges Kunstwerk verwirklicht. Bisweilen äußerte sich in seiner Ausstattung aber auch eine ornamentale Fülle und eine fast heraldisch-traditionelle Strenge. Dies ist besonders beim Wettbewerb zum „Haus eines Kunstfreundes" in Darmstadt der Fall, dessen zweiter Gewinner er wurde. (Der erste Preis wurde nicht vergeben.) Eine ähnlich üppige Ornamentierung ist bei den Innenräumen zu erkennen, die er für das Neue Palais des Großherzogs Ernst Ludwig von Hessen und bei Rhein in Darmstadt ausstattete.

1. Ein ideales Vorstadthaus

Jeder, der Erfahrungen mit der Unbequemlichkeit eines durchschnittlichen Vorstadthauses hat, wird meiner Meinung sein, daß es hier reichlich Gelegenheit für Verbesserungen gibt. Wie man mindestens einige der eklatantesten Fehler korrigieren kann, möchte der Autor anhand eines Hauses zeigen, das er selbst entworfen hat. Es stellt kein Modellhaus dar, das an einem beliebigen Ort oder in irgendeiner Lage gebaut werden könnte, denn die Bedingungen eines jeden besonderen Platzes werden oder sollten den Entwurf eines Hauses beeinflussen. Aber es soll als ein Beispiel für bestimmte Aspekte dienen, die bei der Planung eines Hauses, das den Anforderungen eines durchschnittlichen Hauseigentümers entsprechen soll, besondere Beachtung verdienen. Als Grundton des Entwurfs ist Einfachheit und häuslicher Komfort anzusehen. Die puppenhausartige Niedlichkeit der sogenannten ,Queen Anne' Zierhäuschen wird aber als ebensowenig wünschenswert angesehen wie die stumpfe Häßlichkeit der gemeinen Ziegelkästen der Vorstadthäuser. Das Studium der ökonomischen Seiteist bei einem Haus dieser Art ebenfalls wichtig, wo kein Geld für nutzlose Ornamentik ausgegeben werden sollte. Daher halten wir Einfachheit nicht nur aus künstlerischer, sondern auch aus ökonomischer Sicht für wünschenswert.
Wenden wir uns dem Erdgeschoß-Grundriß zu. Wenn wir durch den Haupteingang eintreten, finden wir uns in einer weiten niedrigen Vorhalle wieder, von der aus wir durch einen Rundbogen zur rechten einen flüchtigen Blick auf die Treppe werfen können, die an einem breiten Flur liegt, welcher zur Küche führt. Linkerhand ist eine kleine Garderobe, in der Hüte, Mäntel und Stiefel abgelegt werden können, statt an solch barbarischen Konstruktionen, genannt Hutständer, aufgehängt zu werden, die sonst üblicherweise den Weg im Eingang normaler Häuser versperren. Zwei Türen führen von der Vorhalle in den Salon (drawing room) und in das Wohnzimmer (hall) ... Es fällt mir schwer, Ihnen ein Bild dieser Vorhalle mit ihrem Durchblick auf den breiten Korridor auszumalen. Doch um eine Vorstellung von ihrer allgemeinen Wirkung zu bekommen, muß ich Sie in ein altes Cheshire Bauernhaus versetzen, irgendwo auf dem Lande, wo die Leute sich noch nicht des einfachen Ziegelsteins und der Tünche schämen und wo marmorierte Tapeten und Wachstücher, die uns an der Schwelle so mancher modernen Villa begegnen, unbekannt sind.
Der nächste Teil des Hauses, der unsere Aufmerksamkeit beansprucht, umfaßt das, was wir die Aufenthaltsräume der Familie (sitting rooms) nennen wollen. Sie setzen sich aus dem Speisezimmer, dem Wohnzimmer und dem

Salon zusammen. Sie sind unterteilt durch Faltwände (panelled screens), die man entfernen kann und dann als spanische Wand benutzen kann. Auf diese Weise wird die Unannehmlichkeit vermieden, die durch die unausweichliche Begrenztheit der Räume eines Hauses, in dem Sparsamkeit waltet, leicht entsteht, und so kann auch in einem kleinen Haus bei festlichen Gelegenheiten ein großer Raum geschaffen werden. Das Hauptmerkmal des Wohnraumes ist die Kaminecke mit ihren breiten, niedrigen Sesseln und dem häuslichen Herd. Die Decke überspannt nahezu zwei Stockwerke in der Höhe. Auf dem oberen gibt es eine Besonderheit: einen Raum für Musiker, wo ein Piano der ein anderes Instrument Platz hat und besser gehört werden kann als in den üblichen Salons von Vorstadthäusern. Ich sollte Ihnen einen solchen Musikabend ausmalen: In der Kaminecke, auf den breiten Sitzen, scharen sich Freunde um das Kaminfeuer am Herd (...) Hier gibt es kein grelles Gaslicht, doch spenden hier und da Lampen und Kerzen ein sanftes, gebrochenes Licht. Oberhalb in der Galerie ist der Platz der Musiker. Die Weisen der Violine klingen besonders vorteilhaft, wenn der Standpunkt des Spielers der Musik einen Hauch des Geheimnisvollen verleiht, wodurch ihre Wirkung weit erhöht wird. Oder wenn wir uns eine noch festlichere Szene vorstellen, so können wir uns die drei für den Tanz verbundenen Räume ausmalen. Und auch hier wird sich die zentrale, erhöhte Position der Musikanten als günstig erweisen. Diese hohe Halle mag als ein teurer Luxus für ein so kleines Haus erscheinen. Aber da sie nicht durch beide Obergeschosse hinaufreicht, läßt sie Platz für einen pittoresken Raum halb im Dach, während sie zugleich eine wünschenswerte Unterbrechung zwischen den vergleichsweise flachen Decken der anderen Aufenthaltsräume bildet.

In den letzten Jahren hat es eine große Wiederentdeckung der Halle als dem zentralen Raum eines Hauses gegeben. Aber in der Regel ist sie eigentlich ein Aufenthaltsraum, in dem sich niemand aufhält, eine Art Schauraum, der nur als Durchgang für die Bediensteten zum Haupteingang und für die Besucher zum Salon dient. Das alles ist gut und schön, wenn man es sich erlauben kann, einen Wohnraum zu verschwenden. Doch in einem kleinen Haus ist der Raum dafür zu wertvoll. Stattdessen sollte die Halle ein Raum sein, wo sich die Familie abends am Feuer versammelt, ohne von den Bediensteten gestört zu werden oder durch die Ankunft eines unwillkommenen Besuchers gezwungen zu sein, vom Lager aufzubrechen. Daher gibt es eine separate Tür, durch die Besucher direkt in den Salon gebeten werden können, und die Diener müssen niemals einen dieser drei Räume durchqueren, so daß unsere Halle einen Treffpunkt der Familie bilden kann, so wie es sein sollte.

Gehen wir von der Halle in den Salon, so finden wir uns in einem langen, niedrigen Raum wieder, in der Delikatesse und Zierlichkeit seiner Behandlung einen schönen Kontrast zum breiten, gemütlichen Charakter der Halle bilden. Die Holzarbeiten sind hier alle weiß gefaßt, und die Wände sind mit einer Tapete bedeckt, die zartgrünes Laubwerk zeigt, aus welchem goldene Früchte und das Blau des Himmels leuchten. Darüber befindet sich ein breiter Fries, auf dem unter quellendem Blattwerk eine Blume blüht, die niemals wuchs, weder auf See noch auf Land. Das Mobiliar ist einfach und zierlich, und alles in diesem Raum ist mit zurückhaltender Würde entworfen, während jene Unmengen sogenannter dekorativer Gegenstände fehlen, die das Bewegen in so vielen Salons gefährlich machen und die einen mit dem Zimmermann in den Spiegel rufen lassen: „Wenn sie nur alle weg wären, oh, wie groß würde es hier sein!"

Es gibt nur wenige und ausgewählte Bilder, nicht auf der Wand verstreut, sondern sorgfältig gruppiert. Kurzum, alles scheint speziell entworfen zu sein, um an seinen speziellen Platz in diesem Raum zu passen, und wir spüren, daß es hier nicht das Ziel war, soviel wie möglich hübsche Gegenstände anzuhäufen, sondern möglichst alles Überflüssige zu entfernen. Auch hier gehen Einfachheit und Sparsamkeit Hand in Hand, und der Preis für all die tausend Schnickschnacks, die die Ruhe der meisten Salons stören, ist gespart.

Man muß an dieser Stelle betonen, daß die große Errungenschaft eines gut entworfenen Hauses darin liegt, daß es keines der schönenden Möbelstücke benötigt, die in normalen Häusern notwendig werden, um die Proportions- und Konstruktionsmängel des Hauses zu verbergen. Es gibt keine großen, in Vorhänge gehüllten Fenster, keine hübschen Kamineinfassungen, die drapiert werden wollen. Unser Ziel ist es in der Tat, mehr die Schönheiten zu betonen als die Mängel zu verstecken, und so sind viel weniger Möbel als normalerweise notwendig.

Als nächstes beansprucht der Speiseraum unsere Aufmerksamkeit, und hier finden wir eine Gestaltung ähnlich wie die der Halle. An der Feuerstelle haben wir die altmodische Kaminecke wieder belebt, erweitert um eine Haube aus gehämmertem Kupfer, die den Rauchabzug gewährleistet. Die ganze Einfassung der Nische, welche die Kaminecke bildet, ist aus rotem Backstein, die Nahtstellen aber sind nicht zu exakt ausgeführt, die Ziegel nicht zu einheitlich getönt. An der breiten Feuerstelle kann man ein Holzfeuer machen, oder aber man benutzt einen schmiedeeisernen Korb für Kohlen.

Ein kleines Fenster, hoch genug gelegen, um Zugluft zu vermeiden, gibt dem Feuerplatz Licht oder Frischluft je nach Bedarf. Die Sitze an den Seiten des Kamins sind angenehm breit und niedrig und weit genug vom Feuer entfernt. In den Balken über der Kaminecke ist ein passendes Motto eingeschnitzt und auf dem Fachwerkfries darüber ist ein Kupferstichporträt gerahmt. Die Decke zeigt die Querbalken mit einem massiven Mittelbalken. Die Anrichte ist speziell für ihren Platz in der Nische seitlich der Kaminecke entworfen. Eine separate Tür nahe der Anrichte kann zum Servieren benutzt werden. Sowohl der Speiseraum als auch Halle und Salon sind abwechselnd mit Eiche und Pitchpine ausgelegt. Und dieser Boden ist im Salon mit einem Teppich, in Halle und Speisezimmer mit Brücken bedeckt ...
Die Küche des durchschnittlichen Vorstadthauses läßt nicht so viele Möglichkeiten für Verbesserungen zu wie die Wohnräume. Doch zumindest sind hier, wo alles zum Nutzen und nichts zur Repräsentation dient, einige Annäherungen an eine glückliche Wirkung des Raumes möglich, und vielleicht finden wir auch noch einen alten Kupferkohlenkasten oder einige Messingkerzenständer, die für die Gesellschaftsräume als nicht vornehm genug erachtet wurden. Unsere Küche zeigt nun einen einfachen und gemütlicheren Charakter. Fast alle Wandoberflächen sind aus Backstein, und der Herd in einer Nische ist überspannt von einem Backsteinbogen. Das Fenster ist so plaziert, daß es nicht auf die Terrasse und den Garten blickt. Obwohl die Küche vollkommen von den Familienräumen isoliert ist, liegt sie doch nah genug zum bequemen Servieren.
An die Küche grenzen die verschiedenen Dienstbotenräume an, alle im Inneren mit roten Backstein verkleidet, während sich im Keller ein Kohlen- und Holzvorratsraum befindet außer Speise- und Wäschekammern.
An dieser Stelle soll festgehalten werden, daß das Erdgeschoß in drei unterschiedliche Sphären unterteilt werden kann: (1.) die privaten Aufenthaltsräume, die exklusive Domäne der Familie, (2.) die Küche und die Dienstbotenräume; und (3.) ein neutrales Territorium, das Korridor und Vorhalle umfaßt und das sowohl von der Familie als auch von den Dienern benutzt wird. Da finanzielle Erwägungen zwei Treppen nicht erlaubten und da auch unsere Treppe von allen benutzt wird, war es besser, sie in dieser neutralen Zone und nicht in der Halle anzuordnen.
Die Treppe wurde in demselben anheimelnden und malerischen Stil wie das Wohnzimmer und der Korridor ausgeführt ... Vom Treppenabsatz des ersten Stockwerks aus kann man das Wohnzimmer überschauen. Zur rechten und linken beginnen Flure, die zu den Schlafzimmern führen.

Bezüglich der Behandlung der Schlafzimmer, von denen es fünf gibt, wird vorgeschlagen, daß so viel wie möglich Abwechslung herrschen sollte. Ein Schlafraum sollte mit weißem Lack, vielleicht kombiniert mit einer blauen Tapete, ausgestattet werden; ein anderer sollte goldgelbe oder Flammentöne erhalten, während ein dritter im anheimelnden Stil des Wohnzimmers vorzuschlagen ist. In jedem Falle muß festgehalten werden, daß eine vollendete Wirkung erzielt werden soll; der Raum sollte nicht die übliche Anhäufung von Gegenständen zeigen, die zwar als Einzelstücke hübsch sind, aber keinerlei Beziehung zur Gesamtausführung haben. Bei der Wahl der Möbel ist es leichter aufzuzeigen, was man vermeiden als was man wählen sollte. Auf der einen Seite haben wir die hübschen Mahagony-Garnituren, auf der anderen Seite die Kunstmöbel aus gestrichenem Holz, beide aber besitzen nicht die Qualitäten einfacher Würde, die wir als essentiell erachten. Der Gebrauch von Einbaumöbeln wird oft eine gute Wirkung zeigen, doch sollten sie nur dort benutzt werden, wo die Räume in ihrer Umrißlinie nicht zu stark aufgebrochen werden. Es ist schwer für einen Architekten, eine Grenze zwischen der Architektur eines Hauses und der Einrichtung zu ziehen. Die Konzeption des Innenraumes muß notwendigerweise auch die Möbel einschließen, und dies führt logischerweise zu dem Schluß, der Architekt solle neben dem Haus auch Tische und Stühle entwerfen. Jeder Architekt, der seine Arbeit liebt, hat es erlebt, wie sein Enthusiasmus gedämpft wurde durch die Vorahnung, mit welch häßlichen Möbeln seine Bauherren die von ihm entworfenen Räume füllen würden. Je schöner die Architektur selbst, um so weniger ist sie mit diesen Möbeln vereinbar ...

Das Badezimmer wurde möglichst nahe an die Küche gelegt, so daß keine langen Warmwasserleitungen notwendig sind.

Die Möglichkeit, die Dachstuben als Wohn- oder Schlafzimmer zu nutzen, sind bisher noch wenig erkannt worden. Das steile Dach und die Gaubenfenster lassen eine künstlerische Gestaltung zu, die in den unteren Räumen mit ihren geraden Wänden und flachen Decken nicht vorstellbar ist. Es wird vorgeschlagen, die Dachstube über der Halle als Studier- und Arbeitsraum oder als Studio zu nutzen, je nach Geschmack des Besitzers. Die Möblierung wäre in diesem Fall weitgehend eingebaut, was für eine Dachstube besonders günstig ist. Die übrigen drei Mansarden können nach Bedarf als Schlafzimmer für Dienstboten, Gerümpelkammern etc. dienen.

Die Außenansicht des Hauses soll den gleichen einfachen und anheimelnden Charakter zeigen, der auch den Grundton des Innern bildet. Die Mauern bestehen bis zur Höhe des ersten Geschosses aus Backstein, während das Obergeschoß aus Fachwerk mit Ziegelausfachung besteht, das außen mit

Rauhputz versehen wurde. Der hölzerne Dachstuhl ist mit roten Dachziegeln bedeckt. Flügelfenster öffnen sich nach außen und sind so konstruiert, daß sie vollkommen wind- und wasserdicht sind. Die überhängende Dachtraufe trägt nicht nur wesentlich zum malerischen Charakter des Gebäudes bei, sondern schützt außerdem die Wände vor Regen. Man nähert sich dem Haus von der Straße her über einen Vorhof, der eine bestimmte Qualität der anheimelnden Würde („homely dignity") ausstrahlt, die die üblichen Vorgärten nicht erzielen können
(...)
Ein gut entworfener Garten ist beinahe ebenso wichtig wie ein gut entworfenes Haus und, leider, fast ebenso selten. Dieses Thema kann hier nicht erörtert werden, aber wir können eigentlich nichts Besseres tun, als zu versuchen, die Schönheiten des alten englischen Hausgartens wachzurufen mit seinen Terrassen und Höfen und dunklen Eibenhecken, die einen so vortrefflichen Hintergrund für die leuchtenden Farben der Blumen bilden. Doch sollten wir tunlichst solch seltsame Einfälle des Landschaftsgartens vermeiden, wie künstliche Ruinen, Wasserfälle, die mit dem Wasserhahn hinter der Hausecke angestellt werden, oder eine Wildnis aus Schlacke und Asche.
Es ist ein weitverbreiteter Glaube, daß man eine Menge Geld brauche, um ein künstlerisch anspruchsvolles Haus zu bauen. Kunst und Ornamentik werden oft für gleichbedeutend gehalten. Es muß daher betont werden, daß das Gegenteil meist der Fall ist und daß der künstlerische Wert eines Hauses proportional ist zum Aufwand an Können und gedanklicher Tiefe des Entwurfs, nicht zum Aufwand an Dekoration.
Nochmals, der eigentliche Wert des Materials, aus dem ein Haus gemacht ist, wird häufig als Maßstab für dessen künstlerischen Wert benutzt, ohne Berücksichtigung der Schönheit von Handarbeit und Entwurf. Eine solche Methode des Urteils ist etwa genauso unsinnig, als wenn man den Wert eines Bildes nach dem Preis pro Pfund Farbe oder pro Yard der Leinwand berechnen würde. Wirklich notwendig ist, daß wir an unsere Häuser mehr Gedanken als Geld verschwenden sollten und daß wir nicht nur Bequemlichkeit in der Einteilung, sondern auch Schönheit in den Proportionen und im Entwurf fordern sollten. Die Engländer rühmen sich nicht wenig ihrer Liebe zum Heim („their love of home"), ein Ausdruck, der tatsächlich kaum eine Entsprechung in anderen Sprachen hat. Aber wie können wir mit so einem Wort die freudlosen Wohnungen benennen, in denen so viele von uns leben? Mag sein, daß heute größere Aufmerksamkeit auf sanitäre Einrichtungen gerichtet wird als früher, aber im Bereich des Ästhetischen ist

das gesunde Haus immer noch eine Seltenheit. Wollen wir hoffen, daß die Zeit nicht fern ist, in der die Menschen, die dieses häusliche Leben der Engländer führen, es ablehnen, es mit jenen Häusern zu verbinden, in denen sie jetzt wohnen, und daß die wachsende Nachfrage nach einem besseren Standard des Bauens dazu führen wird, daß mehr Häuser gebaut werden, die wir mit Stolz als „home" bezeichnen können.

Mackay Hugh Baillie Scott: Ein ideales Vorstadthaus, in: The Studio – An Illustrated Magazine of Fine & Applied Art, Vol 4, 1894, S. 127ff. Übersetzt von Gerda Breuer.

2. Die Verzierung des vorstädtischen Hauses

(...) Im vorliegenden Beitrag soll ausführlich die Behandlung von Wänden, Decken, Fußböden etc. erörtert werden. Um mit der Behandlung der Wände anzufangen, besteht offensichtlich die einfachste und direkteste Methode darin, das Ziegel- oder Steinmauerwerk unverkleidet zu zeigen. Ohne zu stark auf einem strengen ethischen Kodex zu beharren, läßt sich festhalten, daß eine derartige Behandlung die Eigenschaft häuslicher Schlichtheit mit sich führt, welche gut zum Charakter eines kleinen Hauses paßt und zugleich den Eindruck seichter Anmaßung zerstreut, den man im vorstädtischen Haus anzutreffen pflegt. Die gleiche häusliche Qualität wird bei gezimmerten Wandteilen sichtbar werden, wo das Holz offen gezeigt werden kann. Eine derartige Behandlung wird eine willkommene Erholung zu Tapeten und Tünche bilden, welche man üblicherweise als die unvermeidlichen und einzigen dekorativen Mittel ansieht. Solch eine Methode führt jedoch auch leicht zu Mißbrauch und sollte nur unter dem Einfluß jenes empfindlichen Sinns für die Zusammensetzung der Dinge angewendet werden, welcher die Gestaltung und Ausschmückung des Hauses bis hinunter zum kleinsten Detail bestimmen sollte.
(...)
Der solide konstruktive Charakter schwerer Holzbalken und -pfosten wird zudem dazu beitragen, den gleichen Eindruck häuslicher Schlichtheit zu erwecken, und sich in der Wirkung als viel befriedigender erweisen als die gesuchtesten Materialien zur Wandverkleidung, verbunden mit den üblichen Tischlerarbeiten und der Verhehlung aller konstruktiven Merkmale. In einem solchen Hause, wie wir es hier zu beschreiben unternehmen, sollte es fürwahr keine willkürliche Trennung zwischen Konstruktion und Deko-

ration geben, überall ist die Konstruktion dekorativ und die Dekoration konstruktiv; sobald die Arbeit des Baumeisters getan ist, helfen Tapezierer und Maler lediglich, mittels Mustern und Farben, letzte Hand an eine Konstruktion anzulegen, die bereits weit darin fortgeschritten ist, dem Gebäude Schönheit zu geben. Man möge aus den obigen Bemerkungen nicht schließen, der Autor unterschätze die oberflächlicheren Methoden der Dekoration, die mit dem Einsatz von Farbe und Tapete zusammenhängen, aber es wird empfohlen, daß eine recht verstandene Dekoration sich nicht allein auf das Tapezieren von Wänden und das Vergolden von Gesimsen beschränken, sondern ihren Einfluß auch auf den Kernbau des Gebäudes erstrecken sollte.

Wenn wir jetzt zur Betrachtung der Oberflächenbehandlung der Wände übergehen, muß zunächst der Eichentäfelung als dem vielleicht in der Wirkung Befriedigendsten Erwähnung getan werden, jedoch werden ökonomische Grenzen kaum je ihre umfassende Verwendung im Vorstadthaus gestatten.

Eine billigere Art der Vertäfelung ließe sich durch die Kombination von Eichenpaneelen mit einer Rahmung aus Pechkiefer herstellen, oder aber man führt das ganze in Kiefernholz aus, welches grün oder in einer anderen passenden Farbe gestrichen wird.

Ein anderes höchst geeignetes Material zur Dekoration der Wände stellen die Stofftapeten von Liberty & Co. und anderen Firmen dar. Gute Effekte lassen sich mit dem Einsatz dieser Klasse von Materialien erzielen, deren ornamentale Wirkung auf ihrer reliefartigen Textur beruht. Von diesen sind besonders erwähnenswert die gewirkten Tapeten aus Tynecastle, und zwar nicht nur wegen ihrer Farbe und Textur, sondern auch wegen der Anmut ihrer Muster, die sich sehr vorteilhaft von der mechanischen Grobheit einiger der weiter verbreiteten Materialien unterscheidet. Die Wandtapete wird jedoch das bevorzugte Material derjenigen sein, deren finanzielle Mittel beschränkt sind.

(...)

Stellen wir uns einen Geschäftsmann vor, der abends müde in sein Vorstadthaus zurückkehrt, so wird kaum vermutet werden dürfen, daß er sich geistig in der Lage befindet, Gemälde zu betrachten; ist er aber glücklicher Besitzer eines harmonisch dekorierten Raums, so wird ihn dessen bloße Atmosphäre sogleich beruhigen und berücken. Er wird nicht erst das Muster seiner Tapeten und Teppiche studieren müssen, um die Einflüsse zu fühlen, welche die geordnete Schönheit seiner Umgebung ihm mitteilt. Der Raum schwingt wie von Musik; ein Mensch kann einen solchen Raum verlassen,

ohne daß er deutlich Rechenschaft von einzelnen Details des Inneren zu geben vermöchte, und kann doch seinen Zauber ganz empfunden haben. Angesichts der bedeutenden Rolle, welche die Tapete hinsichtlich der dekorativen Wirkung des Raums spielt, scheint es wünschenswert, daß den Möglichkeiten ihrer Gestaltung große Aufmerksamkeit gewidmet werde. (...)
Das gewöhnliche System beim Tapezieren eines Raums, so läßt sich behaupten, besteht im Aufkleben von nebeneinandergeordneten vertikalen Streifen, die das bilden, was man „das Feld" nennen könnte, und darüber dem Anbringen eines horizontalen Streifens, des Frieses, der von dem Feld durch eine erhabene oder gemalte Simsleiste oder eine Linie getrennt ist. Wenn jedoch die Unterscheidung zwischen Feld und Fries beseitigt wird und das ganze in ein dekoratives Schema zusammengefaßt wird, fallen viele der Begrenzungen durch die Wiederholung des Musters fort, und es öffnet sich ein viel größerer Spielraum für die Tätigkeit des Tapetenentwerfers. Als ein Beispiel dieses Verfahrens sei das „tropische" Muster angeführt. Hier entsteht ein sehr starker Effekt durch die großen Blumen, die rings um das Zimmer gepflanzt zu sein scheinen: die Stengel wachsen in wellenförmigen Linien die Wand hinauf, droben entfalten sich die Blüten in üppiger Pracht. Eine solche Tapete kostete nicht mehr als die übliche „Feld und Fries"-- Gestaltung. Sie könnte in verschiedenen Farbstellungen ausgeführt werden, aber ein goldenes Gelb für die Blüten und ein ruhiges dunkles Grün für die Stengel und Blätter wären empfehlenswert. Die Blätter bildeten dann einen guten Hintergrund für Bilder, falls solche gewünscht werden, während der deutlicher hervortretende dekorative Charakter der Blüten zu ihrer Position in dem freibleibenden Wandbereich oben paßt. Bei dem „Apfelbaum"-Muster findet sich das gleiche System, hier aber differenzierter und kostspieliger ausgeführt; es schließt den Einsatz verschiedener horizontaler Streifen ein, und es wirkt, als wären Bäume um den Raum herum gesetzt, unter denen eine blumenbestandene Wiese sich in den Hintergrund zurückzieht. Der obere Abschnitt dieser Tapete kann beschnitten werden, um in jeden Raum von durchschnittlicher Höhe zu passen, bei sehr hohen Räumen kann zwischen ihrem oberen Abschluß und der Deckenkante ein Fries angebracht werden, auf dem der Himmel und Vögel im Flug zu sehen sind. Das „Weiden"-Muster kann an der Decke durch einen horizontalen Streifen abgeschlossen werden, auf dem sich der Fluß in den Hintergrund windet, ein Hügelzug sichtbar wird und die Bäume sich gegen den Himmel absetzen. Wenn man den unteren Bereich der Wand als Hintergrund für Bilder nutzen möchte, wird die Behandlung des Frieses zu einer wichtigen Fra-

ge. Dieser sollte so breit sein, wie es bei der Höhe des Raums angemessen ist; in den meisten Fällen wird ein Muster von klarem und in die Augen fallenden Charakter am geeignetsten sein.

(...)

Bei der Gestaltung der Decken des Vorstadthauses könnte von dem konstruktiven Charakter offenliegender Trag- und Querbalken bei einigen Zimmern abgewichen werden, um einen feineren Eindruck durch den Einsatz von Deckentapeten auf einem eben verputzten Untergrund zu gewinnen, in manchen Fällen auch durch ihren Einsatz in Feldern, die durch Rippen aus Stuck oder gestrichenem Holz entstehen. Für das Empfangszimmer möchte – in Verbindung mit dem „Apfelbaum"-Muster für die Wände – eine Decke geeignet erscheinen, deren rechteckige Felder mit Sternen in vergoldetem Stuck auf blau-grauem Untergrund besetzt sind, im Kontrast zu sorgfältig gearbeiteten Rippen in weiß. Der Einsatz von Deckentapeten wird sich jedoch als kostengünstiger erweisen, auch wenn ihre Wirkung nicht so unkonventionell ausfallen wird. Hier wird ein Muster, das auf einfachen Sternenformen beruht, empfehlenswert sein, aber gute Muster lassen sich auch erzielen, wenn Blumengewinde, Vögel oder rein dekorative Formen das Motiv des Musters bilden. Einige weitere Möglichkeiten für den Entwurf von Deckentapeten lassen sich auch durch die Verwendung eines strengen geometrischen Musters gewinnen, bereichert durch die Streifen und ununterbrochenen Linien, die ein hervorragendes Merkmal bei der Auszierung alter getäfelter Decken sind. Bei den Fenstern des Vorstadthauses sollten sich die Fensterflügel nach außen öffnen; sie sollten so sorgfältig entworfen sein, daß sie auch in exponiertester Stellung Schutz vor Zug bieten. Der bedachtsame Einsatz von Bleiglas wird stark zur guten Wirkung des Inneren beitragen, aber dabei darf nicht vergessen werden, daß einfache Glasscheiben, wenn das Muster und die Färbung des Glases nicht wirklich gut sind, ihm allemal vorzuziehen sind.

(...)

Die Eingangstür besteht aus schweren Eichenbrettern, die von grob gearbeiteten schmiedeeisernen Angeln gehalten werden. Mit ihren soliden Pfosten, die ein Balken überspannt, auf dem die Riegelfachwerkswand mit engen Feldern ruht, bietet sie den Anblick schlichter Würde, der den allgemeinen Charakter des Hauses bestimmt. Bei der Schlafzimmertür scheint die Eigenschaft zierlicher Einfachheit angemessener. Das obere Feld besteht aus bernsteinfarbenem und grünem Bleiglas; der Holzrahmen kann entweder weiß oder grün gestrichen werden. Die immense Bedeutung der Behandlung des Fußbodens als eines Faktors bei der dekorativen Wirkung ei-

nes Raums kann kaum überschätzt werden und sollte eine ausführlichere Behandlung dieses Themas rechtfertigen, als sie hier geleistet werden kann. (...)
Bei der Vorhalle und den Korridoren sowie bei den Kücheneinrichtungen des Vorstadthauses (...) kann ein Fußboden aus Fliesen gewählt werden. Bei ihrer Auswahl sollten die ausgestalteten Muster, denen man so häufig begegnet, vermieden werden, statt dessen wäre der Einsatz einfacher roter Ziegel und ihre Einfassung mit grün und braun glasierten Kacheln empfehlenswert. An den Ecken geben Backsteine, die im Fischgrätenmuster oder in einer anderen Anordnung verlegt sind, dem Fußboden eine warme Farbe und einen behaglichen Charakter. Manches läßt sich auch zugunsten der starken Wirkung von Yorkshireplatten sagen, wenn ihre Kälte genügend durch Vorleger in warmen Farbtönen gemildert wird. Als allgemeines Prinzip kann aufgestellt werden, daß Stärke und Einfachheit der Wirkung angestrebt und alle Muster vermieden werden sollten, die Verwirrung oder unangenehme Überraschung hervorrufen; daß Farben nicht in der üblichen zufälligen Weise, sondern in sorgfältiger Zusammenstellung eingeführt werden sollten; falls es an der geistigen Stärke fehlt, ein glücklich ausgearbeitetes Schema zu entwickeln, sollte sicherer Grund im zurückhaltenden Einsatz einiger weniger Farben gesucht werden. Es verdient auch festgehalten zu werden, daß der Einführung von Mustern zur Auflockerung einheitlicher Flächen Wert zuzumessen ist und daß sich wirkungsvolle Kontraste der Textur durch eine Kombination glasierter und unglasierter Ziegel gewinnen lassen.
(...)
Die Wohnzimmer des Vorstadthauses könnten Fußböden aus Hartholz erhalten; in einem früheren Artikel wurde der Vorzüge eines Fußbodens gedacht, bei dem schmale Dielenbretter aus Pechkiefer und aus Eichenholz miteinander abwechseln. Die Böden der Schlafzimmer etc. könnten aus schmalen Kiefernholzbrettern bestehen; falls die Trag- und Querbalken in dem darunterliegenden Raum unverkleidet sind, müßten besondere Vorkehrungen zur Geräuschdämpfung getroffen werden. Die etwas beliebige Einteilung des Themas in fest eingebaute und bewegliche Bestandteile muß hier dem Mangel an Platz weichen; die Behandlung des Kamins muß zukünftigen Überlegungen in Zusammenhang mit der Möblierung des Vorstadthauses vorbehalten bleiben.

Mackay Hugh Baillie Scott: The Decoration of the Suburban House, in: The Studio, Vol. V, 1895, S. 15-21. Übersetzt von Axel Haase.

Mackay Hugh Baillie-Scott, Dekoration eines Vorstadt-Hauses, aus „The Studio"

Baillie-Scott, Cottage

Baillie-Scott, Halle und Speisezimmer für das Haus eines Kunstfreundes

Baillie-Scott, Schlafzimmer für das Haus eines Kunstfreundes

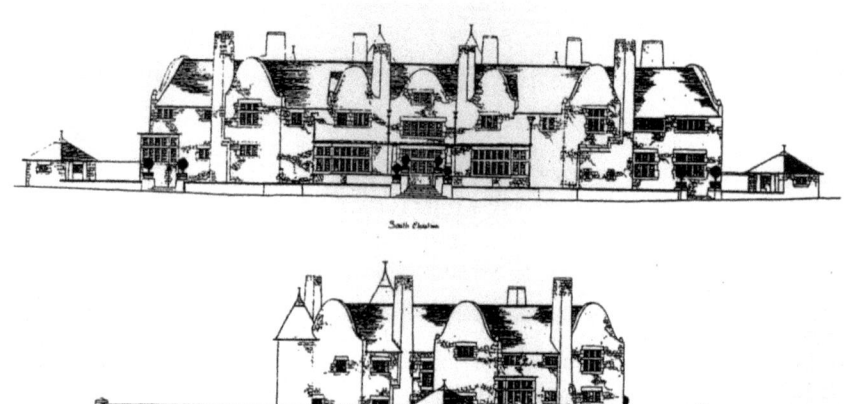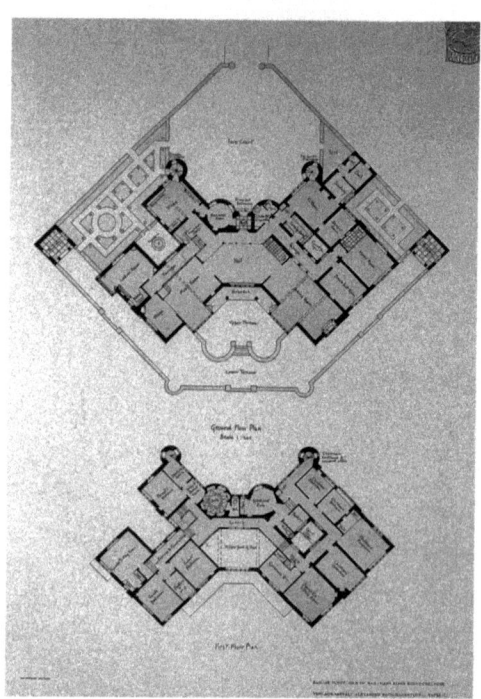

Baillie-Scott, Entwürfe für das Haus eines Kunstfreundes, 1901

3. Hermann Muthesius:
Das Haus eines Kunstfreundes von Baillie Scott

Im Geiste des Autors ist der Kunstfreund, der dies erträumte Heim bewohnen soll, nicht ein Mann, dessen einzige Berechtigung zu diesem Titel von seiner Kenntnis von Bildern und Statuen herrührt und dessen einziger Vorstellung künstlerischen Ausdrucks es entspricht, das Haus mit Kunstgegenständen vollzupfropfen. Der Kunstliebhaber, den er sich wünschen möchte, beginnt an der Wurzel des Problems: es soll kein Gegenstand im Hause sein, der nicht das Erzeugnis glücklich ausgedrückter Menschenarbeit sei, die Messer und Gabeln, die Gläser, das täglich gebrauchte Porzellan sollen von den Hoffnungen und Sorgen, Träumen und Wünschen ihrer Schöpfer erzählen.

Mit diesen Worten begleitete der Verfasser des hier vorgeführten Entwurfes seine Wettbewerbszeichnungen, die er auf den Aufruf der „Zeitschrift für Innendekoration" für das „Wohnhaus eines Kunstfreundes" einreichte. Die wenigen Sätze berühren die Grundlagen unserer künstlerischen Anschauungen von gestern und von heute, die Vorstellung von Kunstpflege, die man im neunzehnten Jahrhundert hatte und die man im zwanzigsten haben wird. Mit sieghafter Gewißheit sind wir endlich in das Gebiet der wahrhaften, anziehendsten und gewiß auch nächstliegendsten Kunstpflege eingerückt, in das der künstlerischen Ausgestaltung unserer nächsten Umgebung, unserer Wohnung; die Kunst des Hauses beginnt an die Stelle jener Kunst zu treten, „die sich innerhalb des Goldrahmens des Gemäldes abspielt".

Von dieser Kunst des Hauses ist der Entwurf des englischen Architekten M. H. Baillie Scott gewiß ein Beispiel, das der weiteren Welt mitgeteilt zu werden verdient. Ist doch Baillie Scott ein Künstler von jener seltenen Urwüchsigkeit und unerschöpflichen poetischen Kraft, die uns an jeder seiner Leistungen von neuem fesselt! Der Zauber, der über seinen Innenräumen liegt, ist nicht auf Eleganz und weltmännische Routine gegründet, sondern spricht einen tieferen Zug im Menschen an, der in dem Hause eine stille und poetische Zufluchtsstätte vor dem Treiben der Welt, einen sorgenfreien, behaglichen und traulichen Unterschlupf sieht, in welchem dem Menschen vergönnt ist, sich seine eigene Welt aufzubauen und das Leben auf seine Weise zu leben.

Es gehört vielleicht zu den auffallendsten Eigenschaften des vorliegenden Entwurfes, daß auf das Innere des Hauses alles, auf das Äußere sehr wenig Gewicht gelegt zu sein scheint. Und hier berühren wir in der Tat eine allgemeine Eigentümlichkeit des modernen englischen Hauses, das sich in seinem Äußern so ungemein schlicht zu erkennen gibt, daß es dem an mehr Fassadenentfaltung gewöhnten Bewohner des Kontinents vielfach nüchtern und gleichgültig erscheint. Es liegt hier eben noch immer der grundsätzlich verschiedene Standpunkt vor, daß der letztere vorwiegend von außen auf ein Haus zu schauen gewöhnt ist, während der Engländer mehr vom Innern, also vor allem von der Anlage, sodann von der Raumschöpfung ausgeht. So kommt es auch, daß an dem heutigen englischen Hause keine Spur von „moderner Architektur" im heutigen kontinentalen Sinne zu sehen ist. Dieser Punkt liegt eben gar nicht im Programm des englischen Architekten, es genügt ihm vollkommen, vernünftig, sinngemäß, gediegen zu bauen, wobei er sich im übrigen an die alten örtlichen Vorbilder hält. Dafür fügt er sein Haus passend in den Rahmen der Natur ein, so daß es wie in diese hineingewachsen erscheint. Er wählt den örtlich gegebenen Stein, paßt es in seiner Form mit aller Sorgfalt dem gegebenen Gelände an, läßt es von Schling-Gewächsen bewachsen und leitet durch Terrassen, Rasenplätze und Blumenbeete von dem tektonischen Menschenwerk des Hauses allmählich in die zufällige Gestaltung der Natur über.

Von diesem Gesichtspunkte aus ist das Äußere des vorgeführten Entwurfes zu betrachten. Es prätendiert nichts. Es schließt sich vielmehr an die Überlieferung an, als daß es diese durch moderne Eigenart zu durchkreuzen suchte. Dagegen liegt ihm die Absicht zu Grunde, sich der ländlichen Umgebung einzupassen, vor allem durch die Farbe. Der Verfasser nimmt eine Gegend, die grauen Stein liefert, und wünscht, daß das Haus ganz in die Gegend einpaßt durch graue Steinwände und graue mit Steinplatten gedeckte Dächer, „so daß das Ganze ein Ensemble von grauen Tönen ist, der beste Ausgangspunkt für die Fälschung der Natur durch die Überdeckung mit Schling-Pflanzen."

Es ist klar, daß auf alle Fälle die Plananlage das Zentrale am Hause ist. Und hier sind naturgemäß, nachdem die Anweisungen des Bauherrn gegeben sind, Gelände und Himmelsrichtung Eckpunkte, um die sich die ganze Entwurfsarbeit des Architekten dreht. Die Forderungen der Lage zur Sonne sind in England unabweislicher als auf dem Kontinent; die Sonnenstrahlen sind spärlicher und daher kostbarer. Man wünscht sie in jedem einzelnen Raume wenigstens an einem Teile des Tages zu haben, man wünscht möglichst die Strahlen der Mittags-, nächst die der Morgensonne in das Innere des Hauses zu ziehen. Die ... Grundrisse zeigen, auf welche Weise es dem Verfasser gelungen ist, dieses Ziel zu erreichen. Indem er um die von Süden nach Norden laufende Achse gleichsam einen Winkel knickte, legte er es so-

zusagen um die Südsonne herum, der sich nun alle Fensteröffnungen in derselben Weise öffnen wie die Zimmerpflanze ihre Blätter nach dem Lichte hin entrollt. Die Flucht auf der anderen Seite des Hauses nach Norden hin um den entspringenden Winkel enthält nur Nebenräume, wie die Eingangshalle, ein kleines Vorzimmer, Kleiderablagen, Küche, Spülküche. Die Haupträume aber haben ihren Anteil an der Südsonne, abwechselnd ihrer reichlichen Aufnahme von Morgen- und Nachmittagssonne.
Nach Süden hin erschließt sich ... recht eigentlich das ganze Haus. Und die so entstehende Hauptseite des Hauses ist nach echt englischer Auffassung nicht die Straßenseite, sondern die Gartenfront. Nach dem von hier ab sich entwickelnden Garten hin sind zwei Terrassen angelegt, von der die obere, unmittelbar der Veranda vorgelagerte eine Art Hacienda mit Sitzen bildet, die untere aber, indem sie den ganzen bewohnten Bereich des Hauses umschließt, dem Erdgeschoß eine gemeinsame Seite nach dem Garten hin gibt. Nur das Arbeitszimmer des Herrn ist ausgenommen, für das eine gewisse Abgeschlossenheit und Ruhe Hauptbedingungen waren; es hat einen besonderen kleinen Bereich vorgelagert, und der Blick auf einen winzigen Zierhof mit Springbrunnen schafft hier klösterlich-idyllische Stimmung. Der Südgarten beginnt zunächst in geometrischer Form, wie es in England die Regel ist. Die Anlage dreier sich fächerförmig ausbreitender Rasenplätze mit blumenbepflanzten Zwickeln führt den Gedanken der Grundrißanlage des Hauses in die Umgebung fort. Saftige Rasenflächen in ununterbrochen glatter Fläche geben dem Beschauer jenes Gefühl ungestörter Ruhe, die er von dem Tagesgetriebe in seinem Hause genießen will.

Auszug aus dem Vorwort zu Mackay Hugh Baillie-Scott: Mappenwerk mit zehn Farblithografien, 1902, hrsg. von Alexander Koch, Darmstadt, anläßlich des „Ideen-Wettbewerbs für künstlerisch-eigenartige Entwürfe für ein herrschaftliches Wohnhaus eines Kunstfreundes", 1901 von der Zeitschrift „Innendekoration" ausgeschrieben. Hessische Landes- und Hochschulbibliothek, Darmstadt.

Kurzbiographien

Augustus Northmore Welby Pugin (1812 – 1852)
1812 in London als Sohn des Architekten Augustus Charles Pugin geboren, entwarf er bereits im Alter von 15 Jahren Möbel für Windsor Castle. Nach der Lehre in der königlichen Goldschmiede Rundell & Bridge übernahm er neben Bühnenarbeiten auch Aufträge des schottischen Architekten James Gillespie Graham. Seit 1829 führte Pugin ein eigenes Geschäft für Möbel und Baudekor, das er mangels Erfolges zwei Jahre später wieder aufgab. Er fertigte zahlreiche Studien von mittelalterlichen Gebäuden an parallel zur Mitarbeit am zweiten Band seines Vaters: „Examples of Gothic Architecture", 1833 erschienen. Ab 1834 unternahm er jährlich eine Reise auf den Kontinent, um zu zeichnen. Nach dem Umzug 1835 in sein selbstentworfenes Haus St. Marie's Grange, nahe Salisbury, entwarf er für Charles Barry Innendekor auf der „King Edward VI Grammar School" in Birmingham. Sein erstes Buch: „Gothic Furniture" erschien, gefolgt 1836 von „Contrasts", ein Buch, das großes Aufsehen erregte. Pugin konvertierte zum katholischen Glauben, der seine Schriften in der Folge entscheidend beeinflußte. Zusammen mit Charles Barry baute er das neue House of Parliament.
1837 begann seine Karriere als selbständiger Architekt am St. Mary's College, Oscott, dem Zentrum der katholischen Kirche in England. Sein engster Freund und Kollege, der Birminghamer Unternehmer John Hardman, stellte Metallarbeiten nach Pugins Entwürfen her. John Earl of Shrewsbury und Ambrose de Lisle Phillipps wurden seine Mäzene. Pugin entwarf die ersten Kirchen, denen zahlreiche weitere Entwürfe folgten, zog um nach Chelsea und arbeitete mit der Keramikmanufaktur Minton. Parallel zur zweiten Auflage von „Contrasts" erschien 1841 „The True Principles of Pointed or Christian Architecture", gefolgt 1843 von „An Apology for the Revival of Christian Architecture in England". Pugin baute sein eigenes Haus „The Grange" in Ramsgate, arbeitete mit dem Innendekorateur J.G.

Crace zusammen und veröffentlichte „The Glossary of Ecclesiastical Ornament and Costume". 1847 eröffnete er „The House of Lords", eine seiner bedeutendsten Arbeiten, für die er öffentliche Anerkennung erwarb. 1849 entwarf er eine eigene Kirche, St. Augustine, neben seinem Privathaus, veröffentlichte „Floriated Ornament" und lieferte zahlreiche Entwürfe für Bleiverglasungen, Metall, Innendekoration und Fliesen. Zusammen mit Hardman, Minton und Crace richtete er den Medieval Court auf der Weltausstellung 1851 in London ein. Kurz vor seinem Tod 1852 erschien „A Treatise on Chancel Screens and Rood Lofts".

John Ruskin (1819 – 1900)
Als Sohn eines Weinhändlers 1819 in London geboren, unternahm Ruskin bereits ab 1825 zahlreiche Reisen mit der Familie, vor allem nach Italien und in die Alpen. Seine intensive Beschäftigung mit der Malerei schlug sich in dem mehrbändigen Werk „Modern Painters I-V" von 1843–60 nieder. Ruskin publizierte kontinuierlich: 1848 erschienen „Seven Lamps of Architecture", 1851–53 „The Stones of Venice I-III" und 1851 „Pre-Raphaelitism". Die 1848 geschlossene Verbindung mit Effie Gray wurde kurze Zeit später annuliert, Effie verließ Ruskin. Ruskin schloß Freundschaft mit den Malern Dante Gabriel Rossetti und Edward Burne-Jones.
1857 arbeitete Ruskin als Lehrer am „Working Men's College" in London, er gab das Lehrbuch „The Elements of Drawings" heraus. Seit den 70er Jahren beschäftigte er sich zunehmend mit sozialen und ökonomischen Themen. Seine Berufung zum ersten Slade Professor of Art in Oxford erfolgte 1869. Drei Jahre später gründete er die „Ruskin Drawing School", der er zahlreiche Zeichnungen des von ihm verehrten William Turner schenkte. Seit 1871 stand Ruskin der von ihm gegründeten „Guild of St. George" vor. In dem Publikationsorgan der Gilde „Fors Clavigera" (1871–84) veröffentlichte er Monatsbriefe an Arbeiter, diskutierte Fragen über Architektur, Malerei und Naturgeschichte. In den späten Jahren hatte er zunehmend Anfälle von Geistesgestörtheit. Sein letztes Werk, die Autobiographie „Praetorita" (1885–89), blieb nach seinem Tod im Januar 1900 unvollendet.

William Morris (1834 – 1896)
Morris wurde 1834 als Sohn eines reichen Wirtschaftsbürgers in Walthamstow nahe London geboren. Er studierte zusammen mit Edward Jones (später Burne-Jones genannt) Theologie in Oxford. 1855 las er die Schriften von John Ruskin, die ihn stark beeinflußten. Er trat 1856 in das Architek-

turbüro von George Edmund Street ein, wo er Philip Webb kennenlernte, verließ das Büro aber bereits nach neun Monaten. Unter dem Einfluß von Dante Gabriel Rossetti begann er zu malen. 1857 beteiligte er sich zusammen mit Rossetti, Burne-Jones u.a. an der Freskoausmalung im Gebäude der Oxford Union, was allerdings aus technischen Gründen in einem Fiasko endete. Er begegnete dem Malermodell Jane Burden, das er 1859 heiratet. Philip Webb entwarf für das junge Ehepaar ein Privathaus: „Red House", in das Morris 1860 einzog. 1861 gründete er zusammen mit Burne-Jones, Webb, Rossetti, Ford Madox Brown, Charles Faulkner und Peter Paul Marshall die Firma „Morris, Marshall, Faulkner & Co." und stellte in Mehrfach-Produktion Gegenstände der Inneneinrichtung her. 1862 erfolgte der erste öffentliche Achtungserfolg auf der „London International Exhibition of Art and Industry". 1875 wurde die Firma in der bisherigen Organisation aufgelöst; Morris übernahm die alleinige Leitung der Firma, nun „Morris & Co." genannt. 1877 schrieb er das Manifest „To the Working-men of England". Er hielt seinen ersten öffentlichen Vortrag über dekorative Künste, später unter dem Titel „The Lesser Arts" veröffentlicht. Er gründete die „Society for the Protection of Ancient Buildings", genannt „Anti-Scrab". 1880 stattete er mit seinen Mitarbeitern den Thronsaal im St. James-Palace aus. 1881 zog er mit seiner Werkstatt nach Merton Abbey, Surrey, um. 1883 begann Morris mit der Produktion von bedruckten Stoffen in großem Maßstab. Er trat der Democratic Federation bei, später Social Democratic Federation, bekannte sich öffentlich zum Sozialismus und war Mitbegründer der „Socialist League", 1884 der „Art Workers Guild". Ab 1888 beteiligte er sich an Ausstellungen der „Arts and Crafts-Exhibition Society". 1890 gründete er zusammen mit Emery Walker die Kelmscott Press, ein Jahr später veröffentlichte er seinen utopischen Roman „News from Nowhere".

Charles Francis Annesley Voysey (1857 – 1941)
1857 wurde Voysey als Sohn eines Pfarrers in einem kleinen Dorf in Yorkshire geboren. Wegen freiheitlicher Gesinnung – laut Prozeßakten wegen Ketzerei – wurde der Vater aus der Church of England ausgeschlossen. Die Familie zog 1871 nach London, wo Voysey in die Lehre des Architekten John Pollard Seddon ging. Nach kurzem Aufenthalt bei dem Architekten Syxon Snell wurde er 1880 Assistent bei George Devey, der sich auf Landhäuser spezialisiert hatte. Nach etwa zwei Jahren faßte Voysey den Entschluß, sich selbständig zu machen. Seine Firma hatte zunächst wenig Erfolg, so daß er sich mit Entwürfen für Tapeten und Textilien für verschiedene Firmen, ab 1893 für die Essex Company, über Wasser halten mußte. Er

gestaltete das Titelcover für die erste Ausgabe von „The Studio". Seine Entwürfe wurden seit den 80er Jahren auch für Liberty & Co verwertet. Zwischen 1900 und 1907 entwarf er seine hervorragendsten Häuser.

Charles Robert Ashbee (1863 – 1942)

Ashbee wurde 1863 als Sohn eines wohlhabenden Kaufmanns geboren, doch nach gescheiterter Ehe enterbte ihn der Vater. Nach dem Studium im „Kings College" in Cambridge unterrichtete Ashbee ab 1887 im Zeichnen in Toynbee Hall, London. Er gründete 1888 die „School and Guild of Handicraft". Ein Jahr später stellte die Gilde bei der „Arts and Crafts Exhibition Society" aus. 1895 baute er sein eigenes Haus „Magpie and Stump" in Chelsey, London, und gründete 1896 die Essex House Press. 1898 produzierte die Gilde Möbel für den Großherzog von Hessen und bei Rhein in Darmstadt nach Entwürfen von Baillie Scott und stellte 1900 bei der Wiener Sezession aus. 1902 wurde Ashbee Ehrenmitglied der Münchner Kunstakademie. Die Gilde, insgesamt 150 Mitglieder mit ihren Familien, zog aufs Land, ins romantische Dörfchen Chipping Campden, Gloustershire. Unter zunehmendem Konkurrenzdruck und wegen Absatzschwierigkeiten mußte die Gilde 1907 aufgelöst werden. 1915 wurde Ashbee Professor für englische Literatur in Kairo, 1919–23 war er Zivilberater der englischen Verwaltung in Palästina und reparierte die Stadtmauern Jerusalems nach SPAB-Prinzipien, 1923 hielt er Vorlesungen in den Vereinigten Staaten.

Mackay Hugh Baillie Scott (1865 – 1945)

Baillie Scott wurde 1865 als Sohn eines reichen schottischen Aristokraten in der Nähe von Ramsgate geboren. Bis 1885 studierte er am „Agricultural College" in Circencester, weil er die Schafzucht seiner Familie in Australien übernehmen sollte. Er trat 1886 in die Lehre bei Major Charles Davis, dem Stadtarchitekten von Bath, ein und ließ sich 1889 auf der Isle of Man nieder, wo er ein Büro gründete. Seine ersten Bauten waren im Fachwerkstil des Old English gestaltet. Erst bei seinem eigenen Haus, dem Red House in Douglas 1892/93, entwickelte er eine neue Planungsmethode: dominierend war nun die Wohnhalle im Stil großer Landhäuser.
Ab 1894 schrieb er Artikel für die Kunstgewerbezeitschrift „The Studio", woraufhin Aufträge aus England und vom Kontinent erfolgten. 1897/98 entwarf er die Inneneinrichtung zweier Räume im Neuen Palais für den Großherzog Ernst Ludwig von Hessen und bei Rhein in Darmstadt. Er arbeitete u.a. für die „Guild of Handicraft". Anfang 1900 zog er nach Bedford, um in der Nähe von J.P. White zu sein, für den er Möbel entwarf. Er

belieferte ebenfalls die Dresdner Werkstätten für Handwerkskunst mit Entwürfen. 1901 gewann er den zweiten Preis des Darmstädter Wettbewerbs zum „Haus eines Kunstfreundes". Er wurde Mitglied des „Royal Institute of British Architects". Seine zahlreichen Aufträge nach dem Krieg waren meist in einem ekklektizistischen Stil gehalten.

William Richard Lethaby (1857 – 1931)
Lethaby wurde in Barnstaple (Devon) als Sohn eines Handwerkers geboren. Nach einer Lehre bei dem Architekten Alexander Lauder zog er 1879 nach London und arbeitete bei Norman Shaw. Gleichzeitig studierte er an der „Royal Academy School". Zusammen mit Ernest Newton und anderen Shaw-Schülern schloß er sich in der „St. Georges Art Society" zusammen, einer Vorläuferin der „Art Worker's Guild". Seit 1890 arbeitete er als selbständiger Architekt; sein bekanntester Bau ist Avon Tyrell bei Salisbury. 1891 trat er der Gesellschaft für die Erhaltung alter Gebäude (SPAB) bei, die von William Morris und Philip Webb gegründet wurde. 1892 veröffentlichte er sein erstes Buch: „Architektur, Mystik und Mythos". Ein Jahr später reiste er nach Konstantinopel. 1896 wurde er Leiter der „Central School of Arts and Crafts" des „London County Council". 1900 wurde Lethaby der erste Professor des Faches „Design" am „Royal College of Arts". 1911 trat er von der Leitung der Schule zurück und widmete sich historischen und publizistischen Werken. 1915 setzte er sich intensiv für die Gründung der „Design and Industries Association" ein, eine englische Folgeinstitution des Deutschen Werkbunds. Zu seinem Alterswerk gehört eine Biographie seines verehrten Lehrers Philip Webb (1925 erschienen).

Literaturhinweise

Kunstgewerbe und Architektur im England des 19. Jahrhundert

Hermann Muthesius: Das englische Haus. Entwicklungen, Bedingungen, Anlage, Aufbau, Einrichtung und Innenraum, 3 Bde, Berlin 1904-05, 2. Aufl. 1908.

Nikolaus Pevsner: Pioneers of the Modern Movement from William Morris to Walter Gropius, London 1936 (deutsch: Wegbereiter moderner Formgebung von Morris bis Gropius, mit einem Nachwort von Wolfgang Pehnt, Köln 1983).

Alf Boe: From Gothic Revival to Functional Form. A Study in Victorian Theories of Design, Oslo/Oxford 1957.

Quentin Bell: The Schools of Design, London 1963.

Nikolaus Pevsner: Architektur und Design. Von der Romantik zur Sachlichkeit, München 1971.

Stefan Muthesius: Das englische Vorbild, München 1974.

Clive Wainwright: The Romantic Interior, London 1989.

Charlotte Gere/Michael Whiteway: Nineteenth-Century Design from Pugin to Mackintosh, London 1993.

Arts and Crafts allgemein

Julius Posener: Anfänge des Funktionalismus. Von Arts and Crafts zum Deutschen Werkbund, Bauwelt Fundamente Bd. 11, Berlin/Frankfurt a.M./Wien 1964.

Gillian Naylor: The Arts and Crafts Movement, London 1971.

Margaret Richardson: Architects of the Arts and Crafts Movement, London 1983.

Andrea Schlieker: Theoretische Grundlagen der „Arts and Crafts"-Bewegung, Bonn 1986.

Isabelle Anscombe: Arts and Crafts Style, New York 1991.

Gerda Breuer (Hrsg.): Arts and Crafts. Von Morris bis Mackintosh. Reformbewegung zwischen Kunstgewerbe und Sozialutopie, Darmstadt 1994.

Peter Davey: Arts-and-Crafts-Architektur, Stuttgart 1996.

Präraffaeliten

Günther Metken: Die Präraffaeliten, Köln 1974.

Gisela Hönnighausen: Die Präraffaeliten. Dichtung, Malerei, Ästhetik, Rezeption, Stuttgart 1992.

Pugin

Phoebe Stanton: Pugin, London 1971.

Paul Atterbury/Clive Wainwright (Hrsg.): Pugin. A Gothic Passion, New Haven/London 1994.

Ruskin

Wolfgang Kemp: John Ruskin. Leben und Werk, Wien 1983.

Michael W. Brooks: John Ruskin and Victorian Architecture, London 1989.

John Ruskin and the Victorian Eye, Ausstellungskatalog Phoenix (Art Museum) 1993.

Morris

J.W. Mackail: The Life of William Morris, 2 Bde, London/New York/Bombay 1899, 2. Aufl. London/New York 1950.

Aymer Vallence: The Work of William Morris, London 1967.

Edmund Goldzamt: William Morris und die sozialen Ursprünge der modernen Architektur, Dresden 1976 (Warschau 1967).

Linda Parry: William Morris Textiles, London 1983.

Edward Hollamby: Philip Webb. Red House, London 1993 (2. Aufl. 1991).

Charles Harvey/Jon Press: William Morris. Design and enterprise in Victorian Britain, Manchester/New York 1991.

Fiona MacCarthy: William Morris. A Life for Our Time, London 1994.

Linda Parry (Hrsg.): William Morris, Ausstellungskatalog London (Victoria and Albert Museum) 1996.

Voysey

J. Brandon-Jones u.a.: C.F.A. Voysey, Architect and Designer, London 1974.

Stuart Durant: The Decorative Designs of C.F.A. Voysey, Cambridge 1990.

Baillie Scott

J.D. Kornwolf: M.H. Baillie Scott and the Arts and Crafts Movement, Baltimore/London 1972.

Ashbee

Fiona MacCarthy: The Simple Life: C.R. Ashbee in the Cotswolds, London 1981.

Alan Crawford: C.R. Ashbee, Architect, Designer and Romantic Sozialist, London 1986.

Hermann Muthesius: Die „Guild and School of Handicraft" in London, in: Dekorative Kunst, 1898.

Gimson und die Brüder Barnsley

Mary Comino: Gimson and the Barnsleys, London 1882.

Mary Greensted: Gimson and the Barnsleys, Bath/Avon 1991.

Art Movement
Elizabeth Aslin: The Aesthetic Movement: Prelude to Art Nouveau, London 1969.
dies.: E.W. Godwin: Furniture and Interior Decoration, London 1986.

Lethaby
Godfrey Rubens: W.R. Lethaby, London 1986.

Crane
Greg Smith, Sarah Hyde: Walter Crane. Artist, Designer and Socialist, Ausstellungskatalog Manchester (Whitworth Art Gallery) 1989.

Kaufhaus Liberty
Alison Adburgham: Liberty's. A Biography of a Shop, London 1975.
Barbara Morris: Liberty Design, 1874-1914, London 1986.
Stephen Calloway: The House of Liberty. Masters of Style, London 1992.

Dresser
Widar Halén: Christopher Dresser, Oxford 1990.
Stuart Durant: Christopher Dresser, London/Berlin 1993.

Bildnachweise
P. Aterbury, C. Wainwright (Hrsg.), Pugin. A Gothic Passion. London 1994: S. 66, 68, 70, 73.

J. Brandon-Jones, C.F.A. Voysey, Architect and Designer, London 1978: S. 149, 152.

G. Breuer, Arts and Crafts, ..., Ausstellungskatalog des Instituts Mathildenhöhe Darmstadt, 1994: S. 197, 220.

Cheltenham Art Gallery & Museum: S. 188.

J. Clegg, P. Tucker, Ruskin and Tuscany, Sheffield/London 1992: S. 152.

E. Cumming, W. Kaplan, The Arts and Crafts Movement, London 1991: S. 152.

P. Davey, Arts-and-Crafts-Architektur, Stuttgart 1996: S. 201, 202, 203.

William Morros Gallery, Walthemstow: S. 60, 106, 111, 112, 113.

The Picture Gallery of Arts, Bd. 1, London/New York 1951: S. 88, 89.

Vernissage: S. 102, 105, 139.

Victoria and Albert Museum London: S. 183, 184.

Bauwelt Fundamente
(lieferbare Titel)

1 Ulrich Conrads (Hrsg.), Programme und Manifeste zur Architektur des 20. Jahrhunderts
2 Le Corbusier, 1922 – Ausblick auf eine Architektur
3 Werner Hegemann, 1930 – Das steinerne Berlin
4 Jane Jacobs, Tod und Leben großer amerikanischer Städte
12 Le Corbusier, 1929 – Feststellungen
14 El Lissitzky, 1929 – Rußland: Architektur für eine Weltrevolution
16 Kevin Lynch, Das Bild der Stadt
20 Erich Schild, Zwischen Glaspalast und Palais des Illusions
24 Felix Schwarz und Frank Gloor (Hrsg.), „Die Form" – Stimme des Deutschen Werkbundes 1925 – 1934
36 John K. Friend und W. Neil Jessop (Hrsg.), Entscheidungsstrategie in Stadtplanung und Verwaltung
40 Bernd Hamm, Betrifft: Nachbarschaft
50 Robert Venturi, Komplexität und Widerspruch in der Architektur
51 Rudolf Schwarz, Wegweisung der Technik und andere Schriften zum Neuen Bauen 1926 – 1961
53 Robert Venturi, Denise Scott Brown und Steven Izenour, Lernen von Las Vegas
56 Thilo Hilpert (Hrsg.), Le Corbusiers „Charta von Athen". Texte und Dokumente. Kritische Neuausgabe
58 Heinz Quitzsch, Gottfried Semper – Praktische Ästhetik und politischer Kampf
65 William Hubbard, Architektur und Konvention
68 Christoph Hackelsberger, Plädoyer für eine Befreiung des Wohnens aus den Zwängen sinnloser Perfektion
70 Hernry-Russell Hitchcock und Philip Johnson, Der Internationale Stil – 1932
71 Lars Lerup, Das Unfertige bauen
72 Alexander Tzonis und Liane Lefaivre, Das Klassische in der Architektur
73 Elisabeth Blum, Le Corbusiers Wege
74 Walter Schönwandt, Denkfallen beim Planen
79 Christoph Hackelsberger, Beton: Stein der Weisen?

- 82 Klaus Jan Philipp (Hrsg.), Revolutionsarchitektur
- 83 Christoph Feldtkeller, Der architektonische Raum: eine Fiktion
- 85 Ulrich Pfammatter, Moderne und Macht
- 89 Reyner Banham, Theorie und Gestaltung im Ersten Maschinenzeitalter
- 90 Gert Kähler (Hrsg.), Dekonstruktion? Dekonstruktivismus?
- 91 Christoph Hackelsberger, Hundert Jahre deutsche Wohnmisere – und kein Ende?
- 92 Adolf Max Vogt, Russische und französische Revolutionsarchitektur 1917 · 1789
- 94 Mensch und Raum. Das Darmstädter Gespräch 1951
- 97 Gert Kähler (Hrsg.), Schräge Architektur und aufrechter Gang
- 99 Kristiana Hartmann (Hrsg.), trotzdem modern
- 100 Magdalena Droste, Winfried Nerdinger, Hilde Strohl, Ulrich Conrads (Hrsg.), Die Bauhaus-Debatte 1953
- 101 Ulf Jonak, Kopfbauten. Ansichten und Abrisse gegenwärtiger Architektur
- 102 Gerhard Fehl, Kleinstadt, Steildach, Volksgemeinschaft
- 103 Franziska Bollerey (Hrsg.), Zwischen de Stijl und CIAM (in Vorbereitung)
- 104 Gert Kähler (Hrsg.), Einfach schwierig
- 105 Sima Ingberman, ABC. Internationale Konstruktivistische Architektur 1922 – 1939
- 106 Martin Pawley, Theorie und Entwurf im zweiten Maschinenzeitalter (in Vorbereitung)
- 107 Gerhard Boeddinghaus (Hrsg.), Gesellschaft durch Dichte
- 108 Dieter Hoffmann-Axthelm, Die Rettung der Architektur vor sich selbst
- 109 Françoise Choay, Das architektonische Erbe, eine Allegorie
- 110 Gerd de Bruyn, Die Diktatur der Philanthropen
- 111 Alison und Peter Smithson, Italienische Gedanken
- 112 Gerda Breuer (Hrsg.), Ästhetik der schönen Genügsamkeit oder *Arts & Crafts* als Lebensform
- 113 Rolf Sachsse, Bild und Bau
- 114 Rudolf Stegers, Rudolf Schwarz (in Vorbereitung)
- 115 Niels Gutschow, Ordnungswahn (in Vorbereitung)
- 116 Christian Kühn, Stilverzicht
- 117 Gerd Albers, Zur Entwicklung der Stadtplanung in Europa
- 118 Thomas Sieverts, ZWISCHENSTADT
- 119 Beate und Hartmut Dieterich (Hrsg.), Boden. Wem nützt er? Wen stützt er?

Ulf Jonak

Kopfbauten

Ansichten und Abrisse gegenwärtiger Architektur

Architekturkritik

Band 101 der Bauwelt Fundamente.
1995. 154 Seiten mit 16 Abbildungen

ARCHITEKTUR ■ BEI VIEWEG

Gerd Albers

Zur Entwicklung
der Stadtplanung
in Europa

Begegnungen,
Einflüsse, Verflechtungen

Stadtbau/Gesellschaftspolitik/Urbanismus

Band 117 der Bauwelt Fundamente.
1997. 395 Seiten mit 39 Abbildungen

ARCHITEKTUR ■ BEI VIEWEG

**BODEN –
Wem nutzt er?
Wen stützt er?**

**Neue Perspektiven
des Bodenrechts,
herausgegeben von
Beate und Hartmut Dieterich**

Materialien für eine nachhaltige Bodenpolitik

Band 119 der Bauwelt Fundamente.
1997. 287 Seiten

ARCHITEKTUR ■ BEI VIEWEG

Bei Fragen zur Produktsicherheit wenden Sie sich bitte an:
If you have any questions regarding product safety,
please contact:

Birkhäuser Verlag GmbH
Im Westfeld 8
4055 Basel, Schweiz
productsafety@degruyterbrill.com